君主论

（意）尼科洛·马基雅维里⊙著

王 剑⊙译

群言出版社
QUNYAN PRESS
·北京·

图书在版编目（CIP）数据

君主论 /（意）马基雅维里著 ；王剑译 . -- 北京 ：群言出版社，2015.5
ISBN 978-7-80256-758-0

Ⅰ. ①君… Ⅱ. ①马… ②王… Ⅲ. ①君主制－研究 Ⅳ. ① D033.2

中国版本图书馆 CIP 数据核字 (2015) 第 093994 号

策划编辑：杨　舰
责任编辑：盛利君
封面设计：同人阁文化传媒（北京）有限公司

出版发行：群言出版社
社　　址：北京市东城区东厂胡同北巷1号（100006）
网　　址：www.qypublish.com
自营网店：http://qycbs.shop.kongfz.com（孔夫子旧书网）
http://www.qypublish.com（官方网店）
电子信箱：qunyancbs@126.com
总 编 室：010-65265404　65267783
编 辑 部：010-65138815　65262436　65276609
发 行 部：010-65263345　65263836
市 场 部：010-65220236　65265832（读者服务）
经　　销：全国新华书店
法律顾问：北京市君泰律师事务所

印　　刷：三河市宏顺兴印刷有限公司
版　　次：2015年7月第1版　2015年7月第1次印刷
开　　本：787mm × 1092mm　1/16
印　　张：18
字　　数：313千字
书　　号：ISBN 978-7-80256-758-0
定　　价：29.80元

目录

君主论

政府论

下　篇

君主论

人们爱戴君主，取决于他们自己的意愿；而感到畏惧，则是取决于君主的意志。因此一位明智的君主应当以自己的意志为基础，而不是以他人的意志为基础。

——（意）马基雅维里

前　言

马基雅维里是西方思想史上遭受非难最多的伟大思想家，他的思想对政治生活中的道德基础产生了重大威胁。迄今为止，他的名字仍然作为狡猾、口是心非和在政治事务中运用欺诈的象征。罗素认为对他的毁谤“一大部分出于恼恨人坦白自供坏事的伪君子的愤慨”。事实上，真实的马基雅维里却是另一种面貌。

布克哈特在《意大利文艺复兴时期的文化》中指出：“在所有那些认为有可能建设一个国家的人们当中，马基雅维里是一个无与伦比的伟大人物。他把现存势力看作是有生命的和能动的，对于可能采取的方法，观察得广泛而精确，既不想自欺也不想欺人。他的不矜虚荣和不尚浮夸，无人能及；的确，他不是为一般群众，而只是为了君主和执政者，或者是为了私人朋友而写作的。对他来说，危险并不在于他冒充天才或在于思想体系的错误，而在于他自己显然也难以控制的强有力的想象力。他的政府论断的客观性，其坦率程度有时令人吃惊，但它却是危急存亡之秋的朝代标志。在那个时代里，人们是难于相信正义或者别人有正义行为的。我们如果从道德观念上来衡量而对他感到愤怒，那是没有必要的，因为我们已经看到我们自己这一世纪的政治家们是把政治道德理解为什么意义的。”尼科洛·马基雅维里（1469—1527）出生于佛罗伦萨的贵族家庭，至父亲一代时，除四壁图书外已一无所有，因此没有机会学习希腊文，拉丁文也只得以自学为主，但他在人文学科方面接受了较好的教育。1498年，马基雅维里出任第二国务厅长官，后兼任共和国执政委员会秘书，负责外交和国防，经常奉命出入意大利以及外国的宫廷。皮埃罗·索德里尼为佛罗伦萨旗官（首席执政官）执政时，他被委以重任，在外交和国防方面发挥了非常重要的作用。1512年，索德里尼被废黜，美第奇家族重新成为佛罗伦萨的主人，马基雅维里被免除一切职务。后因一起反对美第奇家族的政治密谋蒙冤入狱，几经拷问，终于无罪获释。这时他一贫如洗，过了一段蛰居生活。《君主论》和《论蒂托·李维的最初十年》就写于这一时期。这两部著作凝聚着他研究古代经典著作的心血和他对戎马生活的真实体验。他把《君主论》献给洛伦佐·美第奇以求一官半职，未得如愿。后来美第奇家族的朱理执政，他在一定程度上受到重用。1527年，美第奇家族失势，共和国重新成立，马基雅维里失去公职，忧郁成疾而终。马基雅维里一生写下了大量著作，包括历史、政论、小说和喜剧等，从中都表现出了他的杰出天才。他的主要著作除上面提到的两部以外，还有《佛罗伦萨史》和《论战争艺术》，他的喜剧作品是《曼陀罗花》和《克丽齐娅》。

《君主论》于1513年下半年开始动笔，至该年的圣诞节完成。关于此书的写作背景和写作动机，马基雅维里在给友人的一封长信中说：当时他狱中获释，赋闲在家，为使“穷愁潦倒”的生活能够忍受，他专心研究古典历史书籍，追寻古人各种活动的原因，并以过去15年从他自身经历增长的见识中加以印证，写下了一本小书《论大公国治国之道》，对这个主题作了尽可能深入地探究，这本“小书”即《君主论》。然后，他加了一篇献辞，献给“伟大的洛伦佐”，他最大的希望是以这篇论文引起美第奇君主对他的注意（但事实上他未能如愿），这个直接的目的如此之强，有时以致有损于他议论的客观性，也使此书与他另外一些著作的倾向非常不同。罗素认为只读此书，往往会对他的学说得出偏颇的结论。

无论马基雅维里的个人动机如何，《君主论》都是对历史事实和当时事件的最精辟的经验总结，它的主旨是阐明邦国是如何得来的，如何保住的，同时又是如何失去的；它的核心是“君主如何运用手段”，亦即君主的“手腕”，君主的谋略。马基雅维里将这点发挥到极致。马基雅维里说：“关于人类一般可以这样说，他们是忘恩负义、容易变心的，是伪装者、冒牌货，是逃避危难、追逐利益的。”这是为什么违反道德的统治不可避免的真正原因。因此君主治国不一定恪守道德。传统所谓的正义、自由、宽厚、信仰、虔诚等美德没有自身的价值，因为“人们实际上怎样生活与人们应当怎样生活之间有很大距离；如果一个人为了他应该做的而放弃了一般人实际所做的事，那么他就不是在保存自己，而是在毁灭自己”。作为君主，如果只是善良就会灭亡；一个君主必须狐狸般的狡猾，狮子般的凶狠；“只要他能够遵循好的统治之道，绝不偏离，但他也应该知道在必要时如何采取坏行为”。知道何时做狐狸，何时做狮子，是君主成功的关键，也是全部政治艺术的秘密。

对于守信义之类的美德，君主的正确态度是：在守信有好处时应当守信，否则不要守信。君主有时候必须不讲信义，“但是必须把这种品格掩饰好，必须习惯于冒充善者、口是心非的伪君子。人们全都那么头脑简单、那么容易顺从眼前需要，因此欺骗人的人总会找到愿意受骗的人。我只举一个近代的实例。亚历山大六世除骗人外无所事事，他旁的什么事也不想，却还找得到骗人的机会。再没有谁比他更会下保证，或者比他发更大誓来断言事情，但也再没有谁比他更不遵守保证和誓言了。然而因为他深深懂得事理的这一面，他的欺骗百发百中。所以说，做君主的并没必要条条具备上述的品质（各种传统美德），但是非常有必要显得好像有这些品质”。

由于马基雅维里如此坦诚地揭示了政治艺术，使得《君主论》成为有史以来引起争论最多的著作，它遭到最多的攻击，也受到最严重的曲解以及误解。但是它的重要性并没有因此而受到忽视。有人说它是“人类智慧在政治思想方面最精深的表现”，有人说它是“人类历史迈向科学研究的郑重一步”，因此它成为四百年来形成欧洲人思想的十部名著之一。罗素指出：“这世界已经比向来更类乎马基雅维里的世界，现代人谁希望驳他的哲学，必须作一番超过19世纪时似乎有必要作的深思。”

序　言

尼科洛·马基雅维里致
洛伦佐·美第奇殿下书

那些希望得到君主恩宠的人，总是把自己认为最珍贵的物品或者自以为君主最喜爱的东西献给君主。因此他们常常献给君主们骏马、武器、锦绣、宝玉以及其他与君主的尊贵地位相称的礼品。现在我想向殿下呈献我的一片忠心，在我的一切财富中，我认为最有价值和最宝贵的就是我所知道的伟大人物的事迹。这是我通过对现代事件的长期考察和对古代历史事件的不断钻研后取得的。对于这些知识，我曾经花费大量心血加以总结和思考，现在我把它整理成薄薄的一卷书献给殿下。

虽然我自己认为这部著作不值你一晒，但是，我深信因为你的仁爱，你可能对此表示接受。我认为，我无法敬献比这更好的礼物，它能让你在最短的时间内了解我多年来费尽心血而获得的一切。我没有对这部著作加以矫饰，没有使用铿锵有力的章句、瑰丽夸张的语言、外表耀眼迷人的东西或者装饰品，这些都是许多人在描写和矫饰他们的著作时所惯用的手法，我没有像他们那样采用这些手法。因为我想要达到的目标是，要么我的著作不赢得称誉，要么仅仅因为其主题的重要性和内容新颖而受到欢迎。一个地位卑微的人，如果去讨论和指点君主的政务，我认为也不应该视为僭妄。因为正如那些描绘风景的人一样，为了考察山岳的性质和高地的高度，就置身到平原，而为了考察平原便必须高踞顶峰。同样的道理，要真正认识人民本质的人，需要站在君主的位置上，而真正认识君主本质的人则需要站在人民的位置上。因此，殿下，请你理解我的诚意并接受我敬献的这个小小礼品吧！如果殿下认真地阅读和思考它，你从中就会了解到我热切的愿望：祈望你在命运之神的保佑下，利用你的其他条件使你有希望到达更崇高的地位。同时总有一天，当殿下从你所处的巅峰俯瞰脚下这块土地时，你就会发觉命运之神对我的折磨是多么的巨大、恶毒和无辜！

第一章　君主国的几种形式及它们是怎样建立的

迄今为止，统治人民的国家政权形式，不外乎共和国和君主国。君主国有世袭的和新建立的。在世袭的君主国里，君主的后裔们继承先辈的王位担任君主。新建立的君主国有的是全新的，如弗朗切斯科·斯福尔扎的米兰公国；有的则是被世袭君主国占领的属国，如被西班牙占领的那不勒斯王国。那些被吞并的国家，有的是君主统治下的国家，有的则是自由国家。获得这些国家的领土，要么是依靠他人的力量或君主自己的力量，要么是依靠幸运或者才智。

第二章　世袭君主国

因为对于共和国，我在别的地方已经详尽讨论过，所以，我在这里只打算论述君主国家，并且依照上述顺序，探讨这些君主国应该怎样统治和怎样维持其统治。

我认为，在一个人们已经习惯于在君主后裔统治下生活的世袭君主国里维持统治，比在一个新建立的国家里维持统治的困难小得多。只要不触犯他的祖宗订立的制度，在有意外事件发生时，君主能够随机应变，就能维持统治。所以，一位君主哪怕只具有普通人的能力，那么照此方法，他也能够维持他的地位；如果被篡位，除非是遇到了某种格外强大的异乎寻常的力量。但是即使他丢失了权位，一旦篡夺者发生了祸患，他也能够夺回政权。

例如，我们意大利的费拉拉公爵，之所以能够抵御住1484年威尼斯人和1510年教皇朱利奥的侵略，就是因为他在这个领地长期处于统治地位，除此以外没有别的原因。因为世袭的君主没有必要去得罪人民，因此会很自然地受到人们的爱戴。除非他实在太可恶，惹人憎恨，否则，他的臣民自然而然就会拥护他，这是理所当然的。而且随着统治年代的久远，连续不断的变革以及造成变革的原因也会被遗忘，因为每次变革总是会为下一次变革留下再次进行的条件。

第三章　混合君主国

在新建立的君主国里，就会出现许多困难。首先，如果它不是全新的，而只有一部分是新的（这样的国家，可以笼统称它为混合君主国），那里发生的变革导因于一切新君主国所固有的困难。这是因为，人们希望更换他们的统治者，从而改善自己的生活，并且正是因为这种希望促使他们拿起武器反抗他们的统治者。可是事实告诉他们，他们上当受骗了，因为他们的生活比以前更坏了。因为新君主的军队在占领那里之后会不可避免地带来无数其他损害，从而得罪新的属民。

因此，当你占领这个国家的领土时，所有受到侵害的人们都会成为你的敌人，你没有办法继续与那些帮助你取得那里统治权的人成为朋友，因为你既不能够满足他们的期望，又由于你感到他们对你有恩，而不能够对他们采取强有力的措施；同时你即使在武力上十分强大，可是在占领一个地方的时候，总是需要得到那个地方人民的支持。因此，法国国王路易十二很快占领了米兰，却又很快丢失了米兰，而且只需要洛多维科自己的军队就把路易十二赶走了。这是因为原先给法国国王打开城门的人民，察觉到他们的愿望和他们曾经期待要获得的利益都无法兑现，因此他们就不能够忍受新的君主了。然而，那些曾经反叛的地方再次被征服以后就不会那么容易丢失了，因为统治者会借反叛提供的机会坚决地惩办罪犯，搞清楚可疑分子，并且针对薄弱环节巩固自己的地位。因此，法国头一次丧失所占领的米兰，只要一位洛多维科公爵在边境揭竿而起就够了，但是要让法国再一次丢失米兰，除非全世界都反抗他，并且把他的军队打败并驱逐出意大利，其原因正如上面所说。

但是，法国人却第二次丢失了米兰。对于头一次丢失的原因前面已经讨论过，现在谈谈第二次丢失的原因。考虑一下法国国王当时采取了什么办法，以及设身处地地想想有没有更好地牢固统治他征服领地的办法。我认为，那些被征服者吞并了自己的古老国家的国家，或者与征服者的国家属于同一地区，使用同一语言，或者二者居其一。假如它们是同一地区，而且那些国家的人们不是过惯了自由生活，那么统治这些国家是最容易的。只要断绝所有君主的血统，就能够牢固地统治这些国家了。因为只要在其他的事情上保持他们以前的状态，而且不改变他们的风俗习惯，人们就会安然地继续生活，这正如人们在早已归属法国的布列塔尼、布尔戈尼、加斯科涅和诺曼底所看到的那样。尽管语言有一些差异，但是习惯是相同的，所以它们之间很容易融合。如果想统治这些征服地区，就必须注意：一方面要灭绝它们旧君主的血统，另一方面要既不改变以前的法律，也不改变原有的赋税。这样，在极短的时间内，它们就会与古老的王国融为一体。

但是，如果征服国在语言、习惯和各种制度上与那些被征服的国家不同，就会发生重重困难。统治被征服的国家，除了要有非常的运气，还需作出巨大的努力。而征服者亲自前往，并驻节在那里，也许是最有效和最有力的办法之一。因为这会使得他的占领地更稳固、持久。例如土耳其人就是这样统治希腊的，如果土耳其国王不驻节希腊，那么，即使他为统治希腊而采取其他种种办法，还是不能够统治那个国家。因为如果君主在当地的话，他就能够察觉所有骚乱的苗头，并及时加以清除。否则，他只有在大乱发生的时候才能够知道，那时再去清除骚乱就为时已晚了。除此之外，君主在当地可以使那个地方不受他的官吏的随意掠夺，臣民们也因为君主能及时满足他们的要求而感到满意。这样一来，那些愿意做良民的人对君主就会更加拥戴，而那些怀有二心的人则会对他更加害怕。至于那些企图从外部来攻取的人，就必须异常小心谨慎，因为只要君主在此地驻节，想把土地从他手里夺过来就会非常困难。还有一个更好的办法，就是向那个国家的一两处要害之地移民，这样做非常必要，否则的话你就必须在那里派遣大批步兵和骑兵，二者必居其一。而移民不需要花费大量钱财，只要付出很少费用就行。这样做君主所得罪的只是那些把田地房舍提供给新来移民的人，而这些人只占那个国家的极少数。同时那些被侵害的人散居各地，十分贫穷，因此根本不可能对君主造成威胁；至于那些没有受到侵害的人，对他们的安抚当然就十分容易了；同时，由于他们为了避免遭受与那些被掠夺的人们一样的命运，就不得不小心谨慎，不敢做错事。我的观点是：这种移民的办法既不浪费，又比较可靠，触犯的人又少。而那些被触犯的人，上面已经说过，他们既贫穷又散居各地，构不成威胁。对此，值得注意的是：对人们最好是加以安抚，要不然就必须消灭掉。这是因为人们如果受到了轻微的侵害，仍有能力进行报复；但是对于沉重的伤害，他们就无能为力了。因此，当我们对一个人进行侵害时，应该彻底、不留后患，不给他任何报复的机会。

如果用驻屯军队的方法来代替移民，那么，由于维持驻屯军需要耗费掉在那个国家获得的全部收入，这样损失就太大了，结果是所得抵不上所出，另外还会得罪更多的人。因为由于他的军队经常辗转调防，那个国家就会四处受损，每一个人都会感到痛苦不堪，以致人人都变成了自己的仇敌。他们虽然失败了，可是他们住在自己的土地上，是不可轻视的敌对力量。所以，无论从哪方面说，移民都比驻屯军队有利。

另外，如果一个君主占领上面所说的地区，它在语言、习惯和各种制度上都与本国不同，君主就应当担当起那些较弱小的邻近国家的首领和保护者，同时对它们当中势力较强大的要设法削弱，并且还要防止任何一个同自己同样强大的国家利用任何意外事件对这些地区的事务进行干涉。常常有这样的事情：有些当地人，因为心怀不满，或者由于野心及恐惧，把外国人引进来。众所周知，罗马人就是在埃托利亚人的引领下进入希腊的，而且罗马人过去侵入的那些地方都是当地人的引导。通常有这样的事情：一旦一个强大的国家侵入一个地区，这个地区的那些附属国，出于对那个高高在上的强大势力的嫉妒，会立即投靠这个入侵的国家。因此要把这些弱小的势力拉拢过来并不困难，因为它们会心甘情愿地立即同征服它的国家结为一体。只是要注意别让他们的力量和权力过大。这样就能够很容易地迫使附属国中那些较强大的势力屈服，从而成为这个地区的真正主宰。但是如果他处理不好这件事情，他就会很快地丧失掉已经赢得的一切，即使他拥有了这个地区，也会感到无限的困难与烦恼。罗马人在他们占领的地方，能够认真地遵循这些办法。他们派遣移民，安抚弱国，但是遏制弱国的势力；他们打击强大的势力，不让另外一个强大的国家赢得声誉。这只要以希腊这个地方为例就能说明。罗马人当时结交阿凯亚人和埃托利亚人，占领了马其顿王国，驱逐了安蒂奥科，然而从来没有让建立功劳的阿凯亚人或者埃托利亚人的势力有任何增长。同时，马其顿国王菲利普无论怎样劝说也不能让罗马人成为他的朋友从而使他免被打倒，而且罗马人也没同意为安蒂奥科在那个地方留一席之地。

罗马君主所做的是所有明智的君主都应该做到的，他们不仅需要考虑当前的困难，还要考虑未来的隐患。他们必须全神贯注，以应付那些可能出现的祸患，因为祸患在刚露端倪的时候是容易清除的，但是如果等到大祸酿成，就无可救药了。这一点，正如医生们对付痨热病一样，刚患病时，诊断困难但治疗容易；得病时间一长，因为初期检查不出来因而也没有治疗，就变成诊断容易而治疗困难了。国家事务也是如此，如果能够明察潜伏中的祸患，就能够迅速采取挽救的办法。但是如果没有察觉，让祸患发展到人人都看见的地步，那就为时已晚了。

所以，罗马人预先察觉到麻烦就立即采取补救措施，而且从来不会因为要避免战争而让这些麻烦任意发展下去，因为他们知道战争无法避免，拖延时日只能对他人有利。因此，他们要在希腊同菲利普和安蒂奥科作战，以避免将来被迫在意大利作战。虽然他们当时要避免这两场战争是很容易的，但是他们不想这样做。他们不欣赏我们这个时代的聪明人口中常常念叨的那句“享受时间给予的恩惠吧”，而宁愿享受因为自己的能力和审慎所带来的恩惠。因为时间常把一切东西都推到跟前：它可能变成好事，同时也可能因此而变成坏事；它可能变成坏事，同时又可能因此变成好事。

现在，让我们再回过头来考察法国，看看是否做过上述任何一件事情。我想在此谈路易十二而不谈查理八世，因为路易十二占领意大利的时间较长，他的历程更便于观察。你会发现，他的所作所为，与一个要在大不相同的地区维持统治的君主应当做的事相比，可谓本末倒置。由于威尼斯人的野心而将法国国王路易十二引入意大利，由于威尼斯人想在他的干涉下得到半个伦巴底，我不想对法国国王所采取的这个策略进行非议，因为他想在意大利得到一个据点，而在意大利他又没有朋友，并且，还由于过去国王查理的所作所为使路易十二在意大利处境难堪，于是他不得不接受自己得到的威尼斯人的那些友谊。而且如果他不在处理其他事情的时候犯错误的话，他这个设想是很容易实现的。路易十二世因为占领了伦巴底，立即赢得了查理早已失去的威名：热那亚投降了，佛罗伦萨人与他成了朋友，曼托瓦侯爵、费拉拉公爵、本蒂沃利奥、富尔利夫人、法恩扎、佩萨罗、里米尼、卡梅里诺、皮奥姆比诺等地的统治者，以及卢卡人、比萨人、锡耶纳人，全都奉承他，要与他交朋友。在这时候，威尼斯人才发觉自己采用了多么鲁莽的办法！他们仅仅为了获得伦巴底的两个城镇，却使意大利三分之二的土地被法国国王占领。

请想一下：假如法国国王按照我在上面所说的规则行事，与他所有的朋友保持牢固的友谊，那么，要保持他自己在意大利的威望是轻而易举的！虽然意大利当地势力人数众多，可是这些人既胆怯又弱小，有的害怕教廷，有的害怕威尼斯人，因此他们不得不屈从于法国国王，这样他只要利用他们就能够轻松地使自己在那些仍然强大的反对势力面前稳如泰山。可是他进入米兰后竟背道而驰，去帮助教皇亚历山大六世占据罗马尼亚。他绝对没有预料到，这一行为使他失去了原来的朋友和那些原来投靠他保护的人们，削弱了自己的势力。同时，教廷由于宗教权力本来就有很大的权威，现在法国国王又给了他巨大的世俗权力，使他势力大增。法国国王犯了第一个错误之后，又一错再错，直到为了抑制亚历山大的野心，防止他成为托斯卡纳的统治者，最后不得不亲自跑到意大利去。

他使教廷的势力大增，并且使自己失去了一些朋友，但却并不因此而罢休，他垂涎那不勒斯王国，便同西班牙国王一起把这个王国分割了。他原先是意大利的主宰，可是现在他带来了另一个主宰，于是那个地方的野心家和心怀不满的人们便找到了可以申诉的地方。并且本来可以在那个王国扶植一个听命于他的傀儡作王，他却把他撵走，带来了另一个能够把自己赶走的人。

具有夺取领土的欲望，这是人之常情。当人们在他们能力允许的范围内做这些事时，总会为此受到赞扬而不会受到责难。但是，如果他们的能力达不到，却硬是千方百计要这样做的话，那么，就是错误的且要受到责难的。所以，假如法国能够依靠自己的军队进攻那不勒斯的话，它就不应该瓜分那不勒斯。如果说，法国与威尼斯人对伦巴底的瓜分使法国在意大利赢得立足之地，因而被认为做得对，那么这一次的瓜分就应该受到责难，因为这一次的瓜分并无必要。

概而言之，路易十二犯了这样五个错误：他消灭了一个弱小的国家；在意大利扩大了一个强国的势力；把另一个最强有力的国家引入意大利；不在那里驻节；不遣送移民到那里去。

以上五个错误还不足以损害路易十二在世时的威望，如果不犯第六个错误即夺取威尼斯人的领地的话。如果他不让教廷扩大势力，没有把西班牙人引入意大利，那么他会理所当然地使威尼斯人屈服；既然他已经采取了那些办法，他就绝不应该同意灭亡威尼斯，因为如果威尼斯强大的话，他们就不会允许别人打伦巴底的主意；因为威尼斯人绝不会同意这种企图，除非使自己成为那里的主宰。此外，其他国家绝不会愿意把伦巴底从法国手中夺取以后再送给威尼斯人，而且也不会有同他们两者为敌的胆量。

也许有人说，为了避免战争法国国王路易才把罗马尼亚让给教皇亚历山大六世，把那不勒斯王国让给西班牙的。根据前述的理由，我的回答是：人们绝不应当为避免一场战争而听任混乱的延续，因为战争是不能避免的，拖延时间只能对自己不利。也许有人会引证说：法国国王答应了教皇，他援助教皇事业的条件就是教皇同意解除他的婚姻关系及让罗阿诺担任枢机主教，对于这一点，在下面论述什么叫君主的信义和应该怎样守信义时，我再作回答。由于没有遵守那些占有领土并且保持领土的人们所应当遵循的规则，因此，法国国王路易丧失了伦巴底。这没有什么稀罕的，而是理所当然的。对于这件事情，当教皇亚历山大六世之子瓦伦蒂诺占领罗马尼亚的时候，我曾经和罗阿诺枢机主教在南特谈及，他对我说，意大利人不懂战争。我回答他说，法国人不懂政治。因为如果他们懂得政治，那么，就不会这样扩大教廷的势力。事实证明：法国造成了教廷和西班牙在意大利的强大势力，而法国统治的崩溃也是由此引起的。基于此,可以得出一条永远正确或者很少有错误的一般规律：促使他人强大的人，最终会自取灭亡。因为这种强大不是他精心设计就是他使用武力造成的，而那个因此变成强大的人对于这两者都是心怀疑虑的。

第四章 亚历山大大帝所征服的大流士王国为什么在他死后没有背叛其后继者

有些人在思考统治一个新占领的国家会存在什么困难时，可能会感到惊奇：为什么在短短几年间亚历山大大帝就变成了亚洲的主宰，而且在还没有完全征服亚洲的时候他就死了。由此一来，全国好像理所当然地会发生叛乱。可是亚历山大的后继者们却保住了江山，而且除了由于他们自己的野心带来一些困难以外，并没有遇到其他困难。对此，我认为，有史以来的君主国都是采取两种不同的统治方法：一种是由一位君主和一群臣仆统治，臣仆是承蒙君主的恩宠和许可，作为大臣辅助君主进行统治；另一种是由君主和诸侯统治，诸侯是由于古老的世袭并不是由于君主的恩宠而拥有统治地位。这种诸侯拥有他们自己的国家和臣民，这些臣民把诸侯奉为主人，而且对他们产生自然的爱戴。对于那些由一位君主和其臣仆统治的国家，臣民们对他们的君主的尊敬更加深厚，因为人们认为在全国至尊无上的只有他。如果他们服从其他人，他们对他并不是真正的爱戴，只是把此人看作是君主的代理人和官员。

在今天，土耳其皇帝和法兰西国王是两种不同政体的最好例子。土耳其皇帝的君主国是由一位君主统治的，其余的人都是他的臣仆。土耳其皇帝把他的王国划分为若干州，派遣各种行政官员到那里执政，他可以随意调动或者撤换他们。但是法兰西国王却处在一大群世袭的贵族当中，这些贵族既被他们的臣民所公认和爱戴，又都拥有各自的特权。除非国王自己冒险采取措施，否则是无法剥夺他们的特权的。因此，一个人如果对这两个国家进行考察，就会发现要占领土耳其皇帝统治的国家是很困难的，但是这个国家一旦被征服，统治这个国家就很容易了。反之，从某些方面来说，而且事实也证明，占领法兰西这个国家相对来说比较容易，而要统治它却非常困难。

为什么占领土耳其皇帝的王国会很困难？其原因在于王国的王侯们不可能

把入侵者引进来，入侵者也不能指望皇帝周围人的背叛而使其渔翁得利。因为他们都是君主的奴隶和奴才，很难被收买；即使把他们收买了，也不能够指望从他们身上获得多大利益，因为他们不能使人民心甘情愿地跟随他们，这一点上面已经说明。所以，进攻土耳其的人必须要意识到，他遇到的是一个团结一致的国家，他必须依靠自己的力量而不能依靠别人的叛乱。不过一旦把土耳其皇帝征服了，并且把他打得一败涂地以致无法东山再起，那么除了君主的家族之外便没有什么可怕的对手了。因此灭绝君主的家族之后，由于其他的人们本来就没有得到人民的信任，所以就再也没有什么可怕的人了。另外，因为征服者取得胜利并不是依靠了他们的力量，因此也不需要害怕他们。

那些像法国那样统治着的王国，情况正相反：因为那里存在着不满分子和渴望变革的人。如果你争取到了这个王国的某些贵族，侵入那里就很容易了。基于上述理由，这些人会为你的入侵做前导，使你轻轻松松取得胜利。但是如果以后想要对这个国家实行统治，你就会遇到各种各样的困难，这些困难主要来自那些曾经帮助你的和被你打败的人们。你虽然消灭了君主的家族，但那是不够的，因为残存的贵族会揭竿而起成为新变革的首领。而且，由于你既不能满足他们，又不能灭绝他们，因此，时机一旦到来，他们就会使你失去这个国家。现在，你会发现大流士政府的性质，同土耳其皇帝的王国相似，因此，亚历山大大帝必须首先彻底打败大流士，并且把土地从他手中夺取过来。大流士在赢得这样的胜利之后死了，亚历山大大帝终于牢牢地控制了这个国家。而且，如果亚历山大的后继者们团结一致的话，他们应该能够牢牢地并且轻松地统治这个国家，这个王国如果不是他们自己引起骚乱，是不会发生其他动乱的。

至于那些像法国那样的国家，可就不能轻易地被占领了。在西班牙、法国和希腊之所以发生反对罗马人的多次叛乱，就是因为在这些国家里存在着无数的小王国。当他们对以前王国仍葆有记忆的时候，罗马人是无法轻松地占有这块地方的。但是，当罗马帝国的权力和长久的统治使他们逐渐消失记忆后，罗马人就成了这些地方牢固的统治者。后来，当罗马人之间发生内讧的时候，一些罗马人就各据一方，在各自的地盘树立起自己的权威，让那里的人们拥护自己。并且由于该地区以前君主的家族已经灭绝，因此，除了罗马人，再没有其他人能够得到人们的认可了。

所以，当我们对这一切事情加以考察后，对下述事情便不会感到惊讶了：

亚历山大颇为容易地保持了亚洲的领土，而其他的君主，像皮尔罗等，保持所获得的领地却有困难，造成这一结果并不是因为胜利者的能力有大小，而是因为被征服者的情况有所不同。

第五章 怎样统治占领前在各自的法律下生活的城市或君主国

像上面所说的那样，如果被征服的国家习惯于在它们以前的法律之下自由地生活，那么想要统治这种国家可以采取三种办法：一是把它们消灭掉，二是亲自驻节在那里，三是允许他们在以前的法律下生活，同时在那个国家里面扶植一个傀儡政府。因为这样的一个政府是由征服国的君主建立的，它知道只有依靠他的友谊和力量，才能够继续存在，于是便会尽心尽力拥护君主。而且如果君主想要他统治的城市或君主国仍按原有模式自由生活，那么依靠于这个城市的市民来统治比依靠其他任何方法都容易。

斯巴达人和罗马人就是两个显例。斯巴达人通过在当地建立寡头政府来控制雅典和底比斯，但最终它仍然失去了它们。罗马人为了统治卡普阿、迦太基和努曼齐阿，采用了先把它们毁掉的方法，结果就没有失去它们。罗马人本想像斯巴达人那样，让希腊享有自由并且允许它的法律存在，借此来统治它，却没有获得成功。因此，他们为统治希腊不得不破坏那个地区的许多城市。因为要牢固地占领它们，除非毁灭它们，此外确实没有其他办法。任何人一旦成为一个城市的主人——而这个城市原来是习惯于自由生活的——他却不把这个城市消灭，就是坐以待毙。因为这个城市在叛乱的时候，总是借助于自由的名义和它的古老秩序。而这两者无论是经过岁月的洗礼还是新统治者的施恩投惠都不能够使人们遗忘。除非把那里的居民弄得四分五裂七零八落，否则无论你怎么防备，他们对那个名义和那种秩序都不会忘记，正如在佛罗伦萨人统治下的比萨一样。虽已经过百年，但人们一旦遇有任何不测之事立即就会想起以前的一切。

如果一些城市或者地区习惯于在君主统治下生活，而一旦君主的家族被消灭，那么，一方面它们已经习惯于服从，另一方面由于没有昔日的君主可以服从，因此它们既不能够统一意见在他们当中重新确立一个君主，同时又不知道在失去君主以后怎样自由地生活，因此，就不会轻易起来反抗，从而使一位君主能够轻而易举地获取它们。

但是在共和国，就会产生一种顽强的生命力、刻骨的仇恨和深切的复仇心。他们怀念过去的自由，无法平静下来。因此，最好的办法只能是把他们消灭掉，或者亲自驻节在那里。

第六章　依靠自己的力量获得的新君主国

当论述全新的君主国的时候，我援引最重要的事例来加以说明，任何人都不应对此感到惊奇。人们经常在他人走过的路上行走，并且效仿他人的事迹，虽然这并不能保证他们能够完全沿着别人的道路走或者取得他们所效仿的人的成绩，然而一个明智的人总是沿着伟大人物所走过的道路走，向那些已经被公认为最卓越的人们学习。这样，即使达不到他们那样的能力，但是也会让你拥有几分气派。他就像那些聪明的射手，当他们发现想要射击的目标距离太远时，就会根据自己的弓力所能达到的限度，在瞄准时把目标定得高一些，显然这并不是想把箭射得那样高，而是通过提高瞄准时的高度来射中目标。

由此我认为，在一个全新的君主国里，当那儿是新君主统治的时候，由于人的能力有强弱，统治这个国家遇到的困难也就有大小。由普通百姓一跃而为君主，是因为借助了能力或者运气，拥有这两者之中的任何一个都会在统治时减轻许多困难，这是显而易见的。但单纯依靠运气，统治是不会稳固的。另外，假如君主只有这一块领土因而只能在那里驻扎下来的话，当然就更有利于统治了。

但是，谈到那些不是依靠命运而是依靠本人的能力崛起成为君主的人们，我认为其中最杰出的要数摩西、居鲁士、罗慕洛、提修斯等。关于摩西，虽然他只是遵循上帝的命令，我们不应予以评论，可是仅仅从他有资格同上帝对话这一点说，他的那些高尚的品质就应该受到人们的赞赏。当我们探讨居鲁士及占领或创建了王国的人们，我们会发现他们理所当然是应该受到钦佩的。如果我们探讨他们各自的行为，就会发现，虽然摩西有那样伟大的一位老师，但是他们同摩西的行为并没有差别。我们研究他们的事迹和生活时发现：除了善于把握机会之外，他们并没有依靠什么命运，机会给他们提供动力，把他们塑造成自认为最好的那种形式。假如没有这种机会，他们的能力就会白白浪费；但是，假如他们没有这种能力，有机会也是白搭。

所以，对摩西来说，在埃及必须找到被埃及人奴役的以色列民族，因为以色列人为了从这种奴隶状态中摆脱出来，会乐意追随他。而罗慕洛则不同，他必须不留在阿尔巴，必须一出生就被抛弃，这是他成为罗马国王和国家奠基者的条件。居鲁士则必须洞察波斯人不满米提亚人的统治，同时由于长时期处于和平状态，米提亚人变成驯服的人。至于提修斯，则只有遇到涣散的雅典人，才能发挥他的能力。正是因为有了这些机会，加上他们卓越的能力，使他们能够把握、利用这些机会为他们的祖国增光并且造福于国家。

那些凭自己的能力而成为君主的人，虽然在夺取君权的初期比较困难，但是以后葆有却很容易。在夺取君权初期时发生的困难，一方面是由于他们必须采取新的规章制度，以建立他们的国家和确保国家安全。另一方面，率先实施新的制度是最困难、成败最不确定、执行起来最危险的。这是因为采用新的制度使所有旧制度的受惠者都成了自己的敌人，而那些在新制度之下可能获益的人们却往往是三心二意的拥护者。之所以产生这种三心二意，一方面是由于这些人对他们的对手怀有恐惧心理，因为他们的对手拥有对自身有利的法律，另一方面则是由于在新的事物没有取得成功以前，人们往往会抱以怀疑的态度。因此，那些敌人一旦有机会进攻，他们就会全力以赴；而另一方面，那些进行防御的人们却是三心二意。因此，君主同他们在一起是非常危险的。

如果我们想对这件事情透彻地探讨，那就必须研究这些革新者是依靠自己还是依靠他人进行的革新，即他们为了实现其雄心大志，是运用说服的办法，还是使用强迫的办法。依靠前一种办法，结果往往是失败的，即使成功也绝不可能取得什么成就。但是如果他们依靠的是第二种办法，离成功就不远了。所以，所有获得胜利的都是武装的先知，而非武装的先知只能走向失败。因为，人民是易变的，关于某件事虽然说服他们很容易，可要使他们坚定不移地服从你，是很困难的。所以事情只能如此：当人们不再信仰的时候，就依靠武力强迫他们服从。

如果摩西、居鲁士、提修斯和罗慕洛不使用武力，人们就不会长时期地遵守他们的戒律，正如我们这个时代的季罗拉莫·萨沃纳罗拉修道士的遭遇一样。人们一旦不再信任他，他就只好同他的新制度一起灭亡，因为他既不能使那些曾经信仰他的人们坚定信仰，又不能使那些不信仰他的人们信仰。因此，像这样的人物，在行动中和前进道路上会有巨大的困难和艰险，他们必须动用力量来克服这些困难，而且困难一旦被克服了，他们就会开始受到人们的尊敬。如果他们又消灭了那些对他们的权位有威胁的人，他们就能够继续享有权力、安全、荣耀和幸福。

我想在这些重要的例证之外，再举一个较小的例证。它与上述事例有某些共同之处，而且我认为这个例证具有典型性。这就是锡拉库萨的耶罗内。他从平民升为锡拉库萨的君主，到达这一地位除了抓住时机之外并没有依靠其他什么运气。当时因为锡拉库萨人遭受压迫，于是选择他作为他们的军事领袖，后来由于他的功劳而被拥立为王。他在身为平民的时候就有出众的才能，因此有人对他如此论述：“他做国王，除了需要领土之外，别的什么都不缺。”他解散了旧军队，组建新军队，抛弃旧盟友，结交新友。由于他有了自己的盟友和军队，他能够在这个基础之上建立起任何一座大厦。因此，虽然他在建立王国的时候经受了许多艰难困苦，但是他在对这个王国实行统治的时候，困难就很少了。

第七章 依靠他人的力量或者幸运而取得的新君主国

那些光靠幸运由平民崛起成为君主的人们，虽然在发迹时并不是很困难，但是在维持其统治时就困难重重了。他们在征途中的时候并没有什么困难，就像飞翔那么轻松，可是等他们到达终点时，一切困难就随之而生了。那些凭借金钱或者由于他人的恩惠赐予得到某一国家的人们就是这样的。在希腊的伊奥尼亚和赫莱斯蓬等城市，这类事例很多。这些城市的君主是由大流士分封的，他们是为大流士的安全和荣誉而统治这些城市。还有那些凭借收买军队，从平民跃居皇帝宝座的人们也是如此。这些统治者依靠的只是别人对自己的偏爱和幸运，而这两者都是变幻无常的。这类人不懂得怎样去维护他们已得的地位，当然也不可能维护他们的地位，因为我们没有理由企望那些以前过着平民生活的人们懂得怎样发号施令，除非他们是具有卓越能力和才智的人。因为他们没有自己的武装，所以他们也不能够统治国家。

再说，勃兴的国家，正如自然界迅速生长的其他一切东西一样，根浅枝稀，一场狂风暴雨就把它摧毁了。除非那些一跃而为君主的人们拥有超凡的能力，知道如何去维护因为幸运而得来的东西，并且在当上国王以后能迅速奠定坚实的基础，因为这些基础对他人来说是在成为国王之前就已经奠定的。

关于凭借自己的能力或者依靠机遇而成为君主的这两种说法，有两个例子可以说明。这就是弗朗切斯科·斯福尔扎和切萨雷·博尔贾这两个人。弗朗切斯科凭借自己卓越的能力，运用适当的手段，由平民成为米兰公爵。他取得地位时极为艰辛，事后维护其地位时则非常容易。另一方面，切萨雷这位被老百姓称为瓦伦蒂诺公爵的人却是依靠他父亲的好运而得到国家的。可是后来好运消失，尽管在这个依靠他人的武力和依靠机遇而得到的国家里，为了使自己扎根，他已经采取了各种措施，凡是一个慧明能干的人能做的一切他都做了，但他还是亡国了。

所以，正如以上所述，如果一个人在开始时没有奠定基础，事后仍可以运用巨大的能力去打基础，虽然这样做对于建筑师来说很困难，对于建筑物也很危险。所以如果考察这位公爵的全部经历，我们就能看到他曾经为他未来的权力奠定了怎样的基础。讨论这件事我认为并不是多余的，因为我不知道，除这位公爵的教训之外，对于一位新君主还有什么更好的例子。如果公爵的措施无济于事的话，是由于异常恶劣的运气，而不是他本人的错误。

教皇亚历山大六世为了提高他儿子瓦伦蒂诺公爵的权力地位，遭遇了重重困难。首先，他不知道如何使他儿子成为不是教皇辖地的任何一个国家的君主。他知道，如果要把原本属于教皇辖地的地域给他的儿子，米兰公爵和威尼斯人是不会同意的，因为法恩扎和里米诺都已久在威尼斯人的保护之下了。除此之外，他知道意大利的军队，特别是原本可能帮助他的军队，全都掌握在那些害怕教皇势力可能扩大的奥西尼家族和科隆纳家族以及他们的追随者手里，因此他不能够依靠这些人。所以，他有必要破坏这种秩序，并且使他们的国家混乱不堪，以便成为这些国家一部分地区的主宰。对他来说，这是轻而易举的事情，因为他察觉到威尼斯人出于别的考虑，愿意法国人重新回到意大利。他不但不反对这样做，而且还帮助法国国王路易十二解除了以前的婚姻关系以方便其行事。于是法国国王在威尼斯人的帮助和亚历山大教皇的同意之下，长驱直入夺取了意大利。路易刚刚到达米兰，教皇便向他借兵以夺取罗马尼亚，而罗马尼亚慑于法国国王的威名，便向教皇屈服了。

这样，瓦伦蒂诺公爵在夺取罗马尼亚、打败科隆纳家族之后，想要维护统治并且继续前进，就碰到了两个困难：一是他的军队并不忠诚，二是法国人的意图。也就是说一方面他恐怕自己一直利用的奥西尼家族的军队背叛他，这支军队不但可能阻碍他进一步的胜利，甚至可能剥夺他已经获得的一切。另一方面他也害怕法国国王会掠夺他的胜利果实。当他夺得了法恩扎并向波伦尼亚进攻的时候，他发现奥西尼家族对这次进攻反应很冷淡，就明白了奥西尼的态度。当他占领了乌尔比诺公国并向托斯卡纳进攻的时候，法国国王阻止了他，由此瓦伦蒂诺公爵就看透了法国国王的想法，于是决定不再依靠他人的武力和自己的运气了。

公爵所做的头一件事，就是削弱在罗马的奥西尼和科隆纳这两个家族的势力。为此，他笼络从属于这两个家族的所有贵族们，使他们成为自己的亲信，给予贵重的赏赐，并且按照他们的等级地位给他们官职。这样一来，短短几个月，他们原本对那些党派的感情就在心中逐渐消失，而完全转向公爵。当他把科隆纳家族解散以后，便伺机消灭奥西尼家族。果然不久，这个机会来了，他很好地利用了它。奥西尼终于在最后感觉到公爵和教廷的势力在扩大，自己面临着灭亡，于是在佩鲁贾的马焦内举行了一次会议，之后便爆发了乌尔比诺的叛乱和罗马尼亚的骚动，它们给公爵带来了极大的危险。然而在法国的帮助下他战胜了所有危险。公爵在恢复了他的威势之后，由于不愿再依赖法国或其他外力以免使自己陷入危险之中，便使用了种种诡计。他深深懂得怎样掩饰自己的真实想法，于是开始大献殷勤，先是笼络保罗·奥西尼，送给他金钱、服饰和骏马，从而在保罗的调解下，使奥西尼家族与自己重归于好。公爵利用他们的幼稚，获得了在西尼加利亚的统治权。公爵消灭了这些首领并且使他们的部属变成了自己的朋友，之后，便占领了罗马尼亚全境和乌尔比诺公国，从而为自己的统治奠定了很好的基础——他认为自己已经与罗马尼亚人建立了友谊，并且所有这些人民都是支持他的，因为人们现在已开始尝到了甜头。

这一点很值得他人注意并学习，所以我想不应该被忽略。当公爵占领罗马尼亚的时候，他察觉到过去统治罗马尼亚的是一些软弱的首领，与其说他们是在统治他们的属民，不如说是在掠夺属民。他们制造种种事端，使属民勾心斗角，地方上充满了盗贼、纷争和各种各样无法无天的事情。为了使当地恢复安宁并服从统治，公爵认为必须首先建立一个好的政府，因此他选拔了雷米罗·德·奥尔科这样一个残忍而机敏的人物，并授予他权力。这个人在短时期内恢复了地方的安宁与国家的统一，从而获得了极高的声誉。可是公爵后来为了避免引起仇恨，决定削弱他的权力，于是他在这个地区的中心设立了一个人民法庭，委派了一名最优秀的庭长，并在每一座城市设立为他们自己辩护的人。因为他发现，过去的残酷已经引起了人们对他的仇恨，因此，他要清除人民心中的隔阂，把他们全部争取过来。他想要表明：过去的一切残忍行为，都不是由他发动的，而是因为他的大臣们的残忍天性。他抓住这个时机，在某个早晨把雷米罗砍为两段，陈尸切塞纳广场，并把一块木头和一把血淋淋的刀子放在他身旁。这种残忍的景象使得人民在感到痛快淋漓的同时又感到恐惧震惊。

让我们回到刚才的话题。我认为，这时候公爵已觉得自己十分强大，并且有把握免于当前的危险了，因为他已经按照自己的意愿武装起来；加之，他已经消灭了邻近可能侵犯自己的大部分武力。如果他想继续扩张的话，就必须考虑一下法国国王了。因为他知道，法国国王已经察觉到自己犯了错误，再不会援助他了。因此，公爵开始寻求新的盟友。当法国向那不勒斯王国进军，以抗击正在围攻埃塔的西班牙人的时候，公爵对法国只是表面应付，他的目的是要保全自己以免受到法国的牵连。当时，如果教皇亚历山大六世健在的话，公爵应该会迅速取得成功的。

公爵就是采取这些措施来应付当时的事态的。但是对于将来，他仍然忧心忡忡。一是可能教廷的新继承人对他不友好，甚至可能谋划夺回亚历山大教皇已经给他的一切。因此，他决定采取四条措施：一、灭绝那些他已经废除的统治者的家族，使教皇无机可乘。二、把罗马的贵族全部争取过来，以便得到他们的帮助，从而抑制新教皇。三、尽可能让枢机主教团更加偏向自己。四、趁着教皇在世得到更大权力，以便能够抗击最初的进攻。当亚历山大教皇去世时，公爵已经完成了这四件事情当中的三件事，第四件事也完成得差不多了，因为对于那些被罢黜的统治者，他已经把该杀的都杀了，只有极少数人幸免于难。罗马的贵族也已经被他争取过来，在枢机主教团里面也有大部分人是他的同党。至于如何进行新的征服，他决定成为托斯卡纳的主宰。当时他已经占领了佩鲁贾和皮奥姆比诺，并且已经把比萨置于自己的保护之下。他已不用顾忌法国（因为当时法国人已经被西班牙人驱逐出那不勒斯王国，这就使得法国和西班牙当中的任何一方都不得不讨好他），立即夺取了比萨。此后，卢卡和锡耶纳由于对佛罗伦萨人的妒恨和对公爵的恐惧，也都立即投降。对此，佛罗伦萨人束手无策。假如他的这些计划成功了（本来应该在教皇亚历山大六世去世那一年获得成功），他就会赢得巨大的权力和声誉，摆脱他人的武力和运气，而只依靠自己的力量。

但是公爵在开始行动之后的第五年，亚历山大教皇就死了，他给公爵留下了罗马尼亚这个国家，处在两大强敌之间，只有它是稳固的，其余的都靠不住，尤其是公爵自己也已病入膏肓。但公爵有勇有谋，深知怎样才能把人们争取过来，或者怎样会丧失人心。他在较短的时期内奠定了牢固的基础，假如在他背后没有那些敌军，或者他身体健康，那么他是能够战胜所有困难的。而且，从罗马尼亚人继续等候他一个多月这件事也反映出他的基础是牢固的。在罗马，他虽然处于垂死之境，可是他的地位仍然是稳固的。虽然巴利奥尼人、维泰利人和奥西尼人进入了罗马，可是他们却找不到反对公爵的追随者。虽然公爵没有能力决定自己的人成为教皇，但他至少能够阻止他不喜欢的人成为教皇。假如在亚历山大教皇死时公爵身体康健，那么，一切事情就都很好解决。在朱利奥二世当选为教皇那天，公爵对我说，他已经事先预料到他的父亲死时可能会发生的事情，并且已经在事前找到了万全之策，只是没有料到他父亲死时他自己也会生命垂危。

当我对公爵的所有行动回顾一番之后，我认为他没有什么可以非难的。正好相反，我觉得像我在上面所说的，应该让那些由于机遇或者依靠他人的武力而夺取统治权的人向公爵学习。因为他具有钢铁般的意志和崇高的目标，他只能采取这种行动，除此别无他法。只是由于亚历山大死亡和他本人患病，才使他的理想终成泡影。所以，如果一个人要确保他的新王国的领土安全，免遭敌人侵略，就要争取朋友，依靠武力或者欺骗手段获胜，使人民对你敬畏有加，使军队既服从又尊敬你；要清除那些正在或潜在的想加害你的人们；要采取新的办法革新旧制度，既有危险又使人感恩，既宽宏大量又乐善好施；要消灭不忠诚的军队，创建新的军队，同各国国王和君主们保持友好关系，使他们自觉殷勤地帮助你或者战战兢兢不敢得罪你。公爵曾从事的活动就是最生动具体的范例。

只有选举朱利奥当教皇这一件事情，我们可以责难公爵。在这次选举中，他的选择是错误的，正如我曾说过的，他有能力阻止任何人当选教皇，假如他不能够选举一个让他满意的教皇，他也绝不应该同意选举一个自己已经得罪的枢机主教或者一个当上教皇就会惧怕自己的枢机主教来担任教皇，因为人们出于恐惧或者仇恨都会设法来侵害你。公爵曾经得罪过的人有圣·皮耶罗·阿德·温库拉、科隆纳、圣·乔治和阿斯卡尼奥等，除了罗阿诺和西班牙人之外，一旦其他的人当上教皇，他们都会害怕公爵。因为西班牙人出于他们的同盟关系而对他负有义务，罗阿诺则因为公爵与法兰西王国的关系才拥有权力。因此，公爵应该选择一个西班牙人当教皇，假如不能做到这一点，他至少应该赞同罗阿诺，而不是选举圣·皮耶罗·阿德·温库拉。假如任何人相信一个大人物因为给予新的恩惠就忘却旧日的损害，他只能是自欺欺人。因此，公爵在这次教皇的选举中犯下了致命的错误，最终导致了自己的灭亡。

第八章　用邪恶的方法成为统治者的人们

但是，从平民成为君主还有其他两条途径，这两条途径都不能够完全归结为靠幸运或者能力，因此对于这两者不能略而不谈，对于其中一条途径，在我论述共和国的时候还会更详细地加以讨论。这两条途径是：一个人依靠某种邪恶的方法登上统治地位；或者一个人依靠他同伴的帮助，一跃而成为国家的君主。在讨论第一条途径的时候，我将举古代和现代两个例子加以说明。我认为，这两个例子对那些想以此方法登上王位的人来说已经足够了，而且也不需要进一步讨论这种途径的对错。

西西里人阿加托克雷是从平民，而且是卑贱下等的地位一跃而成锡拉库萨国王的。他是一个陶工的儿子，他的一生都充满了邪恶。可是他的邪恶行径却具有巨大的魔力，因此，他投身军界之后，经过不断提拔，成为锡拉库萨地方执政官。当他得到这个职位的时候，他就决心要成为国王，并且打算不依靠他人的帮助，而是依靠暴力手段达到这一目的，因此，他让正率领军队在西西里作战的迦太基人阿米尔卡雷获悉他的这个计划。在一个早上，他召集了锡拉库萨的人民和元老院，装出要同他们商讨共和国国事的样子，然后在发出一个约定的信号以后，就让他的士兵杀掉了元老院全体元老和富豪们。这些人死后，他没有遇到市民的任何反抗，就获得了这个城市的统治权。而且，虽然他两次被迦太基人打败，该城市最后还被围攻，但是他仍然保卫了他的城市，并且除了留下一部分人马守卫城市之外，还用其余兵力进攻非洲。用这种办法，他很快就解除了锡拉库萨之围，并且使迦太基人陷于困厄，被迫同他讲和。迦太基人满足于占有非洲，就把西西里让给了他。

因此，考察阿加托克雷这个人的行动与生涯，任何人都会感觉到他的成就几乎无法归功于机遇。因为，他夺取君权并没有依靠他人的帮助，而是经历无数的艰难险阻，依靠在军队中逐级提升取得的。而他能继续保持这个地位，则是依靠了许多勇敢而又冒险的决策。但是，杀害平民，出卖朋友，不守信用，没有恻隐之心，没有宗教信仰，这并不是有德性的人之所为。虽然以这样的方法可以赢得统治权，但是不能赢得荣誉。不过，从阿加托克雷出入危险境地的能力和忍受困难、克服困难的勇气来看，我们又感到他不比任何一个最卓越的将领逊色。然而他不可胜数的恶劣行为，以及野蛮残忍和不人道，又使他没有资格与大名鼎鼎的最卓越的人物相提并论。因此，我们就不能够把他不是依靠机遇或能力而得到的成就归功于机遇或者能力。

当亚历山大六世在位时，费尔莫的利韦罗托幼年丧父，由他的舅父乔万尼·福利亚尼抚养长大。在他还是少年的时候，他的舅父就把他送到保罗·维泰利手下当兵，希望他在保罗·维泰利的教导下，能够在军界取得显赫的地位。保罗死后，他归于保罗的兄弟维泰洛佐手下。凭借他的机智和勇敢，他很快就成为维泰洛佐军队中的第一号人物。但是他耻于在他人底下服役，于是决心在费尔莫某些市民的援助下（这些人认为被本国人奴役胜过他国给的自由），并且依靠维泰洛佐的帮助，占领费尔莫。他写信给乔万尼·福利亚尼说，因为离开家乡已经多年，想回去探望他和故乡，并且顺便看看自己的祖业。他又说，他渴望荣誉，除此之外再没有别的吸引他的东西了。为了让他的市民同胞知道他并不是一无所成，他建议由他的朋友和侍从组成一个一百人的骑兵队护送他回到故里，他同时请求他舅父从中安排，使他受到费尔莫市民的热烈欢迎。他强调，这样做不仅是他本人的光荣，同时也是乔万尼的光荣，因为他是乔万尼抚育的孩子。

于是，乔万尼对他的外甥不折不扣地尽了应尽的责任，使他受到费尔莫人民的热烈欢迎。乔万尼还请他住到自己的家里。利韦罗托在那里住了几天，并为自己的阴谋诡计作好了必要的秘密准备。之后，他举办了一个盛大的宴会，邀请乔万尼·福利亚尼和费尔莫的一些头面人物出席。待酒足饭饱以及这种宴会常有的种种程序完毕之后，利韦罗托开始装模作样地发表所谓重要讲话，大谈教皇亚历山大六世和他的儿子切萨雷如何伟大，以及他们创立了怎样的功业。当乔万尼和其他人们正要回应他这个讲话时，利韦罗托立刻站起来说，应当在较为秘密的地方讨论这些事情。于是他退入一个房间，乔万尼和其他的人也都跟随他进去了。可是他们刚刚落座，士兵们就从藏身的地方涌出，杀死了乔万尼和其他所有的人。谋杀成功之后，利韦罗托就骑上马招摇过市，围困住了宫廷中的最高长官，这些人惊恐万状，不得不听从他的摆布，于是成立了由他本人担任君主的政府。他杀掉了所有心怀不满可能加害他的人，同时颁布了关于民政和军政的新规章制度，以此来巩固自己的地位。这样一来，在他统治这个王国的一年时间里，不但在费尔莫这个城市非常安全，而且所有的邻国也都很惧怕他。但是，正如上面所说，当切萨雷·博尔贾在西尼加利亚征服了奥西尼和维泰利时，如果利韦罗托不上博尔贾的当，他就会像阿加托克雷一样不易灭亡了。因此，在利韦罗托杀舅父一年以后，他与维泰洛佐这位他在善恶方面的师父一同被绞死了。

人们可能会感到惊讶：为什么类似阿加托克雷这一类无比奸诈、残酷的人，能够在他们本国长时期地安全生活，能够保卫自己不受外敌的侵害，而且他本国的公民也从没有反对过他们；与此相反，其他一些人，虽然运用了残酷的办法，却连和平时期都不能维持他们的统治，更不用说胜败未卜的战争时期了。我认为，这是因为使用残酷手段的妥善或者不妥造成的。所谓的妥善使用残酷手段就是，为了保证自己的安全，偶尔使用残酷手段，除此绝不再使用，除非它能为臣民谋利益。不恰当地使用残酷手段就是，尽管开始很少使用残酷手段，可是以后运用得却越来越多，毫无削减。像阿加托克雷那样，采取上述第一种办法的人们，因为人神共助，会有利于他们的统治，而采取后一种办法的人们就无法自保。

因此，占领者在占领一个国家的时候，应该对自己必须要做的一切损害行为心中有数，并且要一次性完成，以免以后旷日持久地进行该类行动，这样一来，由于侵害行为很快停止，他就能够使人们重新有安全感，然后通过施恩布惠的方法把他们争取过来；相反，假如一个人因为怯懦或者受人蛊惑没有这样做，他就必须时时刻刻保持警惕，对老百姓也永远心存怀疑，而因为他的新损害不断继续，人民也不可能有安全感。所以损害行为应该一次完成，以使人民少受损害，减少他们的积怨；而恩惠应该是一点儿一点儿地赐予，以使人民能够更好地体会恩惠的滋味。总之，生活在人民当中是君主最重要的一件事，这样可以避免发生任何意外事件，无论是好是坏，使自己改弦易辙。假如在意外情况下发生变革，这时你再采取严酷手段为时已晚，即使行善举也帮助不了你，因为人们认为你是被迫这样做的，对你不会有任何感激。

第九章　市民的君主国

现在讨论这样一种情况：假如一个平民，是因为获得本地其他市民的支持，而不是依靠犯罪或者其他恶劣的凶暴行为，成为本国的君主，这种国家就被称为市民的君主国。要取得这种地位，既不完全依靠能力，也不完全是因为命运，而是因为一种幸运的能力。我认为，取得这种国家统治权的人，不是依靠人民就是依靠权贵。因为每个城市里都存在着两个互相对立的党派，这是由于人民不愿意被贵族压迫和统治，而贵族则要求压迫和统治人民。由于贵族和人民这两种相反的意愿，在城市里就产生了这样三种结果：君主权、自主权，或者无政府状态。

君主政体不是由贵族建立，就是由人民建立，这要看哪一方更能抓住机会。当贵族感到自己无法与人民抗衡的时候，就抬高他们当中某一个人的威望，并且让他当上君主，以便依靠他实现他们自己的愿望。另一方面，当人民感到自己不能够与贵族抗衡的时候，也抬高他们当中某一个人的威望，并且推举他做君主，以借助他的权力保卫自己。一个人依靠贵族的帮助而得到君权，比依靠人民的帮助而得到君权更难维持其统治。因为依靠贵族当君主的人会发现许多贵族自以为同他是平等的，因此他无法按照自己的意愿随意指挥或管理他们。反之，假如一个人依靠人民的帮助而得到君权，他就会发现自己是超然而立的人，因为在他周围没有一个人或者只有极少数人不准备服从自己。

此外，如果一个君主能够公平处理事情而不偏颇，虽无法满足贵族的欲望，但是却能够满足人民，因为人民的意愿比贵族更光明正大。人民只是希望不受压迫，而贵族则希望实行压迫。再说，假如人民心怀不满，君主就永远不会有安全感，因为人民占多数；而君主能够泰然自若地对付贵族，因为贵族人数甚少。人民如果对君主心怀不满，最坏的下场也就是抛弃他们的君主；但是，对于那些敌对的贵族，君主则不仅害怕他们会抛弃他，还害怕他们会推翻他。因为在这些事情上贵族比人民更有眼光、更狡猾，他们常常能够随机应变、及时自救，投靠取得胜利的可能性比较大的一方。此外，君主总是要与人民生活在一起，假如没有贵族，君主仍然能够过得很好，因为他能够随时设立或者废黜贵族，而且能够随心所欲地赐予或者剥夺他们的权力。

为了对这件事情说得更清楚，我认为应该主要从下述两种方式对贵族进行考察：他们将自己的命运与君主的运气紧密地联系在一起，或者相反。对于那些紧紧依靠君主而不贪婪的人们，君主应该给他们荣誉并加以保护；而对于那些不依靠君主的人们，君主可以采用以下两种方式进行检验。他们之所以这样做可能是由于怯懦或者天生缺乏勇气，在这种情况下，君主应该利用他们，特别是利用那些能够给他提出有益意见的人们。因为，这样一来，当君主兴盛的时候，他们自然会尊敬他，而当君主身处逆境的时候，也不用害怕他们。但是，如果他们是出于野心，而故意不依靠君主，就说明他们更多的是为自己而不是为君主着想。君主对这类人就应该防范，并且把他们作为公开的敌人加以警惕，因为当君主处境不利时，他们总是出来帮助消灭君主。

因此，假如一个人成为君主是由于人民的帮助，他应该同人民保持友好关系，因为人民所要求的只是不受压迫，这一点对君主来说是能够轻而易举地做到的。但是哪怕一个人同人民对立而依靠贵族的帮助成为君主，他第一件应该做的事也是采取办法争取人民。如果他能把人民置于自己保护之下，他就能轻而易举地做到这一点。因为人民本来以为会受到他的侵害，现在却反而从他那里得到了好处，他们一定会更加拥护自己的恩人，立即便会对他充满好感，而且比那些帮助他登上王位的人更加拥戴他。其实君主有许多方法赢得人民的好感，这些方法根据情况的不同而有差别，没有一定之规，因此就不在此谈了。我只是想说：君主必须同人民保持友谊，否则当他身处逆境时，就无能为力了。

斯巴达国王纳比斯抵抗了全希腊人和一支罗马常胜军的围攻，保卫了他的国家，并使自己的权位不受侵害。当危难降临时，他需要做的只是使少数人别加害于他，但是如果当时人民已经同他敌对，这就不行了。对于我的这个观点，谁都不要拿“以人民为基础，比如在泥沙上筑室”这句陈腐的谚语来进行反驳。因为假如一位平民把他统治的基础建立在人民之上，并且相信当自己遭受敌人或者官吏威胁时人民将会解救自己，那么这句谚语是有道理的，因为这种情况正如罗马的格拉奇和佛罗伦萨的乔治·斯卡利的遭遇一样，最终会发现自己上当了。但是，假如把基础建立在人民之上的是一位君主，而且他有指挥能力，为人勇敢，处逆境而不沮丧，准备充分，并且以其制度措施和精神意志激励全体人民，这种人是永远不会被人民抛弃的。

这种市民的君主国从平民政治向专制政治转化的时候，通常是很危险的。因为这类国家不是由君主亲自执政就是君主通过官吏执政。在后一种情况下，君主的地位是极为软弱和危险的，因为他们完全依靠那些官吏的意志，而官吏在危难时期，不是采取行动对抗君主就是拒不服从君主，这就很容易使君权被篡夺。而君主在危难中又无法行使绝对的权力，因为市民和属民已经习惯于接受官吏的命令，因此，面临危机时他们不会服从君主的命令，并且在动荡之时，君主能够信赖的人也少之又少。在遇到这种困境时，君主不能够以和平时期所看到的情况为依据来作决断，因为在和平时期人民有求于国家，每一个人都为国家奔走，每个人都满口答应报效国家；在没有危险的时候，他们全都准备为君主而死；一旦真正遇到危险，国家有求于他们的时候，能依靠的人就屈指可数了。这种尝试是非常危险的，因为它只有一次机会。因此，一个英明的君主应该想出一个办法，使他的人民无论在什么时候都有求于国家和他个人，这样他们才会对他永远忠诚。

第十章　一切君主国的力量应该怎样衡量

在探讨君主国性质的时候，必须想到另一点，这就是一个君主在困难的时候是否能够完全依靠自己的力量立足，还是常常需要别人的援助。对此我认为，假如由于人口众多或者财力充裕能够募集到足够的军力，有能力同任何入侵者决战于疆场，他们就能够依靠自己的力量立足；假如君主不能够在疆场上同敌人决战，而只能被迫躲在城墙后面防御，通常他们就是需要别人援助的。对于第一种情况，前面已经讨论，等以后有机会，我们再谈。对于第二种情况，我只有鼓励这种君主加强防御、备足粮草，不要去考虑乡村，除此，我也没有什么更好的建议。任何人只要给他的城市做好了城防工事，并且依照上面指出的、以后还要谈到的方法处理与臣民的关系，那么向他进攻的人也得三思而后行，因为人们总不喜欢预定的计划中充满困难，何况君主已经给他的城市做好了城防工事，同时他的人民又拥护他。假如对这样一位君主发动进攻，当然不是一件容易的事情。

德国的各个城市享有高度的自治，它们的农民很少，市民们认为需要时就顺从皇帝，但是他们既不害怕皇帝也不害怕他们周围的任何其他统治者。因为他们已经筑好了城防工事，谁都知道要攻占这种城市将是困难重重，持久艰巨的。由于这些城市都修筑有大量的壕沟与城垣，配备有足够的大炮，在公家仓库里经常储备的粮食和燃料足够供一年所需；此外，为使老百姓得到安宁同时有利于公家，它们总是设法安排老百姓到关系城市存亡和可供衣食的行业中工作。此外，它们还十分重视军训，而且制定了许多规章制度以保证军事训练。

因此，假如君主拥有坚固的城市，又没有与人民结怨，他就不会受到攻击。假如有人胆敢进攻的话，他定会被狼狈不堪地驱逐出去。世界上的事情是变化莫测的，进攻者要使一支军队安营扎寨整整一年而无所事事，那是根本不可能的。也许有人会说，如果人民的财产在城外，眼睁睁地看着被烧毁，他们将无法忍受，而且长期的被围和私心将使他们忘记君主。对此，我认为：一个果断的强有力的君主，一方面要让臣民充满希望，相信祸患不会长久，另一方面又要让他们恐惧于敌人的残酷，同时巧妙地控制起过于莽撞的人们，这样，君主就能够战胜上述所有困难。而且，当敌人进攻的时候，如果守城的人士气依然旺盛，并且决心进行抵抗，敌人一定会立即焚烧破坏城市周边地区，此时，君主更不能犹豫不决，因为不久后，当士气开始消沉，损失已经产生，灾难已经临头，就再没有什么办法可以补救了。因此现在人民会更加坚定地同君主团结起来，因为此时他们的房屋被烧毁了，他们的财产已被损害了，只有君主是他们的保护神。接受恩惠与施舍恩惠一样，也会让人产生义务感，这是人之常情。所以，对情况通盘考虑后，只要不缺乏粮食和防卫手段，在敌人包围的时候自始至终地使人民葆有坚定的意志，对于一位英明的君主来说并不困难。

第十一章　教会的君主国

最后有待研究的是教会的君主国。对于这种国家，所有的困难都在得到这种国家之前。要得到这种国家，或者是依靠能力，或者是依靠运气，但却不能依靠能力或运气来统治，因为这种国家是依靠宗教的传统制度来维持的。这种制度是十分强大的，而且具有这样一个特点：它使它的君主拥有权力，却从来不管君主是怎样行事和生活的。这些君主不必去保卫国家而国家却不会因此受到侵略；不必去治理臣民而臣民却对此毫不介意，既不去想也没有能力背叛君主。这样的君主国才是安全和幸福的。但是，由于维持这种国家的是人类智力所不能及的更高的力量，我就不在此谈论它了，因为这种国家显然是由上帝建立并维护的，如果议论它，就是一种冒犯。

可是有人会问我，罗马教会凭借什么取得了现在这样大的世俗权力？从教皇亚历山大时代往前回溯，意大利的当权者们，从高高在上的君主到低级的男爵和领主，对教会在世俗事务上的权力一直是轻视的。然而现在，哪怕是法国的国王都对它心生畏惧，这是因为教会有能力把一个法国国王驱逐出意大利，并且毁灭威尼斯人。虽然这件事情已经众所周知，但是我觉得还是有必要唤起人们的回忆。

在法国国王查理占领意大利以前，这个地区受教皇、威尼斯人、那不勒斯国王、米兰公爵和佛罗伦萨人的统治。这些统治者主要操心两件事：一是不能让任何一个国家武装侵略意大利，二是在他们当中谁都不能继续扩展领土。这些统治者最关注教皇和威尼斯人。为了遏制威尼斯人，其他各国必须像保卫费拉拉一样，联合起来；为了抵制教皇，他们就利用罗马的贵族们，使他们分裂为奥西尼和科隆纳两派，这两派之间经常发生争执，在教皇面前就刀兵相见，使教皇胆战心惊、束手无策。虽然有时偶尔也会出现一个像西克斯图斯那样英勇的教皇，但是无论他机遇多好或智慧多高，都不能摆脱这种烦恼。一个原因是他们的任期太短，因为一个教皇在位时间平均十年，在这十年当中，好不容易他才能够把这些党派中的一派压下去。比如，一个教皇几乎把科隆纳这一派整垮，而另一个教皇继位却与奥西尼这一派为敌，他为了使科隆纳派复兴，就没有时间再去搞垮奥西尼这一派了。这就是教皇的世俗权力在意大利不受重视的原因。

亚历山大六世做了教皇以后，他在历代教皇当中，最充分地证明了教皇使用金钱与武力就能够得势的事实。他利用瓦伦蒂诺公爵，趁法国入侵意大利的机会，完成了所有功绩，对此我在上面论述公爵时已经谈论过了。虽然他的本意并不是要壮大教廷的势力，而是要壮大公爵的势力，但是他行为的结果却是壮大了教廷的势力，因为在他死后和公爵灭亡之后，教廷就继承了他的胜利果实。

朱利奥继位以后，他感觉到了教廷的强大，因为它占领了罗马尼亚全境，镇压了罗马的贵族，那些党派之争也被亚历山大平复了；他还发现了亚历山大前无古人的敛财之道。朱利奥不仅继续从事这些事情，而且还加以改进。他决心占领波洛尼阿，消灭威尼斯人，并且把法国人从意大利驱逐出去。他的这些目标全部实现了，因为他的一切行动不是为提高个人的地位而是为提高教廷的地位，因此使他更加荣耀。他还把奥西尼和科隆纳这两派的力量约束在他所规定的范围之内，在他们当中虽然有些人能够改变局势，但是有两件事牢固地制约着他们：一是教廷的强大使他们不得不有所顾忌；二是不让他们的人担任枢机主教，而枢机主教正是党派之间产生纷争的根源。如果这些党派拥有自己的枢机主教，他们就无法安定，因为这些主教会在罗马内外培植自己的势力，从而逼迫贵族保卫他们，这样因为僧侣的野心就会导致贵族之间发生动乱。因此，当今教皇朱利奥认识到了其职位的强大威力。我们希望，既然先前的教皇已经依靠武力使其职位强大起来，那么当今教皇应依靠慈悲和其他的无限美德使它更加强大，同时得到人们更多的崇敬。

第十二章　军队的种类与雇佣军

我已经在本书开头详细地讨论过这些君主国的特性，研究了这些君主国兴衰的原因，还指出了许多人们为夺取并维持这些国家曾经采用的方法。现在我就适用于每一个国家的攻守之道再扼要地加以论述。前面已经说明，君主必须让自己处于稳固的基础之上才不会招致灭亡。而一切国家，无论是新的、旧的国家还是混合国，其主要的基础都是良好的法律和优秀的军队，因为没有优秀的军队，就不可能有良好的法律；如果有优秀的军队，就一定会有良好的法律。现在我只谈军队而暂时不讨论法律。

依我看，君主用来保卫国家的军队无非以下几种：他自己的军队，雇佣军、援军，混合的军队。其中雇佣军和援军既无用又危险，君主如果用雇佣军作为依靠来保卫他的国家，那么他既不会稳固亦不会安全。因为这些雇佣军涣散、有野心、无纪律、不讲信义，在朋友面前耀武扬威，在敌人面前则怯懦无能。他们既不敬畏上帝，待人亦不讲信义，依靠他们的君主国之所以没有被消灭，只是因为敌人的进攻推迟了。你在和平时期受这些雇佣军的掠夺，而在战争中又受敌人的掠夺。这是因为，除了为获取报酬，没有其他什么理由使他们走上战场，而这点报酬又并不足以让他们愿意为你牺牲性命。当你不打仗的时候，他们给你当兵，但是假如有了战争，他们就会一走了之。要证明这一点并不困难，因为现在意大利的崩溃并不是因为别的原因，完全是因为它长期以来依赖雇佣军。虽然以前雇佣军曾经帮助某些人取得成功，并且有时还显得异常勇猛，可是真正面临强敌压境的时候，他们就会原形毕露。因此，法国国王查理八世能够不费吹灰之力而占领意大利。有人说，这是因为我们有罪，我们确实有罪，可是并不是说话者认为的那些罪过，而是君主们的罪过，是他们过分依赖雇佣军的罪过，所以他们也一起受到惩罚。

我再进一步论证雇佣军的不可靠。雇佣军的首领们分有能力的和没能力的两类。如果他们是有能力的，你就无法信任他们，因为他们总是抱有野心，这样不是胁迫你，就是违背你的意愿胁迫别人。反之，假如首领是无能的人，他会把你带向毁灭。

如果有人说，无论是不是雇佣军，只要手中有了武器，其行为都是一样的。对此，我的回答是：当必须动用军队时，君主国的君主必须亲自挂帅迎敌；共和国的君主则必须委派其代理人前往，假如被派的人不能胜任，就必须撤换，假如他能够胜任，则必须用法律加以约束，不要让他越权。经验证明，只有亲自出马的君主和武装起来的共和国才能获取巨大的胜利，而雇佣军只能带来损失。而且要使一个用自己的力量武装起来的共和国服从外人的指令，比一个依靠外国力量武装起来的国家要困难得多。

许多个世纪以来，罗马和斯巴达都在整顿武备，从而拥有了自由。瑞士人因为彻底武装起来了，因而拥有了完全的自由。关于古时使用雇佣军的情况，可以以迦太基人为例，虽然迦太基人派出自己的公民担任雇佣军的首领，可是在同罗马人进行第一次战争之后他们就几乎在雇佣军手中毁灭。底比斯人也是很好的例子，在埃帕米农达死后，他们请马其顿的菲利普当他们军队的将领，而战争胜利后，菲利普就剥夺了底比斯人的自由。菲利普公爵一死，米兰人便招募弗朗切斯科·斯福尔扎征讨威尼斯人，在卡拉瓦焦获胜之后，斯福尔扎却同威尼斯人结盟，来胁迫他自己的主子米兰人。斯福尔扎的父亲曾经受命于那不勒斯王国的乔万娜女王，后来却突然不辞而别，使女王的军队解体。为了挽救自己的王国，女王只好投入阿拉冈国王的怀抱。

然而，先前威尼斯人和佛罗伦萨人都曾经利用雇佣军来扩张自己的领土，而且雇佣军的首领们并没有自立为王，确实保卫了他们，对此怎么解释呢？我认为，在这种情况下，佛罗伦萨人是侥幸的，因为在那些本来可能对他们形成威胁的能干的首领当中，有些人失败了，有些人遇到了敌对势力，有些人则把他们的野心耗在别的事情上面了。打败仗的那一个人就是乔万尼·奥库特，因为他没有取胜，人们就无法获知他是否忠义，但是任何人都深知：假如他取胜了，佛罗伦萨人就要受他主宰；而斯福尔扎则因为始终与布拉奇奥家族相对立，他们彼此之间互相牵制；另外，弗朗切斯科则把他的野心用到伦巴底去了；布拉奇奥则着力反对教廷和那不勒斯王国。那么，还是让我们回过头来看一看不久以前发生的事情吧！佛罗伦萨人委派了保罗·维泰利担任他们的首领，他是一个擅长深思熟虑的人，从平民中崛起，在军队中早就享有极高的声名。假如他攻占了比萨，谁都不会否认，佛罗伦萨人一定会与他保持密切的联系，因为如果他一旦为他的敌人服务，他们就毫无办法了。另外，假如他们雇佣他，就必须服从他。如果我们考察威尼斯人所取得的进展，就会发现，派遣他们自己人去打仗的时候，他们做得既稳妥又光荣（指他们转向攻打大陆方面以前），他们利用自己的贵族和武装的平民奋勇战斗。但是，当他们开始转攻大陆的时候，却丢掉了这种好的作战风格，转而效仿意大利的作战习惯。威尼斯人在最初扩张大陆领土的时候，虽占领的领土较少，但声名显赫，没有必要害怕自己的将领。但是后来，当他们在卡尔米纽奥拉的指挥下，大肆扩张的时候，他们就为这个错误吃尽了苦头。他们在卡尔米纽奥拉的指挥下战胜了米兰的公爵，从而意识到卡尔米纽奥拉是一个很有才能的人；但同时他们也意识到他在战争中显得很冷漠，认定不能在他的指挥下取胜了。为了不使他们已经夺得的一切丧失，又无法把他解雇，这样为确保自己的安全，只好把他杀了。后来他们先后招募巴尔托洛梅奥·达·贝尔加莫、鲁贝托·达·桑·塞维里诺、皮蒂利亚诺伯爵等人担任自己的首领。威尼斯人非常害怕这些被聘用的将领打败仗，结果当然是一无所得。例如后来在维拉战役就发生了这样的情况，他们在一日之间丧失了八百年间千辛万苦争得的一切。因为靠雇佣军收益既慢费时又长，而损失却是不可思议地突然发生。

从上面的例子，我想到多年来一直受雇佣军统治的意大利，所以我想有必要深入讨论雇佣军的问题，了解雇佣军的起源及其发展，以便能够更好地应对。

你一定知道，君权最近在意大利开始受到排斥，而教皇却取得了在世俗事务方面更大的势力，意大利已被分裂成为越来越多的国家。因为在大城市当中有许多城市武装起来反对那些曾受皇帝宠爱、仗势压迫自己的贵族，同时教会也援助他们，以扩大自己在世俗事务方面的权力。还有一些城市，市民变成了君主。这样一来，意大利就几乎全部受教廷和一些共和国的控制，而因为教廷的神父们和领导共和国的市民们都不熟悉军事，于是他们都开始招募外国人当兵。

使这类军队声名大振的头号人物，就是罗马尼亚人阿尔贝里戈·达·科尼奥。布拉奇奥和斯福尔扎就是由他训练出来的。这两个人是当时意大利的主宰。在他们之后，还有其他雇佣军首领，直到现在他们还指挥着意大利的军队。然而他们的勇武带来的却是使意大利遭受查理八世的蹂躏、路易十二世的劫掠、费尔迪南多的摧残和瑞士人的凌辱。过去他们所采取的政策，首先是贬低步兵借以抬高自己。他们这样做的原因，就是因为他们没有自己的领土，生活是依靠受雇佣的收入来维持的。然而太少的步兵不能使他们赢得声威，同时他们又没有能力供养太多的步兵。因此，他们改用骑兵，他们供养了相当数量的骑兵，并因此得到好处和荣誉。这样做的结果是：在一支两万人的军队中，步兵人数不到两千人。除此之外，这些首领们还采取各种减轻自己和士兵们疲劳和危险的办法，比如在战斗中宁肯活捉俘虏也不愿互相杀戮，而且不要求赎金即很快予以释放；不夜袭城市，城市守军亦不夜袭军营；不在军营的周围树立栏栅或挖掘壕沟，在冬季就不出征。他们的军规允许所有这些事情，并且，正如我前面所讲，他们用这些办法是为避免疲劳和危险。然而这样一来，却使意大利陷入了被奴役和屈辱的困境。

第十三章　援军、混合军队和本国的军队

外国的援军也是一种无益的军队。援军是需要一个强国进行援助和保卫自己的时候请求派来的军队，近年教皇朱利奥二世就做过这样的事。他在进攻费拉拉的时候吃了他雇佣军的苦头，于是就向外国援军求助。他同西班牙国王费迪南多商定，由西班牙派人员和部队对他进行援助。这些军队本身可能是良好的、有用的，可是对于请求这些军队的人来说却几乎经常是有百害而无一利的，因为一旦他们战败了，你也就完了；反之如果他们赢得胜利，你势必会成为他们的俘虏。虽然在过去，这样的事例数不胜数，但是我还是想举教皇朱利奥二世这个最近的例子，因为他的那个决定是再糊涂不过的。他为了占领费拉拉，就把自己置于一个外国人的手中，只是因为他有了第三种机遇，才使他没有因为轻率而吃到苦果。因为在拉文纳他的援军被击溃之后，瑞士人奋起把征服者驱逐了出去，而这是他及其他人都没有预料到的。这样一来，由于敌人被击溃，他才没有被敌人所俘虏。同时教皇已经由于援军以外的其他军队胜利了，也没有让自己成为援军的俘虏。佛罗伦萨人没有把自己完全武装起来，却派遣一万名法国兵去攻打比萨，这使他们面临比起他们以前任何时期都更加危险的处境。君士坦丁堡的皇帝，派遣上万名土耳其士兵到希腊以反对他的邻国，战争结束以后，他们不肯离境，异教徒奴役希腊就是从此开始的。

因此，谁不想取得胜利，就请随便利用这种援军。援军带来的危险远远超过雇佣军，因为援军同时带来了毁灭你的条件。他们上下团结一致，而且服从的是外国人的命令。可是，就雇佣军而言，他们取得胜利以后，需要较长的时间和较好的机会才能危害到你。雇佣军并不是一个整体，他们是你雇来接受你发的军饷的，而且他们的首领由你委派第三者担任，这个第三者是不能马上取得足够来危害于你的权威的。总之，就雇佣军而言，它最危险的是懒散怯懦；

若就援军而言，它最可怕的却是英勇剽悍，而且善于作战。

因此，英明的君主不会使用这种军队，而会依赖自己的军队。他宁可依赖自己的军队取得败绩，也不愿依靠他人的军队取得胜利，因为他发现利用他人军队取得的胜利不能算是真正的胜利。切萨雷·博尔贾及其事迹在这方面是最为典型的，这位公爵依靠援军侵入罗马尼亚，这些援军全部是法国的军队，他依靠他们占领了伊莫拉和富利。可是后来，他发现这种军队不可靠，于是转而使用雇佣军。他认为使用雇佣军的危险相对较小，于是他雇佣了奥西尼和维泰利的军队，然而，在后来的管理中他又觉察出他们不忠实，因此在面临危险的时候，他立即消灭了他们，回过头来依赖自己的人。我注意到：当这位公爵依靠法国人，依赖奥西尼和维泰利的雇佣军，以及依靠自己的军队和自己的时候，他的声望是各不相同的，从此我们就很容易认识到这些军队之间存在的差别了。我们发现，当每个人都知道他是自己军队完全主宰的时候，他的名声总是愈来愈大，受到了以往任何时候都比不上的人们的敬佩。

虽然我不愿意抛开意大利最近发生的这些事例，但是我不想忽略锡拉库萨的那罗内，他是我在上面曾经提到的那些人当中的一个。正如我曾说过的，他被锡拉库萨人推举为军队的长官，随即发觉类似意大利雇佣军那样组成的雇佣军没什么用处，并且觉得既然自己无法拥有他们又不能够将他们解散，就只好把他们全部杀死。之后，他就率领自己的军队而非外国的军队参加战斗。在此可以回顾《旧约圣经》里与这个问题有关的一个比喻：大卫请求扫罗王允许自己与非利士人的挑战者歌利亚作战，于是扫罗为了给他壮胆，拿出自己的铠甲给他佩戴，可是大卫试穿了之后就立即拒绝了。他说，戴上这个铠甲自己的力量就不能够充分地发挥了，他宁愿使用自己的投石器和自己的刀子同敌人搏斗。总而言之，他人的铠甲不是从你的身上落下来把你压倒，就是把你束缚得紧紧的。

法国国王路易十一的父亲查理七世凭借自己的机遇和能力，从英国人的统治之下把法国解放出来。他看到了依靠自己的军队武装自己的必要性，于是他在自己的王国里制定了有关步兵和骑兵的规章制度。但是他的儿子路易国王后来废除了本国的步兵，而招募瑞士士兵。

这种错误以及随之而来的其他错误导致的结果，正如我们现在所看到的，就是使这个王国面临危难，因为路易国王使瑞士兵享有盛名，而使自己的士兵灰心丧气。在他废除整个步兵以后，他的骑兵仅能依赖于外国军队，因为法国骑兵和瑞士兵已习惯于协同作战。他们甚至认为，假如没有瑞士兵就不能够取胜。这样一来，不但法国人没有能力抵抗瑞士人，而且没有瑞士人就不敢抵抗别人。法国的军队于是成为一支混合的军队，其中一部分是本国的军队，另一部分则是雇佣军。整体说来这种军队比纯粹是雇佣军或者纯粹是外国援军好一些，可是比起完全是本国的军队毕竟要差得多了。上述的例子证明，假如发展或者坚持查理七世的制度，法兰西王国将是不可战胜的。可是正如我在上面谈到的消耗热病一样，人们没有区分清楚，一开始就从事某种表面上看来不错的事情，而没有察觉出埋藏其中的隐患。

因此，一个不能够在他的国家里发现滋生隐患的君主，就不能算是真正英明的君主。当然，具有这种先见之明的人毕竟为数不多。同时，如果人们研究一下罗马帝国覆灭的首要原因，就会发现，它是从招募哥特雇佣兵开始的。因为就是从那时起罗马帝国的势力开始慢慢衰退的，并且曾经使罗马帝国兴旺的一切力量都转移到哥特人那里去了。

所以，任何一个没有自己军队的君主国都是不稳固的，反之，如果一个君主国在处于逆境的情况下，没有实力且不能充满信心地保卫自己，它就只能完全依靠运气了。明智的人们常常得出这样的结论："世界上最弱和最不稳固的东西，莫过于不以自己的力量为基础的权力的声誉了。"自己的军队其实就是由你的臣民、市民或者你的属民组成的军队，而其他一切军队指的就是雇佣军或者援军。如果你思考我在上面已经提到的四个人的做法，并且考察亚历山大大帝之父菲利普以及其他许多共和国及其君主怎样整顿武备把自己组织起来，那就很容易得到组织自己军队的办法。对于这种办法我是完全有信心的。

第十四章　君主在军事上的责任

君主除了从事战争、训练和军事制度以外，不应该有其他的目标和思想，也不应该把其他事务当作自己的专业，因为这是做统帅的人仅能有的唯一专业。军事的作用不仅能够保持那些生来就做君主的人的地位，而且常常使人们从平民的地位一跃而高踞王位。反之，大家知道，假如君主陶醉于安逸而很少关心军事便会亡国。亡国的首要原因就是没有重视这种专业，而你之所以赢得一个国家，就是因为你精通这门专业。

因为讲求军事，弗朗切斯科·斯福尔扎于是由平民一跃而成为米兰公爵，但他的后代因为逃避军事的困苦，由公爵降为平民。因为不整顿军队，人们就蔑视你，这是君主必须提防的一种奇耻大辱。这一点以后还得说明，因为已经武装的人同没有武装的人是不能相提并论的。指望一个武装了的人心甘情愿地服从那个没有武装的人，或者没有武装的人能够安安稳稳置身于已经武装起来的臣仆之中，这是不可思议的。因为一方是抱着蔑视的态度，另一方则是怀着猜疑的态度，这两者显然不可能好好地和平共处。因此，如果一个君主不懂军事，他就既得不到自己士兵的尊敬，自己也不可能完全信赖他们，更不用说前面已经提到的其他不幸了。

因此，君主永远不要忘记军事训练，而且君主在和平时期比在战争时期要更为关注这个问题。要做到这一点，可以用两个办法，一是采取行动，二是勤于思考。关于行动，君主除了必须有效地把他的人组织起来从事训练之外，他自己还必须频繁地从事狩猎活动，借此锻炼身体，适应艰苦的生活，并且认识各处地理环境，了解山脉起伏、峡谷凹陷以及平原是怎样展开的，还要了解河流沼泽的特性，对所有这一切必须予以高度重视。上述知识有两个用途：首先是他了解了自己的国土，就能够懂得如何更好地保卫它；其次，如果以后他有必要了解其他任何地方时，凭借他对那个地方已有的知识和经验，就能够很容易地了解新的地方了。例如，托斯卡纳的丘陵、山谷、平原、河流和沼泽同其他地区的这些事物相类似，这样，因为了解了一个地区的地形，就很容易了解其他地区的地形了。如果君主缺乏这种专长，他就缺乏了一个首领必须具备的首要条件，因为这种专长使他懂得了怎样发现敌人，如何选择根据地，怎样率领军队安排作战阵地，以及怎样利用有利条件进攻目的地。

阿凯亚人的君主菲利波门曾经受到史学家们的称赞，其中原因之一就是他在和平时期就在思考着打仗的方法。当他和他的朋友一起去乡村的时候，他常常停步同他们探讨：如果敌人出现在这个山丘，而我们和我们的军队却在这边，谁将占有有利地形呢？我们如何才能使队形稳固以打击敌人呢？假如我们想退却，应该采取怎样的行动呢？如果敌人退却了，我们准备怎么追击呢？当他和同伴一起走着的时候，他会向他们假设一支军队一切可能遇到的情况，他注意倾听他们的意见，并且说明自己的见解，同时提出充分的理由进行论证。这样一来，由于经常这样不断地思索，在他领兵打仗时就不可能遇到他不能够应付的任何意外事件。但是，为了训练思维能力，君主还应该阅读历史，并研究历史上的伟大人物，学习他们在战争中是怎样做的，思考他们成败的原因，以免重蹈覆辙。最重要的是他应该学习过去那些伟大的人物，他要选择其中一个受到赞扬和尊敬的人作为榜样，并且经常把他们的言行铭记心间。据说，亚历山大大帝即是学习阿基里斯，凯撒即是学习亚历山大，西奇比奥学习居鲁士。只要读了色诺芬所写的居鲁士王的生平，谁都会从西奇比奥的生平看到他效仿居鲁士给自己带来了多么大的荣誉，另外在纯洁、和蔼、仁慈、宽宏大量等方面，西奇比奥同色诺芬描述中的关于居鲁士的特性非常吻合。

贤明的君主必须遵守如上所述的方法，而且在和平时期绝不能无所用心，相反的，应该充分利用这些时间，以便即使命运逆转，也早已做好了反击的准备。

第十五章　世人尤其是君主受到赞扬或者责难的原因

需要进一步考察的是，君主对待臣仆和朋友应该采取怎样的方法和行为。关于这一点，我知道已经有许多人发表过自己的看法，现在我也对此加以论述，但是我关于这个问题的观点与别人不同，因此，恐怕有人会认为我狂妄自大。可是，因为我的愿望是写一些对于通晓它的人有用的东西，我觉得最好讨论一下事物的真实情况，而不是凭想象去论述事物。

许多人曾经想象那些从来没有人见过或者知道的然而又可能存在过的共和国和君主国。然而人们现实中如何生活同人们应当如何生活，其距离是相差甚远的，因此一个人要是为了应该而把实际上的事置诸脑后，那么他不但无法保存自己，甚至会导致自我毁灭。因为一个人如果在一切事情上都发誓以善良自持，那么，他定会遭到毁灭，因为他处身于许多不善良的人当中。所以，一个君主如要保持自己的地位，就必须知道不良的事情应该怎样去做，并且必须懂得根据情况的需要是否去做此事或者不去做此事。

为此，我想把关于想象中的君主的事情放在一边，而只是讨论实际存在的事情。我认为被人们评论的一切人尤其是君主，他的地位更高，因而具有某些明显的引起赞扬或者招致责难的品质。这就是说有人被称赞为慷慨，有人被贬低为吝啬（这里使用的是托斯卡诺的用语，因为在我们的方言里面，贪婪的人还包括那些想通过掠夺取得财物的人，而吝啬的人则是指那种不愿多使用自己东西的人）。有的人被认为乐善好施，有的人则被视为贪得无厌；有的人被认为生性残忍，有的人被认为慈悲为本；有的人被认为自食其言，有的人被认为恪守信用；有的人被认为软弱胆怯，有的人则被认为勇猛彪悍；有的人被认为和蔼可亲，有的人则被认为桀骜不驯；有的人被认为贪淫好色，有的人被认为纯洁自重；有的人被认为诚实守信，有的人则被认为狡猾奸诈；有的人被认为态度僵硬，有的人则被认为容易相处；有的人被认为成熟稳重，有的人被认为轻浮幼稚；有的人被认为是虔信之士，有的人则被认为是毫无信仰，如此等等。

我知道每一个人都会赞同：假如君主表现出上述那些被认为是优良的品质，他就会被人褒扬。但是由于人类自身条件的限制，君主既不能拥有所有这些优良的品质，也不能够全部保有它们，因此君主必须有充分的准备，以避免那些使自己亡国的行径。如果允许的话，他可以保留那些避免让自己亡国的恶行，但是假如条件不允许，他可以毫不犹豫地顺其自然。

另外，假如不运用那些恶行，就无法挽救自己国家的话，那么他没有必要因为这些恶行被责难而心怀不安，因为如果对每一件事情细加审察，就会发现有些事情表面上看来好像是好事，可是假如君主按此办理就会自取灭亡，而另一些好像是恶行的事情，照着办了却会给你带来安全与幸福。

第十六章　慷慨与悭吝

现在开始从上述的第一种品质谈起。我认为，被人们认为慷慨自然是好事，可是，如果慷慨在做法上不能使你获得称赞，它就损害了你。因为假如你有道德地并且正当地慷慨行事而不为人所识，你就逃脱不了与慷慨相反的恶名。所以，如果一个人希望享有慷慨的名声，就不可避免地会带上某些奢侈的成分，以致一个君主常常在这一类事情上把自己的财力消耗殆尽。到头来，如果他们想继续保持慷慨的名声，他就必然异乎寻常地加重人民的负担，横征暴敛，为获得金钱，而不惜一切代价。以致他的臣民因此而仇恨他，而且当他困乏的时候，没有人会尊重他。这样，他的慷慨实际上损害了许多人，而受惠者却只是极少数人。因此他是首先遭遇困难的人，无论发生什么危险，他都会首当其冲。而一旦他认识到这一点并想要停下来的时候，他立即就会得到吝啬的恶名。

除非君主自己负担损失，否则就不能够让自己这种慷慨的品德留传于世。因此，假如是英明的君主，就不应该对吝啬的名声在意。当人们看见他由于例行节约，因此收入丰盈，能够抗御任何人对他发动的战争，并且不加重人民的负担就能建功立业，这样随着时间的流逝，人们将会愈来愈认为这位君主慷慨。如此一来，他对所有人来说都是慷慨的，因为他没有增加他们的负担，他们又代表着大多数；反之，他只是对于没有施予的人来说是吝啬的，但这些人毕竟是极少数。在我们这个时代里，我们发现做出了伟大事业的，只是那些曾经被视为吝啬的人们，至于其他的人则全都没有成功。教皇朱利奥二世就是借助慷慨的名声才登上教皇宝座的，可是为了发动战争，他后来就不顾及保持慷慨的名声了。当今的法国国王路易十二发动了许多次战争，却没有向他的属民征收更多的赋税，而是依靠他长期节约所得，以供他的额外开支。当代的西班牙国王费尔迪南多如果拥有慷慨之名，就不可能从事并且完成那样多的事业了。

所以，为了不过多地掠夺百姓，为了能够保全自己，为了不使自己陷于穷困潦倒而被人们所轻视，为了不使自己变成敲诈勒索之徒，君主不应该介意招致吝啬的名声，因为这是他能够继续统治的恶德之一。也许有人会说：“凯撒就是由于慷慨而取得统治权的，而且许多其他人也曾由于慷慨或者被称为慷慨而取得了至高无上的地位。”我则要回答他说：要么现在你已经是一位君主，要么你正在争取君主的地位。假如是第一种情况，这种慷慨就是有害的；假如是第二种情况，那么慷慨却是十分必要的。凯撒是那些渴望取得罗马君权的人们当中的一个，但是，假如他在夺取罗马君权之后仍然不节省他的支出的话，他就会给帝国带来毁灭。假如有人反驳说：世界上有许多君主，他们依靠军队建立了伟大的功绩，同时也拥有慷慨之名。对此我要回答说：君主所花费的钱财，要么是他自己的和他臣民的钱财，要么就是别人的钱财。在前一种情况下，他必须节约；如果是在第二种情况，他就不应该错过任何表示慷慨的机会。

假如一位君主带军队出征，进行掠夺、敲诈、勒索花费别人的财物，这个时候必须慷慨，否则士兵就不追随他了。就像居鲁士、凯撒、亚历山大所做的那样，对于既不是你自己的也不是你臣民的财产，你完全可以作一位很慷慨的施主，因为非常淋漓痛快地慷他人之慨，这不仅不会损坏你的名声，而且还能提高你的声誉。只有挥霍了你自己的财产，才会损害你自己。世界上再没有比慷慨耗费得更厉害的东西了，因为当你慷慨的时候，你就失去了使用慷慨的权力，不是使自己贫穷而最终被人轻视，就是因为避免陷于贫穷而贪得无厌，最终让人憎恨。因此，作为一位君主，首要的事就是，必须提防被人轻视和憎恨，而慷慨却会把这两者带来。因此，明智之士宁愿承受吝啬之名，因为它虽是恶名，却不会带来憎恨，追求慷慨之好名，则必然招致贪婪之恶名，而贪婪之恶名会带来丑名与憎恨。

第十七章　残酷与仁慈、受人爱戴与被人畏惧的比较

接下来谈谈上面提到的另一种品质。我认为，每一位君主都一定希望人们赞美他仁慈而不是谴责他残酷，但是他必须注意不要滥用这种仁慈。尽管切萨雷·博尔贾被人认为是残酷的，但是，他正是凭借残酷才把罗马尼亚统一起来的，并且恢复了和平与忠诚。如果我们进一步考察，就会发现博尔贾比佛罗伦萨的人们更仁慈了，因为后者为避免残酷的名声反而毁灭了皮斯托亚。因此君主为让自己的臣民同心同德团结一致，就不应介意残酷这个恶名，因为除了极少数的特例，他比起那些由于过分仁慈而引起混乱、凶杀、趁机劫掠的人说来，可以说是更仁慈的了，因为那种仁慈受到危害的是整个社会，而君主严格执行刑罚伤害的不过是个别人罢了。在所有的君主当中，新的君主由于新建立的国家充满了危机，是无法避免残酷的名声的。正如维琪尔借迪多之口说：

> 严峻的形势、崭新的家园，
> 使我壁垒森严，警戒着整个国家。

君主在信任他人或者采取行动时必须慎重，但是，也不要杯弓蛇影、杞人忧天。他应当明察慎思，实行人道，有节制地做事，以免过分自信而流于轻率鲁莽，或者由于过分猜忌而褊狭不容他人。

关于这一点，常有这样的争论：究竟是受人爱戴比被人畏惧好呢？还是被人畏惧比受人爱戴好呢？我认为，最好是两者兼备。但是，要拥有两者是极为困难的。假如一个人对两者必须有所取舍，那么，被人畏惧比受人爱戴要安全一些。因为人类一般有这样的特点：他们忘恩负义、容易变心，是伪善者、冒牌货，是逃避危难、追逐利益的。当你对他们有益处的时候，正如我在前面谈

到的，他们可以把一切都给你；当你对他们的需要还很遥远的时候，他们表示愿意为你流血，愿意奉献自己的财产、性命以及自己的子女；可是当你即将需要他们的时候，他们就背弃了你。因此，假如君主完全信赖人们所说的话而缺乏其他必要准备的话，他肯定会灭亡。因为这种情谊不是依靠伟大与崇高的精神取得的，而是用钱买来的，因此，在你需要它们的时候，它们是不可靠的。而且人们冒犯一个自己爱戴的人比冒犯一个自己畏惧的人要更没有顾忌，因为爱戴是靠恩义维系的，然而由于人性是恶劣的，在对自己有利的情况下，无论在任何时候，人们都会砍断恩义这条纽带。可是畏惧呢，人们会由于害怕受到的惩罚而有所顾虑。

但是，使人们畏惧君主，他应当做到：即使不能赢得人们的爱戴，也要避免人们憎恨他。因为一个人被人畏惧同时又不被人们憎恨，这是一种很好的结合。只要他不掠夺和霸占自己的公民和属民的财产以及他们的妻女，就可达到这一目的。而当他需要剥夺任何人的生命的时候，他必须有适当和充分的理由才去做。但是首要的事是，他一定不要碰他人的财产，因为人们对自己父亲死的忘记比遗产的丧失还要快。另外，掠夺他人财产的借口常常是容易找的：一旦一个人开始以掠夺为生，他就会轻易找到霸占他人财产的借口。但是，与此相反，夺取他人生命的理由却十分难找，而且失去得也快。

可是，当君主和军队在一起并且当他指挥着庞大队伍的时候，他完全有必要不顾及残酷之名，因为没有这个残酷的名声，他就绝不能够保持军队团结和有效地执行任何任务。下面这件事情堪称为汉尼拔的惊人之举，他率领一支由许多民族混合而成的大军，在外国的土地上征战，无论处于逆境还是处于顺境，也不管是在军队当中还是对待君主，都没有发生任何分歧。这不是由于其他的原因，而完全是因为他的残酷无情以及他极强的能力，这使他在士兵的心目中显得既可敬又可畏。但是假如他不残酷无情的话，仅靠他的其他能力是很难达到这样效果的。然而史学家们由于对此事缺乏洞察，因此他们一方面称赞汉尼拔取得的成果，另一方面却谴责他取得这种成果的主要因素。

假如汉尼拔只有其他的能力，那绝对是不行的，这一点可以借西奇比奥的事例来说明。西奇比奥不仅在他那个时代而且在整个历史记载中都是一位罕见的人物，然而他的军队却在西班牙背叛了他。这并非出于其他原因，而只是由于他太仁慈了。他让自己的士兵享受比军纪所允许的更大的自由。因此，他在元老院受到法比奥·马西莫的弹劾，被看作败坏罗马军队的罪魁祸首。洛克伦斯的居民曾经被西奇比奥的一名使者摧残，可是西奇比奥既没有为他们伸张正义，也没有惩罚那位使者的恣意妄为。这完全是由于西奇比奥温和的性格造成的。因此，在元老院里为他辩解的人说，许多人懂得如何不犯错误，但不清楚如何矫正别人的错误。假如西奇比奥继续统帅军队，这种性情早晚要葬送他的名声和荣誉。但是，在元老院的监督之下，他这种有害的性格不仅被掩盖掉，而且还使他获得荣誉。

现在我们回头来讨论受人爱戴还是被人畏惧这个问题。我认为：人们爱戴君主，取决于他们自己的意愿；而感到畏惧，则是取决于君主的意志。因此一位明智的君主应当以自己的意志为基础，而不是以他人的意志为基础。如前所述，他必须努力的只是避免招惹仇恨。

第十八章　君主应该如何信守诺言

每个人都认为，君主应该遵守信用，立身行事，本于正直，不使用诡计，这是值得称道的。然而我们这个时代的经验却告诉我们：那些曾经建立丰功伟业的君主们却不重视信守诺言，相反，他们常常懂得如何运用诡计，这实在使人们迷惑不解，并且终于征服了那些本于信义的人们。

因此，你必须知道，这个世界有两种斗争方法：一种是运用法律，一种是运用武力。前一种方法是人类特有的，而后一种方法则是属于野兽的。但是，因为前者常常有所欠缺，所以必须同时借助后者。因此，君主必须学会如何善于使用野兽和人类所特有的斗争方法。对此，古代的作家们早已秘密地传授给君主了。他们描写了阿基里斯和古代许多其他君主是如何被交给基罗尼这个半人半马的怪物喂养，并且在它的训练下长大成人的。这就是说，君主既然是以半人半兽的怪物为师，他就必然知道如何运用人性和兽性，而且必然知道：假如只具有一种性质而缺少另一种性质，单靠哪一种性质都是不顶用的。

既然君主必须学会善于运用野兽的方法，他就应该同时效仿狐狸与狮子。因为狮子无法避免自己落入陷阱，而狐狸则抵御不了豺狼。因此，君主必须是一只辨识陷阱的狐狸，同时又必须是一头使豺狼害怕的狮子。然而那些单纯效仿狮子的人们却无法理解这一点。因此，当遵守信用会对自己不利的时候，或者原来使自己作出诺言的条件现在已不复存在的时候，一位英明的统治者绝不应该再去遵守信用。假如人们全都很善良的话，这条真理当然是不合适的，但是因为人性是恶劣的，而且别人对你并不是忠诚不渝的，因此你也同样地没有必要对他们守信用。作为一位君主他总会有足够的理由为其背信弃义进行掩饰。对此，我能够举出近代无数的实例来证明，它们说明：和约和许多诺言常常由于君主们不守信用而最终作废；深知如何做狐狸的人却总是取得最大的成功。当然君主在这样做时必须深知怎样掩盖这种兽性，并且必须做一个伟大的伪善者。人们总是很单纯，并且受当前需要的支配，因此要行骗的人总会很容易地找到那些上当受骗的人。

我不想隐没最近的那些事件中的一件事：亚历山大六世除了欺骗人们之外，既不曾作过别的事情，也从来不曾梦想过去做别的事情，但是他总能找到愿意上当受骗的人。因为他比世界上任何一个人更加有力地作出保证，更加信誓旦旦地指定某一件事情，但是他比任何一个人都更加随便地毁约失信。可是，他的欺骗总是能取得预期的成功，因为他对人性的这一方面有着深刻的认识。

所以，对于一位君主来说实在没有必要具备我在上面列举的全部品质，但是却很有必要让别人觉得他具备所有这些品质。我甚至敢说，假如具备这一切品质并且常常凭着这些品质行事，那肯定是徒劳无益的，可是假如表现出具备这一切品质，那肯定是有益的。你要表现出慈悲为怀、笃守信用、合乎人道、清廉正直、虔敬神灵，并且实际上也要这样去做，那你同时必须也要有这样的精神准备：一旦你需要改弦易辙的时候，你要能够并且学会如何做彻底地转变。而且必须懂得：一位君主，尤其是一位新的君主，不能够去做被认为是好人应做的那些事情，因为他要统治国家，就不得不背信弃义，不讲仁慈，违背人道，违反神灵。因此，君主必须有这样一种心理准备，随时准备顺应命运的变化和事物的发展情况而改变。当然，正如我在前面所讲的，假如可能的话，他最好不要背离善良之道；但是假如必需的话，他就必须学会如何走上为非作歹之途。

因此，君主千万要注意，不要从自己的口中说出哪怕一言半语不合上述五种美德的语言，并且注意要使那些看见君主和听到君主谈话的人都觉得这位君主是位非常慈悲为怀、笃守信用、讲究人道、虔敬神灵的人。君主尤其有必要表现得具有上述最后一种品质，因为人们进行判断，一般更多地依靠眼睛而不是依靠双手，而且每一个人都能够看到你，但是能够接触你的人却很少；每一个人都可以看到你的外表，但很少有人能摸透你是怎样一个人，而且这些少数人不敢反对多数人的意见，因为后者受到国家最高权威的保护。对于不能够向法院提出上诉的一切人的行为，尤其是君主的行为，人们注重的只是结果。所以，君主假如征服并且统治了那个国家，他所采取的手段就总会被人们认为是最高明的，并且将被每一个人称赞。因为吸引盲目之人的总是外表和事物的结果，而这个世界里充满盲目之人。当多数人能够站稳脚跟时，少数人是没有活动余地的。当代的某一位君主——我在此不点其名——除了宣扬和平与信用之外，从来不说其他事情，但是他自己却极端仇视这两者中任何一者。然而假如他曾经遵守过其中任何一者，那么，他的名望及权力就不会被人多次夺走了。

第十九章　怎样避免蔑视与憎恨

我已经论述了前面提到的君主品质中部分重要的品质，现在我想根据下述提纲简要地讨论其余的品质。这个提纲在前面已经有所提及，主要是君主必须考虑怎样免遭那些可能使自己受到憎恨或者轻视的事情。假如他能够避免这些事情，那么即使有其他过错也不会产生危险，因为他已尽到自己的本分了。

正如我所说过的，最容易使君主被人仇恨的是贪婪以及霸占臣民的财产及其妇女。因此，他必须避免这两件事。假如大多数人的财产和地位都没有受到侵害，他们就会安居乐业，这时，君主只需要与极少数有野心的人进行斗争，他可以采取许多办法并且非常容易地把这些人控制住。如果君主被人认为变化无常、浅薄轻率、软弱胆怯、优柔寡断，就会被轻视。因此，他提防这一切必须如同提防暗礁一样，他必须努力使自己的行为表现得伟大、英勇、严肃、庄重、坚忍不拔。在臣民的私事问题上，他所作的决断应该是不可更改的。而且，他应该使人们对他抱有这样一种看法：谁都不要指望能够对他欺骗或者隐瞒。

使人们对自己抱有这种看法的君主，会备受尊重，而企图反对一个受到尊重的人是很困难的。如果人人都认为他卓越非凡并且受到他的臣民的广泛尊敬，要对他进行攻击就是很困难的。因此，君主必须提防两件事：一是内部的，它来自国内臣民；二是外部的，它来自外国势力。对于后一种情况，依靠坚甲利兵和亲密的盟友加以防御就足够了。而且，假如他拥有坚甲利兵，便会有亲密的盟友。除非国内已被阴谋搞乱，否则在对外平安无事的时候，国内也会平安无事的。而且即使遇到外患，假如君主能按照我所说的去安排和行事，并且他没有自暴自弃，他就能够像上面我所说的斯巴达的纳比德那样抵御任何攻击。但是，当没有外患的时候，关于国内臣民的问题，君主害怕的只是他们搞阴谋活动。对此，君主能避免引起臣民的憎恨和轻视，使臣民对他感到满意，他就能够坐稳泰山了。如前所述，这是君主必须做到的事情。君主要有效地对付一切阴谋，最有用的办法之一就是不要被广大人民憎恨，因为搞阴谋的人总是通过把君主置之死地的办法来迎合人民。但是，假如从事阴谋的人认为他那样做只能激怒人民的话，他就不会有勇气再去这样做了。因为，这样做，阴谋者将要遇到重重困难。事实证明：自古以来，阴谋活动为数很多，而成功的却甚少，因为搞阴谋的人都不是单独干的。而且，除了那些他认为同样是心怀不满的人们之外，他找不到别的同伙与他合谋。但是，一旦向一个不满之徒吐露你的意图，你就给了他一个满足他的方法，因为他很显然可以从中谋得各种好处，当他看到某一方面的利益是确定的，而在另一方面则是不确定的，并且充满了危险，假如在此情况下他仍忠诚守信，那么这种人就是你罕见的朋友，同时也是君主非常顽固不化的敌人。

现在再把这件事简单地说一下。我认为，对于阴谋者，除了心中感到恐惧、妒忌、担心受到令人丧魂落魄的刑罚之外，再没有别的东西了；但是对于君主，凭借着一国之君的威严、法律以及他的盟友和国家对他的保护，再加上人民对他的好感，那么，随便什么人都不可能轻易地搞阴谋。同时，一般的阴谋者，在他为非作歹之前都没有办法不害怕，因为在这种情况之下，阴谋者是人民的敌人，因此在他为非作歹之后，同样也一定是害怕的，并且因此连藏身之所都找不到。

有数不胜数的实例可以作证，我在此只想举一个例子，在我们的父辈中还有人记得这件事是如何发生的。当今的梅塞尔·安尼巴莱的祖父、先前波伦尼亚的君主梅塞尔·安尼巴莱·本蒂沃利奥，就是被坎尼斯基家族阴谋杀害的，当时除尚幼小的梅塞尔·乔万尼之外，安尼巴莱·本蒂沃利奥家族没有一个人幸存。可是这场阴谋刚刚得逞，人民就立即起来，杀死了坎尼斯基家族的所有成员。这是由于当时在波伦尼亚，本蒂沃利奥家族赢得了人民的好感。虽然能够统治这个国家的人在安尼巴莱死后没有一个存留下来，可是当波伦尼亚的人们听说，在佛罗伦萨过去有一个本蒂沃利奥家族的后代一直被看成是铁匠的儿子，他们就到佛罗伦萨去迎接他，并把这个城市的政权交给他。这个城市一直由这个人统治到梅塞尔·乔万尼能够长大执政为止。

因此，我认为，当人民对君主衷心拥护的时候，君主对于那些阴谋就无须顾虑重重；但是假如人民对他怀有敌意，充满怨恨的话，任何一件事，任何一个人都会令他心惊胆战。所以，凡是妥善组织的国家和英明的君主都特别注意不去逼迫贵族作最后的决战，同时要让人民感到满足，心情舒畅，这是君主所必须做的最重要的事情之一。

法国是我们这个时代里组织得最好、统治得最好的王国中的一个。在这个国家里，我们能够看到许多法国国王赖以维持自由与安全的优越制度。其中重要的一项制度就是议会以及它的权力，因为建立这个王国的人们知道掌权者有着怎样的野心和傲慢，因而认为有必要在他们的嘴上设个机制来约束他们。另外，因为君主深知人民由于害怕贵族从而怨恨贵族，便设法让人民有安全感，但是，作为君主他又不想把这种事做得太明显，于是，为了避免自己由于偏袒人民而受到贵族的责难，同时为了避免自己由于偏袒贵族而受到人民的非议，他就建立作为第三者的裁判机关，这个裁判机关可以弹劾贵族，维护平民利益，同时又不需要国王承担责任。对于国王和他的王国来说，世界上再没有比这个制度和办法更好、更审慎、更安全的了。从此，我们又可以得到另一条有价值的结论：君主必须把承担责任的事情让他人办理，而把施恩的事情交由自己掌管。我们还可以得出结论说：君主必须重视贵族，但同时不能因此使自己受到人民的怨恨。

有人对罗马皇帝的生平与死亡作了研究后，可能会认为实际情况与我的观点相反，因为他们发现有些罗马皇帝做人行事一向与众不同，而且具有伟大的精神品质，然而，这些皇帝最终都丧失了自己的帝国，并且死于那些谋反的臣民之手。为了答复这类反对意见，我觉得有必要探讨某些皇帝的个人品质，并且证明他们灭亡的原因与我所指出的那些原因相同。同时我还想把那个时代的事件中值得注意的一些事情提出来进行讨论。我认为，对那些继承罗马帝国皇位的皇帝们，以上起哲学家马尔科下至马西米诺为例就足够了，这其中包括马尔科，他的儿子科姆莫多、佩尔蒂纳切、尤利亚诺、塞韦罗、其子安托尼诺·卡拉卡拉、马克里诺、埃利奥加巴洛、亚历山大和马西米诺。

应该首先注意的是：在别的国家里，君主只需与贵族的野心、与人民的桀骜不驯进行斗争就足够了，可是罗马的皇帝们还面临着第三种困难，这就是：必须容忍其军队的残暴与贪婪，而这是一件尤为艰难的事情。这是导致很多皇帝灭亡的原因，因为既要满足军队又要满足人民这是很艰难的。这是由于人民酷爱和平，所以他们总是喜爱温和谦虚的君主，而军队却希望他们的君主具有尚武精神，是残暴贪婪的。军队希望君主拥有后一种品性，从而使自己能够得到加倍的军饷，以满足自己的贪婪和残酷。因此，那些皇帝或者由于没有上一代留下来的伟大声誉作依靠，或者由于自己没有能力得到伟大的声誉以驾驭军队与人民，因此他们最终总是被消灭。而且他们当中的大多数人，特别是那些新登帝位的人们面对这两种对立状况所形成的困境，往往只顾着去满足军队，而很少介意对人民的损害。这种做法是形势所迫，因为君主不可能不受所有人的仇恨，但是首先他必须避免受到广大人民的怨恨，假如做不到这一点，他就必须得尽最大的努力避免受到最有势力的人们的怨恨。这样，因为需要特别的帮助，对那些新登帝位的皇帝们来说，依靠军队比依靠人民更重要。这种做法是否有益于君主，那就只能看他是否知道在军队当中如何保持自己的声威。基于上述原因，像马尔科、佩尔蒂纳切和亚历山大这些温和谦让、热爱正义、既人道又善良的人都落了个悲惨的下场，只有马尔科例外。马尔科是唯一的终其一生都很荣耀的人，他依据世袭权力继承王位，既不依靠军队也不依靠人民，此后，他又因为具有许多美德而受到人们的尊敬。当他在世的时候，他使军队和人民一直相安无事，既没有人怨恨他，亦没有人轻视他。但是佩尔蒂纳切被选为皇帝却违背了军队的意愿。那些军队在科姆莫多皇帝时代习惯了放纵的生活，佩尔蒂纳切想要他们安分守己地生活，他们就难以容忍，于是就对他产生了怨恨。加上佩尔蒂纳切又年迈体衰，受人轻视，因此在他刚开始执政时就被消灭掉了。

必须注意的是：善行也同恶行一样会带来憎恨。正如我上面说过的，一位君主为了保存自己的国家往往被迫作恶，因为为了维护自己的地位，而当你依靠的那些人，无论是民众、军队还是贵族也好，腐化堕落的时候，你为了使他们高兴，不得不迎合他们。这时你就与善行为敌了。现在让我们看一看亚历山大，他是一位心地善良的人，在他受到赞美的诸多事情中，有一件就是：在他统治的十四年中，没有一个人未经审判而被他处死。因此，他被人们认为软弱无能。现在，再谈谈与他们不同的科姆莫多、塞韦罗、安托尼诺·卡拉卡拉、马西米诺等人的性格。你会发现，他们全都是极其残暴、贪婪的人，他们不惜给人民带来任何危害，以使军队得到满足，而除了塞韦罗之外所有的这些人下场都很可悲，由于塞韦罗非常能干，虽然他压迫人民，可是同时也能够使军队对自己忠诚，因此，他始终能够称心如意地实行统治。因为他的才能使他在军队和人民的眼中都表现得不凡，于是人民惧怕他，军队则敬畏他，以他为满足。因为，作为一个新君主，他的行为确实是非常伟大的。

在此，我想简要地说明他是如何善于运用狐狸与狮子的性格的，因为这两者都是君主必须仿效的。因为塞韦罗知道尤利亚诺皇帝昏庸怠惰，便说服驻扎在斯基亚沃尼亚的他所统帅的军队，让他们相信进军罗马并为那个被罗马禁卫军杀害的佩尔蒂纳切复仇是正义的。利用这个借口，他在没有暴露自己对帝位的野心的情况之下，就可以向罗马进军。他到达意大利时，人们甚至还不知道他已经出发，塞韦罗一到罗马，元老院就害怕了，便选他为皇帝，并且杀死了尤利亚诺。此后，塞韦罗要想成为整个帝国的主宰，他还需要克服两项困难。一是在亚洲，当时亚洲军队的统帅尼格罗已在那里自己称帝；二是在西方，阿尔皮诺正在那里执政，也在窥视帝国。塞韦罗认为，假如暴露自己的真正想法，同时与两者为敌那是危险的，于是决心向尼格罗发起攻击，而对阿尔皮诺则采取欺骗手段。他给阿尔皮诺写信说，他被元老院选为皇帝，但他愿意同阿尔皮诺共称皇帝，赠送他凯撒的称号。并且元老院已经决定，加封他作为自己的同袍。阿尔皮诺竟然对于这些事情信以为真。可是，当塞韦罗击败并杀死了尼格罗，解决了东方问题之后，他回到罗马，就向元老院申诉，指责阿尔皮诺忘记了曾经得到的恩惠，正在企图使用阴谋诡计杀害他，因此，他必须对阿尔皮诺的忘恩负义加以惩罚。之后，塞韦罗在法国找到了阿尔皮诺，并且夺走了阿尔皮诺的政权和生命。

如果对塞韦罗的行为仔细研究时，你就会发现塞韦罗既是凶猛的狮子又是狡猾的狐狸，并且还会发现他受到所有人的敬畏，即使军人也不憎恨他。因此他作为一个新起之秀，却能够很好地统治这个帝国，也就不足为奇了。他享有的崇高声誉，已经抵消了人民因为他的掠夺行为而可能产生的憎恨。他的儿子安托尼诺也是一个非凡的人物，他既受到人民的敬爱，也受到军人的欢迎。因为他是一个崇尚武力之人，能忍受一切艰难困苦，并轻视一切美味佳肴和任何奢侈品，这使他赢得了全体军人的拥护。但是，他的凶暴残忍却是前所未有的，他杀人无数，他杀害了罗马大部分居民和亚历山大里亚的全部居民，以致全世界都痛恨他，甚至连他左右的人们也对他感到恐惧，所以最后他被自己军队中的一个“百人队”队长所杀。这里必须注意的是：像这种死亡，是他人下定决心而意欲造成的，任何人只要不怕死就都能够危及君主，因此君主对这种灭亡无法避免。但是君主对这种灭亡用不着太害怕，因为这毕竟是极为罕见的，他只要不严重地损害服侍他的人或者在他身边为国家效劳的那些人，不要像安托尼诺那样把一个“百人队”队长的兄弟百般凌辱然后杀死，之后还每日威胁这个“百人队”队长，可是却还仍然继续让他担任自己的禁卫队长。事实证明，这种冒险的做法，最终必然导致自身的毁灭。

让我们看一下科姆莫多，他是以马尔科的王子的身份依据继承权而当上皇帝的，他只要按照他父亲的办法去做，使人民和士兵满足，他就能够轻松自在地统治这个帝国。可是，由于他生性残暴和野蛮，为了欺压人民，他笼络军人，任由他们横行无忌。另外，他不顾自己的尊严，经常在竞技场上格斗，并且做出了其他卑鄙可耻的、与皇帝身份极不相符的事情。因此，他的士兵轻视他。由于人们既憎恨他，又蔑视他，于是他们合谋反对他，并且终于杀死了他。

现在，需要谈论的是马西米诺的性格。马西米诺非常好战，正如我已经说过的，由于亚历山大皇帝昏庸怯懦，从而使军队感到不满，因此他们杀死了亚历山大皇帝，选举马西米诺为帝。可是马西米诺却没能很好地保持帝位，因为有两件事情使他被人憎恨、轻视。第一件是他出身卑贱。他曾经在特拉恰牧羊（这是众所周知的，而且在每一个人的眼中这件事都是很不体面的）；另一件是，在继承帝位的时候，他不是立即去罗马继位，却指使他的行政官在罗马和罗马帝国的其他地方，干了许多极其残酷的事情，从而使他自己有了一个非常残暴的名声。这样，由于全世界都对他的出身卑贱表示轻蔑，同时又由于害怕他的残暴而憎恨他，于是首先非洲造反了，接着罗马的元老院和全罗马的人民以及整个意大利都起来反对他，最后甚至连他自己的军队也造反了。他的军队在包围阿奎莱亚，准备攻占它而遇到种种困难的时候，由于对他的残酷感到恼怒，加上发现他的仇敌是如此之多，也就不再害怕他，于是就杀死了他。

至于埃利奥加巴洛、马克里诺、尤利亚诺等人，因为他们都是十分可鄙的，而且很快就被消灭了，在此我就不打算谈论了。但是我想总结一下上面的论述，我认为，我们这个时代的君主们尽管仍然需要对那些军队给予某些照顾，但还是减少了在使自己政府的军队感到满意这一方面的困难，而且即使有任何困难也会很快得到解决。我们这个时代的任何一位君主都没有一支像罗马帝国那样的军队——同政府和地方行政当局有很深的联系。假如，在罗马帝国时代，满足军人比满足人民重要，那么现在除了土耳其皇帝和苏丹之外的所有的君主，满足人民反而比满足军人更重要，因为现在人民比军人要更有力量。我之所以把土耳其皇帝排除在外，是因为他身边经常拥有一万二千名步兵和一万五千名骑兵，土耳其王国的安全和力量主要依靠这些步兵和骑兵，因此君主必须与他们保持友好关系，而且要把他们看得重于一切。苏丹国王也是如此，这个国家完全掌握在军人的手中，因此，苏丹无法理会人民如何，而且必须与军人保持友好的关系。必须注意的是：苏丹国家的体制同其他一切君主国都不相同，它相当于天主教的教皇制，因此既不能称为世袭君主国，也不能称为新的君主国，因为以前的君主的子孙并不能继承君主之位，王位继承人是由特权阶层选举出来的。这是沿袭了一个古老的惯例，因为这个君主国并没有遇到任何一种新建立的君主国所遇到的困难，因此不能被称为新的君主国。虽然君主是新选举的，可是统治这个国家的秩序却是旧的，而且它安排迎接新当选的君主，仿佛他就是理所当然的世袭君主。

现在我们回到主题。我认为，任何人只要思考以上问题就可以得出，上述的皇帝们不是灭亡于仇恨，就是灭亡于轻蔑。并且还应当认识到，在那些皇帝当中一部分人这样做，另一部分则不这样做，但是在每一种做法中，得到幸福的结果的只有一个人，而其余人的结果则是不幸。因为对于同是新君主的佩尔蒂纳切和亚历山大来说，想要仿效那个依据继承权世袭王位的马尔科，不但劳而无功而且还会吃亏。同样地，对于卡拉卡拉、科姆莫多、马西米诺来说，想要仿效塞韦罗也是很危险的事情，因为他们没有足够的能力使自己与塞韦罗相比。

第二十章　堡垒以及君主们每日做的许多事情是否有益

有的君主为了使统治稳固，就解除他属民的武装；有的君主分封所属的各个城市；有的君主树立敌人反对自己；有的君主努力争取他们开始统治时怀疑过的人们；有的君主兴建堡垒；有的君主破坏并摧毁堡垒。除非掌握了某些采取过类似决策的国家的具体情况，否则对于这一切事情要做出正确的判断，是办不到的，但是我仍想就这个问题本身所允许的范围笼统地谈一谈。

从来没有一个新君主会解除他的属民的武装，而是相反，当他发现他的属民没有武装的时候，他总是设法把他们武装起来。因为如果把他们武装起来了，他们就变成了你的武装，那些你过去怀疑的人现在也变得忠诚了，而本来就忠诚的那些人现在就更加忠诚了，并且由你的属民变成你的拥戴者。而且，因为你不可能武装所有的属民，因此当你把他们中的一些人武装起来，使他们感到蒙受恩惠的时候，你就能够更安全地对付其他人了。前者因此看到了这种待遇的差别，他们便对你更加感恩戴德，而其他的人也会体谅你，因为他们认为，那些武装的人们冒着巨大危险、负有重大责任，因此他们得到更大的奖赏是理所应当的。但是一旦你解除了他们的武装，你就开始得罪他们了；并且意味着由于你的胆怯或者缺乏信用，你对他们不再信任了。这两条看法出于哪一条都会使他们产生对你的憎恨。而且因为你事实上不能永远没有武装，所以你最终不得不依靠雇佣军，而雇佣军的性质已如前所述，雇佣军即使再好，他们也不能承担保卫你反抗强大敌人和被你怀疑的属民的任务。所以，正如我所说的，在一个新的国家里，一位新的君主通常需要整治军队。历史上这样的事例已经屡见不鲜。

当一位君主夺取一个新的国家，就如同把新肢嫁接到他的旧肢上一样。首先，除了在你取得这个国家时拥戴你的人之外，必须解除这个国家原有的武装；而且即使是前者，也必须看准时机，把他们削弱和软化。同时必须把这个国家的全部武器都掌握在你本国那些依靠你而生存的士兵的手中。

我们的祖先和那些所谓圣明的人们常说：统治皮斯托亚要利用党派之争，而统治比萨则必须借助城堡。他们带着这样的观念，在他们所属的一些城市制造纷争，以利于统治它们。意大利过去依靠这种方法维持着一定程度的均衡状态，在那个时候，这样做当然是对的，但是，我不相信这种方法直至今日也会有效，因为我不相信这种分裂会有什么好处。结局恰好相反，当敌人侵入这些地方的时候，那些内部分裂的城市就会立即丢失，那些较弱的党派总是投靠外国的军队，而其余的党派则无法立足。

我认为，威尼斯人在他们那些附庸城市中培植格尔夫和吉伯林两派便是基于前述的理由，虽然他们没有让这些派别发展到流血的地步，可是威尼斯人却不断在他们当中制造摩擦，使那些市民们纠缠在相互间的纷争中，而不去团结一致地反对威尼斯人。然而正如我们已经看见的，这样做的结果对威尼斯人并不总是有利的，因为当威尼斯人在维拉战败之后，这些城市的一部分属民立即行动起来，从威尼斯人手中夺取了整个国家。所以，这种做法只是表明君主力量的薄弱，因为在一个强大的君主国度里，绝不允许存在这样的分裂，分裂只是在和平时期有用处，可以借此比较容易地控制属民；但是当战争到来的时候，这样的政策就明显是错误的。

当君主战胜各种困难和对他的反抗时，毫无疑问，他就会变成伟大的人物。尤其是当幸运之神使一位新君主成为伟大人物的时候，他比一位世袭君主更加需要拥有盛名，于是幸运之神就给他树立敌人，并且使他们策划反对他的战争，以使他可以有战胜他们的理由，并且利用他的敌人使他的声望步步提升。于是许多人认为，一个英明的君主一旦有了机会，就应该有意地树立某些仇敌，以便通过制服他们，而使自己显得更加伟大。

君主们，特别是新君主们，现在已经发现在他们国家奠基之初，那些被认为可疑的人比在他们开始时信赖的人更加忠诚，更加有用。潘多尔福·佩行鲁奇这位西耶纳的君主在治国时，使用他过去怀疑的人比使用别的人更多。但是对此我们不能一概而论，因为此类事情要具体对待。我要说明的是，对于那些在一个国家刚建立时的敌对势力，假如他们必须依靠君主的支持才能保持其地位的话，新君主往往便能很容易地笼络他们，而且他们自己也明白必须用实际行动来消除君主原先形成的对他们的坏印象，因此他们只会更加尽心尽力地侍奉君主。这样，君主从他们那里得到的利益，比从其他人那里得到的通常要多，因为后一种人侍奉君主时怀着过分的安全感，从而会对君主的事情掉以轻心。

再说，由于这个问题，对于那些赢得新国家是依靠本地人的支持的君主，我必须提醒他要很好地考虑促使那些支持他的人这样做的原因是什么。假如这不是出于对君主自然的好感，而只是因为他们对前政府不满意，那么新君主使他们继续成为自己的朋友就要很艰苦而且十分困难，因为要满足他们几乎是不可能的。如果以古代和近代的事例为借鉴，认真考虑这件事的原因，就会发现，要使那些对前政府感到满足而过去又是自己敌人的人们与自己成为朋友，比赢得那些由于对前政府不满因此成为自己的朋友并支持自己去征服它的人们更为容易！

为了更稳固地统治国家，君主们习惯于建筑堡垒，以对付那些企图反对自己的人们，并且使它成为对付突然事件的安全避难所，这是自古以来就通用的，我赞同这个办法。然而在我们这个时代里，我们已经看到梅塞尔·尼科洛·维泰利摧毁了卡斯特洛市的两个堡垒以利于统治那个国家。乌巴比诺公爵圭多·乌巴尔多回到过去他被切萨雷·博尔贾逐出的领地后，把该城的所有堡垒夷为平地。他认为假如没有这些堡垒，他就很难再次丧失他的国家。另外，本蒂沃利奥回到波伦尼亚以后也采取了相同的办法。因此，堡垒是否有益，要看形势的需要，也许在一种情况下对你是有利的，而在另一种情况下对你则是有害的。所以，对这个问题可以这样说：一位君主如果害怕人民超过害怕外国人，他就应当建筑堡垒；如果他更害怕外国人，他就应当废除堡垒。法朗契斯科·斯福尔扎在米兰所建筑的堡垒，已经而且将来还要给他的家族带来损害，这种损害将超过该国的其他一切混乱。所以，不要被人民憎恨是你最好的堡垒。因为假如人民憎恨你的话，即使你拥有堡垒也无法使你自己得到保护，一旦人民拿起了武器，外人就会帮助他们，这是必然的。在我们这个时代里，我们已经看到堡垒并没有使任何一位君主得益，除了富尔利伯爵夫人在她丈夫季罗拉莫伯爵死后的情况，因为堡垒使她避免了民间的动乱，以等待来自米兰的援助，重新恢复她的国家。另外在当时的情况下，外国人也不可能帮助她的人民。但是，当后来切萨雷·博尔贾攻击她，反对她的人民同外国人联合起来的时候，她就发现她的堡垒已毫无用处。因此，对她来说在当时和在以前的情况相同，不受人民憎恨比拥有堡垒更安全。思考了上述一切事情后，我赞扬建筑堡垒的君主，同时也赞扬不建筑堡垒的君主，我责难那种认为可以依赖堡垒而毫不顾及人民的仇恨的君主。

第二十一章　君主应当如何为人才能受人尊敬

除了伟大的事业和作出卓越的范例，世上没有任何事情能够使君主赢得人们崇高的尊敬。在当代，阿拉冈国王费尔迪南多，即今天的西班牙国王，就是一个例子。他由于自己的声望与荣耀，从一个弱小的君主，一跃而成为基督教世界中独一无二的国王，因此他几乎可以被称为一位新的君主。如果你注意观察他的行为，就会看到他的所有一切都是最伟大的，其中有些甚至是卓越超凡的。在他统治初期，他进攻格拉纳达，这项事业就为他的国家奠定了基础。一开始，他从容不迫，并且对任何阻碍毫不畏惧。他使卡斯蒂利亚贵族们的精神全然关注在这项事业上，仅仅只考虑那场战争而不考虑革新，同时，在不知不觉中他又赢得了盛名和驾驭贵族的统治权。他用教会和人民的金钱来维持他的军队，并且通过长期的战争，为他的武装力量奠定了基础，而这支武装力量一直使他引以为荣。此外，为了更好地实现他那更伟大的计划，常常以宗教为借口，他乞灵于宗教上的残酷，把马拉尼人从他的王国驱逐出去，并且把他们劫掠一空。世界上再没有比这更悲惨、更惨无人道的事例了。他在同样的宗教外衣下进攻非洲，然后侵犯意大利，最终进攻法国。他常常在完成了一件大事后又计划另一件大事，通过这些大事使他的臣民始终心神不宁，同时又惊叹不已地关注着这些事情的结果。而他的这些行动都是一个接一个地实施的，在这一行动和另一行动之间没有一点空隙，使人们无法从容不迫地开展反对他的活动。

除此之外，一位君主，假如像米兰传说中的贝尔纳博那样去做，每当遇到任何人在社会生活中作出非同一般的事情，无论这些事情是好事还是坏事，他都会抓住机会在内政管理方面作出罕见的示例，选择人们必定非常重视的给予奖励或惩罚。这对君主是很有好处的。而最重要的是，一位君主必须依靠他的行动全力以赴去赢得伟大人物或才智非凡的声誉。

当一位君主是一个真正的朋友或真正的敌人时，就是说，假如他公开表示自己支持某一方而反对另一方的话，这位君主也会受到尊重。他这样做总是比保持中立更有利，因为假如你的两个强大的邻国互相打起来时，情况肯定是这样：当它们中的一国战胜的时候，你或者会畏惧这个战胜国，也或者你不害怕，在这两种情况下，无论将来出现的情况是哪一种，你公开表态并且勇敢参战总是要好得多。因为在前一种情况之下，假如你不公开表态，你将来就可能成为胜利者的战利品，而那个失败者则会因此感到高兴和满意，而且你还没有任何理由为自己辩护，也无法使人庇护你，因为胜利者不会需要在自己处于逆境时不援助自己的朋友，而失败者当然更不会庇护你，因为你过去不愿拿起武器与他共同战斗。

安蒂奥科应埃托利亚的请求，进入希腊驱逐罗马人，派遣使节到罗马人的朋友阿凯亚人那里，希望他们保持中立。而另一方面，罗马人却劝说阿凯亚人拿起武器保卫他们，阿凯亚人在会议上对此事进行审议，安蒂奥科的使者在那里劝说他们保持中立。对此，罗马的使者这样回答："这些人希望你们不要介入战争，是与你们的利益相悖的，假如失去友谊和尊重，你们肯定会成为胜利者的战利品。"

事情就是这样：假如他与你不是朋友，他就会要求你保持中立；假如他是你的朋友，他就会要求你拿起武器公开表态。但是优柔寡断的君主为了躲避眼前面临的危难，常常选择中立的道路，而最终也常常因此被人消灭。但当君主明确表态支持一方时，如果和你联合的一方取得胜利，虽然胜利者很强大，你必须听从他的支配，但是他对你仍然有一种义务，因为他已经同你建立了友谊，而且他们也绝不会忘恩负义地压迫你。再说，胜利从来不会彻底地让胜利者不需要有任何顾虑，特别是对于正义的顾虑。即使你支持的一方失败了，你也会受到他的感激，一旦他有能力的时候，他就会帮助你，变成你可能东山再起的命运的同伴。

在第二种情况下，即当交战双方无论哪一方获胜你都不害怕的时候，你就必须更加慎重地考虑你应该支持哪一方，因为你是在利用一方的帮助消灭另一方，而一方假如是明智的，一定会拯救另一方。因为如果他胜了，他就得服从你；而在你的帮助下，他是不可能失败的。

在这里必须着重指出：一个君主应当注意，正如上面说的，除非有此必要或出于迫不得已，否则决不能为了进攻别国而同一个比自己强大的国家结盟。因为在这种情况下，即使你获胜，你仍将成为强国的俘虏。因此君主们应该尽力避免处于命运掌握在他人之手的境地。威尼斯人同法国人结盟反对米兰公爵，他们本来是可以不去结成这种联盟的，因此最终他们毁灭了自己。但是当君主无法避免结盟的时候，就像教皇和西班牙出兵攻击伦巴底时佛罗伦萨人所处的情况那样，那么，出于上述的理由，他就只好联合一方。任何一个国家都不能够保证自己总能够选择一条万全之策，相反，它应该预料到自己只能采取前途莫测的办法，因为通常的情况是：当人们设法避免一种不利的同时，难免陷于另一种不利。但是，谨慎从事就能够认识各种不利的性质，进而选择危害最小的最佳办法。

一位君主必须表现出自己是一个爱才的人，他应该任用有才的人，对各行各业中杰出的人物给予褒扬。此外，他必须让他的公民在商业、农业以及其他一切职业上，能够安守本分，使得臣民不致因为害怕他的财产被剥夺而不愿增加财富，不致因为害怕赋税而不愿开办新的行业。相反，君主应该对愿意从事这些事情的人，以及希望以各种方法发展他的城市或国家的人进行奖励。此外，应该在每年适当的时候，使人民欢度节日，举行赛会。同时，由于每个城市都有各种行会或者集团，因此君主必须重视他们，经常接见他们，做出谦逊有礼和宽厚博爱的样子，但是必须始终保持他至尊地位的威严，因为这一点在任何事情上都是不允许弱化的。

第二十二章　君主选用的大臣

对于君主来说，选择大臣是一件重要的大事，至于他们是否是好的大臣，取决于君主是否明智。人们观察一位君主究竟是否有能力，可以通过观察他左右的人来发现，假如他左右的人是有能力而又忠诚的，人们就认为他是明智的，因为这证明他已经知道如何认识他们的能力并且使他们忠贞不渝。但是假如这些大臣不是这样的人，人们就会对君主作出不好的判断，因为他在选择大臣时明显地犯了极大的错误。

凡是知道安托尼诺·达·韦纳弗罗是锡耶纳君主潘多尔福·佩特鲁奇的大臣的人，都认为潘多尔福是一位卓越的人，因此他选此人作为自己的大臣。人的头脑可以分为三类：一类是完全靠自己就能够理解，一类是能够理解别人所说明的事情，还有一类是自己既不能理解，对别人的说明也不能理解。这当中，第一类是最优秀的，第二类也属优秀，第三类则是无用的。因此，假如潘多尔福不属于第一类，他肯定属于第二类，因为任何人虽然自己没有见地，但是假如他能鉴别他人的言行是好是坏，他就能够对他大臣作为的善恶加以识别。从而激励善者，纠正恶者。这样，大臣们就不敢靠欺蒙他，而保持善良。

对于一位君主如何鉴别一位大臣，这里有一个十分有效的方法：假如你察觉该大臣想着自己超过为你着想，并且他在一切行动中谋求自己的利益，那么他就绝不是一个好大臣，你也绝不能信赖他。因为身为臣子，国家掌握在他的手中，他应该只想着为君主效劳，而不应该只想着他自己，而且也绝不能去想同君主的利益无关的事情。与此同时，为了保证大臣对你忠贞不渝，君主也必须经常为大臣着想，尊重他，使他享有富贵，对你感恩戴德，让他分担职责，分享荣誉。使他知道假如没有君主，他就无法立足。因此，给他荣誉使他别无所求，给他财富使他不想得到更多，给他重任使他害怕被撤换。当君主和大臣们是处于这样一种关系的时候，彼此之间就能够真诚相处；否则，结果只能是彼此都受到损害。

第二十三章　如何才能避开谄媚的人

有一件重要的事情我不能略去，对于这件事，如果君主不是十分慎重或者不是严格地选择，他们就很难保证自己不犯错误，这就是来自充满朝廷的谄媚者的危害。因为人们总是对自己的所作所为自满自足，以致走向自我欺骗，因此他们无法防御谄媚这种瘟疫。而且假如他们想防御的话，就有可能被人轻视的危险。除非人们知道对你讲真话不会得罪你，否则，要防止人们阿谀谄媚，就别无办法。但是，一旦大家敢于对你讲真话，他们对你的尊敬就会减少。所以，明智的君主应该选择第三种方法，在他的国家里选拔一批有识之士，让他们单独享有对他讲真话的权利，但这也只限于他所询问的事情，而不包括其他任何事情。他对于一切事情都必须首先询问他们，听取他们的意见，然后按照自己的看法作出决断。对于他们的忠告和他们当中的每一个人，他要使他们相信，一个人越是敢说话，就越受欢迎。除了这些人之外，他不应该再去听信别人的话。他实施已经决定的事情，并且坚决不改变自己的决定。如果人们不这样做事的话，那么他不是被那些谄媚者所毁，就是由于想法多变导致变革不断，最终他也不被人敬重。

对于这个问题，我想引用当代的一个例子来说明。当今的皇帝马西米利阿诺的宠臣卢卡神父在谈及皇帝陛下时说，皇帝从不听取任何人的意见，然而又从来不能按照自己的意愿行事。这是因为他采取了恰恰与上面所说的相反的做法。因为这位皇帝喜欢保守秘密，他既不把自己的计划告诉任何人，也不听取别人关于这些计划的意见。但是当他实施这些计划的时候，它们就开始被人们发现，于是便受到他周围的人们的反对，而他也很轻易就加以改变。结果，他今日决定做此事，第二天又变更。谁也不知道他究竟想做什么或怎么做，并且对他的决定也不能够相信。

因此，一位君主应该常常向别人征询意见，但是这应该是在他自愿的时候，而不是在他被迫的时候。另外，对于他不愿意征询意见的那些事情，他应该做到使每一个人都没有勇气提出意见。但是，他又应该经常征询别人的意见，而且对于一切他征询意见的事情，必须是一位倾听真话的耐心聆听者。假如他得知别人无论出于什么原因，不告诉他真话时，他应该勃然大怒。许多人认为，一个君主赢得英明之誉的原因，不在于他的本质，而在于他身边有一些好的顾问。这显然是一种误解。这里有一条行之有效的法则：一位君主假如本人不明智的话，除非依靠运气，否则他就不可能获得好的忠告，假如他把自己寄托在某一个人身上，完全由那个人支配，而此人又是一个极为英明的人，那么在这种情况下，这位君主可能暂时过得很好，然而不久，那个支配者就会在极短的时间内篡夺他的国家。但是，当所咨询的不只是一个人的时候，假如君主不明智，就无法得到统一的忠告，自己也不知道何去何从。那些顾问想着的是他们自己的利益，而君主却无力改变或者洞察他们。在这种情况下，有两种可能，除了因为某种需要促使他们必须对你忠诚之外，他们总是会走向邪恶。因此必然得出这样的结论：一切良好的忠言，不论它来自哪里，都必须产生于君主的贤明，而不是因为良好的忠言产生贤明的君主。

第二十四章　意大利的君主们失国的原因

如果能够严格地遵守上述各项事情，就能够使一位新君主同旧君主一样，并且立即使这位新君主比立国久远的旧君主更为安全、值得依靠。因为人们对于新君主的行动，比对世袭的君主的关注更加密切；而且假如新君主因自己的行动而被认为是有能力的，那么他们将比古老的家族更能赢得人们的欢迎，从而更紧密地把人们维系在自己的身边。由于当前的事物总是比过去的事物更加吸引人们的注意力，所以，假如他们发现现在很好时，他们就会心满意足而别无他求；假如新君主在其他事情上没有什么缺陷，人们将会竭尽全力保卫他。这样，由于他创立了一个新的君主国，并且以好的法律、好的武器、盟友和榜样来使这个国家强大起来，他就会因此获得加倍的荣誉。反之，一个靠世袭当君主的人，假如因为不谨慎而失去了他的君主国，他就会蒙受加倍的羞辱。

假如考察一下在我们这个时代丧失了他们国家的那些意大利统治者，如那不勒斯国王、米兰公爵以及其他的君王，首先，我们会发现，他们的军队都有一个共同的缺点，对此上面已经详述其原因。其次，我们看到，他们当中有些人要么是被人民敌视，要么尽管人民对他们友善，他们却不懂得如何使自己免于贵族带来的祸患。假如这些君主没有这些缺点，只要他们有足够的力量去保持一支作战的军队，他们就不会失去他们的国家。马其顿的菲利普，这里指的不是亚历山大的父亲，而是被蒂托·昆托所战败的那个人，假如同攻击他的强大的罗马人和希腊人相比，他并不能跟他们相提并论，但是他是一个勇敢的人，他知道如何与人民保持友好，如何防止来自贵族的祸患。因此他对他们的战争持续了多年，尽管他最后也失去了对一些城市的统治权，但是他仍然拥有他的王国。

因此那些虽然曾经享有王国多年而后来丧失了国家的君主们，他们不应诅咒命运而应当咒骂自己愚昧无能。他们在气候好的时候从不考虑可能会出现坏天气（在风和日丽的时候想不到暴风雨，这是人所共有的短处），有朝一日恶劣的天气降临时，他们想到的只是逃跑而不去考虑如何防御。他们希望自己的人民在惨遭征服者侮辱之后，会请求他们回来。假如确实没有别的法子，这个主意当然也算是好的。但是只把希望寄托于此而忽视其他的补救办法，这就很糟糕了，因为，任何人绝不应该因为相信有人日后会让他复位，而先自动下台。再说，那种情况或者根本不可能出现，即使它出现了，也不会给你带来安全，因为这是懦夫采取的一种防卫之道，它靠的不是你自己。而只有依靠你自己的能力来防卫，才是真正可靠的、有把握和持久的。

第二十五章　命运在人世中的力量和怎样对抗命运

我知道，有许多人一直认为，而且现在仍然认为，人世间的事情是由命运和上帝决定的，以致人们即使运用智慧也不能够将它改变，并且丝毫也不能够补救。于是他们断定在人间事务上付出劳动是徒劳的，而主张听从命运的安排。这种见解在我们这个时代似乎更加可信，因为过去及现在每天看到世事的重大变化都远远超出了人们的预料。对于这种变化，在某种程度上有时我也倾向于他们的意见。但是，我们的自由意志不能被消灭掉，我认为正确的观点应该是：命运只是我们行动的半个主宰，其余一半或者几乎一半是完全归我们自己支配的。我把命运比作那些毁灭性的河流，当它发怒的时候，淹没原野，拔树毁屋，迁移土地；在洪水面前，人们因屈服于它的暴虐而奔逃，毫无办法抗拒它。但是我们不能因此得出结论说：当天气好的时候，人们不能够修筑堤坝与水渠做好防备，以便将来水涨的时候，让它顺河道宣泄，不会因毫无控制而泛滥成灾。对于命运，情况也是如此。当我们还没有积蓄足够的力量去抵抗它的时候，命运就显示出它的威力，正如它知道哪里还没有修筑水渠或堤坝来控制它，它就在哪里作威作福。如果你考虑到意大利这个自己变动从而又推动变动的所在地，你就会发现它是一个既没有水渠也没有堤坝的平原。如果意大利过去有适当的力量加以保护，像德国、西班牙和法国那样，这种洪水就不会像今日这样无法阻挡，或者压根儿就不会出现。

如果一般地谈谈抵抗命运的问题，我想就是这些。现在，我还想专门谈谈命运的特殊方面。我要指出，我们看见某个君主今日还十分幸福，明日却垮了台，但我们看不到他在性质上或者其他特性上有什么改变。我认为，之所以如此，首先是由于我在上面已经充分讨论过的那些原因，就是说，任何一位君主假如他完全依靠命运的话，那么当命运变化的时候他就必然会垮台。我还认为，假如一位君主的行为符合时代特征，他就会得心应手；同样，如果他的行为不符合时代特性，他就会不顺利。因为，人们在实现自己所追求的目的，即荣誉与财富而从事的事业上，采取的方法各不相同：同是两个谨慎小心的人，一个实现了目标，一个却没有实现；同样，两个不同禀性的人，一个谨慎，一个暴躁，却都取得了成功。其原因就在于他们的做法是否符合时代的特征。由于我前面讲到的原因与结果，两个人虽然行为不同，取得的效果却一样；而另外两个人虽然行为相同，却一个达到了目标，另一个则失败了。盛衰的变化也是这样，假如一个人的行动耐心、谨慎，时间及事情的发展将证明他的行动是合适的，最终他也会获得成功；但是如果时间与事情变化了，他就会失败，因为他没有根据条件的变化而改变他的行为，没有一个人能够使自己如此谨慎小心地适应这种情况，这是因为他不能够离开依据天性而走的路子，还因为他习惯于走一条路子，他就不能让自己离开这条路子。因此一个谨慎的人，到了需要果断行动的时候，他就无所适从，结果他就被毁灭了。但是如果一个人能够随着时间和形势的发展而改变自己，那么命运就不会有变化。

无论做什么事情教皇朱利奥二世都是那么迅猛，他发现时势同他的行为是如此协调，所以他总是取得成功。再看看乔万尼·本蒂沃利奥还在的时候，教皇对波伦尼亚发动的第一次出征。当时威尼斯人是不赞成这件事的，西班牙国王对此也不赞同，朱利奥就去同法国商议这项计划。然而，由于他的要强和迅猛的禀性，他亲自去组织远征。这一行动让西班牙和威尼斯人举棋不定，无所适从，后者是由于恐惧，而前者则是出于重新夺取整个那不勒斯王国的企图。另外，教皇把法国国王拉拢过来，法国国王看到朱利奥已经行动起来，同时又盼望教皇成为自己的朋友，以使威尼斯人屈服，也就自己认定，他不可能不给他提供军队，除非公开得罪教皇。于是朱利奥迅猛地完成了一项事业，这是任何其他一个教皇即使拥有人间最高的深谋远虑都不能成功地做到的。假如他像其他教皇那样行事，要具备各项条件，安排好一切事情然后才能够离开罗马，他就绝不会获得成功，因为法国国王会有一千条推托之词，而其他人也会对他忧心忡忡。关于他的其他行为我在此就不谈了，它们全都是与此类似的，而且全都获得了成功。他的生命短促，因此他没有相反的教训，假如事情发生在他必须谨慎行事的时候，他就会走向毁灭，因为他生性永不会抛弃他偏爱的这些方法。

因此我的结论是：当命运发生变化，而人们仍然顽强地坚持自己的方法时，假如人们能同命运相协调，他们就会获得成功；否则，他们就不会成功。我认为确实如此：勇猛比小心谨慎要好，因为命运之神好比一个女子，你想要征服她，就必须打击她。人们会发现，她宁愿让迅猛行动的人们去征服她，而不愿惠顾那些冷冰冰毫无情感的人们。因此，正如女子一样，命运常常是年轻人的朋友，年轻人虽然在小心谨慎方面很难做好，但却往往比较凶猛，而且能用更加大胆的手段去制服她。

第二十六章　希望意大利摆脱蛮族的统治

在考虑了上面讨论过的全部事情之后，我考虑到：此时此刻意大利是不是可以给一位新的君主授予荣誉，现在是否可以给一位有能力的贤明君主提供一个机会，让他采取某种使自己得到荣誉的方式，给本国人民带来幸福。我觉得许多迹象综合起来都是对新君主有利的，我不知道对于君主的行动还有什么机遇比现在更合适。而且正如我曾说过的，要表现摩西的能力，只有让以色列人成为埃及人的奴隶；要认识居鲁士精神的伟大，只有让波斯人受米提亚人的压迫；要表现提修斯的优秀，只有让雅典人失去家园。那么现在，要想知道一位意大利豪杰的力量，就只有让意大利沉沦到它现在所处的绝境，必须比希伯来人受更深的奴役，必须比波斯人受更重的压迫，必须比雅典人还要流离失所，既无首领，也无秩序，受打击、遭掠夺、被分裂、遭蹂躏，忍受诸如此类的种种摧残。

虽然在某个人身上最近看到了一线希望，使我们认为他可能是上帝派来解放意大利的，可是在他的事业走向顶峰之后，他又被命运遗弃了，于是意大利仍然死气沉沉，等待着一位人物来医治她的创伤，制止伦巴底的劫掠以及在那不勒斯王国和托斯卡纳的勒索，并且消除长时期抑郁苦恼的恨事。我们看到她如何向上帝祈求派人把她从蛮族的残忍行为与侮辱中解救出来。我们还发现，一旦有人举起旗帜，她就随时准备并且愿意追随这面旗帜。现在除了在你显赫的王室之中，她无法再找到一个可以寄托更大希望的人了。这个王室由于它的命运和能力，受到上帝和教会的眷宠，它现在是教会的首脑，因此能够成为救世的领袖。如果你想起我在上面谈到的那些人物的生平与事迹，要达到这个目的并不是很难的事。而且，虽然那些人物是罕见的、充满奇迹的，但是他们同样是人，而且他们当中所有人的条件都不如今天，因为他们的事业与这种事业相比并没有显得更加正当、更加容易，上帝对他们也并没有比对你更加友好。伟大的正义在我们这边，因为，“对于必须战争的人们来说，战争就是正义的；当除了拿起武器以外就别无他望的时候，武器就是神圣的”。在这里，已具有十分伟大的志愿，在具有伟大志愿的条件下，只要你的王室按照我已经作为目标推荐的那些人的方法去做，就不会有巨大的困难。除此之外，现在我们还看到了上帝显示的空前绝后的奇迹：海水分开了，云彩为你指明了道路，岩石上涌出泉水，神赐的粮食自天而降。所有事物都在因你的伟大而联合起来，而此外的事情必须由你自己去做。上帝不会包办一切，这样就不会夺去我们的自由意志以及应该属于我们的一部分光荣。

假如上面提到的那些意大利人中没有一个能够完成我们希望你的显赫王室可能做的事情，假如在意大利发生的多次革命和战役中，意大利的军事力量好像都被消灭了，这就并不是什么怪事，因为旧的制度不好，而且从来没有人懂得怎样制定新的制度。因此，要使一个新当权的人能获得巨大的荣誉，最好就是由他创立新的法律和制度。假如这些东西有良好的依据，而且有其本身伟大的地方，它们就能够使他赢得人们的敬仰和钦佩。而现在意大利充满可以采取各种方式表现的条件，只要头脑不贫乏，四肢就会产生巨大的能力。应该注意，在决斗时或者在只有少数几个人搏斗时，意大利人在力量、机敏和智力上是何等优秀啊，可是一旦他们进了军队就表现平平，这一切都起因于首领的软弱，因为那些高明的人们不愿意服从他们，而每一个人都觉得自己高明，迄今为止还没有一个人可以在能力和幸运两方面都出人头地，从而使其他人为之折服。因此，在很长时期内，在过去二十年发生的多次战争中，完全由意大利人组成的军队，在考验面前，总是失败。可举塔罗战役以及亚历山大、卡普亚、热那亚、维拉、波伦尼亚和梅斯特里等战役为证。

因此，假如你的显赫王室决意仿效像我在前面提到的那些解救国家的优秀人物的话，第一件事情就是要组织起自己的军队，这是所有事业的真正基础，因为他们是比任何人都更忠实、更真诚、更优秀的士兵，而且，虽然他们每一个人都已极为优秀，但是当他们看到君主指挥他们并且获得他授勋和礼遇时，他们还会更紧密地团结在一起，并且变得更加优秀。因此，为了彻底依靠意大利的力量来防御外侮，必须组建这样一支军队。虽然有人认为瑞士和西班牙的步兵是恐怖的，但是他们两者都存在缺陷，因此，第三种部队不但能够抵御他们，而且肯定能够打败他们。因为西班牙人抵御不了骑兵，而瑞士人在战斗中一旦遇到同自己一样顽强的步兵的时候，他们就会感到害怕。所以经验已经证明而且将来还要证明，西班牙人抵抗不了法国骑兵，而瑞士人则会被西班牙步兵所消灭。虽然这后一点到目前还看不到整个面目，但是在拉文纳战役中，已经有了证明：当时西班牙步兵同实行与瑞士人相同战术的德国军队交战，西班牙人依仗他们敏捷的身体和盾牌的帮助，潜到德军阵前，在德军长矛失去效力的情况下，突袭德军，德军无法招架。如果当时西班牙人不是受到了骑兵的袭击，他们一定会把德国人全部消灭掉。因此，在借鉴这两种类型骑兵弱点的基础上，就可以组建一种新型的骑兵，他既能击退骑兵，又不用害怕步兵，只要选择武器和改变战术，就能做到这一点。而这一切就像建立新制度一样，会给一位新君主带来荣誉和崇高的地位。

所以，一定不要错过这个时机，以使意大利在经历很长一段时期之后，终于能够看到她的救星的出现。我无法描述，在所有备受外国蹂躏的地方，人们将会怀着怎样的热情及对复仇雪耻的渴望，抱着多么顽强的信仰和赤诚，饱含热泪来欢迎他！还有什么门会对他关闭？还有什么人会表示拒绝服从？有什么嫉妒会反对他？哪个意大利人会拒绝对他表示臣服？蛮族的控制对于我们每一个人都无法忍受了。请你的显赫王室，以那种人们从事正义事业所具有的精神和希望，来担负起这个重任，使我们的祖国在她的旗帜下重现光芒，在她的指引下，我们就可以实现诗人佩脱拉克的诗句：

“反抗暴虐的力量，将举起枪，
战斗不会太长！
因为古人的勇气，
至今没有在意大利人的心中消失。”

政府论

政治权力是这样一种权力：为保护和规定财产而制定包括死刑和所有其他较轻处分的法律的权利；使用共同体力量去保卫国家不受外来侵害和执行这些法律的权利；所有这些，都只是为了公众利益。

——〔英〕约翰·洛克

导 读

洛克的成就是多方面的。他的认识论独具特色，他的政治学是西方近代立宪的基础。除此之外，他在其他方面也并不逊色。他是近代劳动价值论的创始人之一，曾提出“正是劳动使一切东西具有不同的价值”的著名观点。他认为善恶等观念是后天的，人的本性在于“追求幸福”，这种观念对爱尔维修等人的功利主义伦理学影响最大。洛克的《论教育》一书对后世思想家影响巨大。教育就是在人身上培养一些合乎人的天性的能力，同时必须重视受教育者的个性，公共教育难以做到这点，因此个别教育优于公共教育。教育的最终目的是造就有益于社会的公民。洛克是医生、哲学家，1688年英国“光荣革命”的倡导者和理论家。但洛克的声誉主要来自哲学。他是经验主义的奠基者，也是哲学上自由主义的始祖。

约翰·洛克（公元1632—1704年）出生于律师之家，父亲是清教徒，曾站在国会军方面参加过英国内战。洛克于1652年入牛津大学基督教会学院，他厌恶经院哲学，厌恶独立教会派的狂热。在自然科学方面，他对波义耳的著作印象深刻。在哲学方面，他喜欢笛卡尔并受到他的极大影响，但他后来又极力反对笛卡尔的学说。洛克获得医学博士学位后留校任教，教授希腊文和演说术。1667年，洛克结识了艾利希勋爵（即后来的莎夫茨伯里伯爵），做了他的医生、家庭教师和秘书。1683年莎夫茨伯里倒败时，洛克随他逃亡荷兰，“光荣革命”之后回国，除有几年在政府部门任职外，他把主要精力都献给了学术。洛克的主要著作有《人类理解论》、《政府论》、《论宽容》和《论教育》。这些著作集中写作和出版于1687—1693年这短短几年间，那是“光荣革命”成功后他备受鼓舞的岁月。

《政府论》是洛克政治哲学的重要著作，集中阐述了他所有的政治理想。《政府论》首先批判了作为封建专制政权理论基础的君权神授之说，他打击的对象是菲尔麦。菲尔麦是保皇党的代表，他论证说，帝王威权的本源在于儿女对父母的服从，国王的权力与父亲的权力一样，无可怀疑。这种世袭主义既无知又可笑。洛克认为，如果要讲亲权，那么母亲的权力与父亲应当是对等的。以世袭制为基础的君主制是没有道理的。

既然从父权追寻政治威权的由来行不通，那么统治的威权必定另有来源。洛克认为，在人间的一切政治之先，有一种“自然状态”。他似乎觉得他所谓的自然状态真是历史上的一个时期。但与霍布斯所说的自然状态是“一切人对一切人的战争”状态不同，洛克说，那是“和平、自由、平等”和个人拥有自己财产的状态。自由、平等和财产的占有，是人天生享有的“自然权利”。与这种状态相应的是一种“自然法”，它由一些神命组成，并非由人间哪个立法者强加于人。人人必须遵守自然法，违者就应受到审判和惩罚。为了更好地解决纠纷，人们互相协议，“各自放弃他们单独行使的惩罚权利”，把它交给公众一致指定的人来专门加以行使，人类靠契约走出的自然状态，就是公民社会的出现和国家的建立。这里最为关键的是，在人们把这个权力转移给社会或法律的场合，而且只在这种场合，才有政治社会。洛克的社会契约论与其先辈完全不同。他指出，由订立契约而产生的国家统治者或国王本人属于订约的一方，他自己亦受到契约的限制，不能免于法律的制裁，他并不享受“绝对的权力”。如果统治者违约，实行专制，人们就要起来将其推翻。洛克雄辩地指出，人们有为保卫自己的生存而进行斗争的权利。洛克的社会契约论带有强烈的民主色彩，因此，他给政治权利所下的定义是：“所谓政治权力，我以为即制定法律的权力，为了规定与保护财产而制定法律，附带着一些自上而下的死刑、轻缓刑罚，以及为执行这种法律和为防御国家不受外侮而运用社会力量的权力，而这一切无非为了公益。”依据契约的政府，其权力决不能越出公益范围以外。国家、政府的一个重要职能就是保护个人的财产。洛克非常重视财产问题，他指出，“人类结合成国家，把自己置于政治之下，其伟大的主要目的是保全他们的财产。”因此，“最高权力若不经本人同意，不得从任何人那里取走其财产的任何部分。”

最高权力并不是没有约制的。为了保证最高权力有利于公益，并防止滥用权力，必须实行立法、行政、对外权三权分立。立法权是制定和公布法律的权力，行政权是执行法律的权力，对外权则是与外交有关的宣战、媾和和订约等权力。这三方面的职权构成了国家政权。三权以立法权最为重要，它是国家中的最高权力。洛克把立法部门看得高于一切，他认为，立法部门是良善的，而行政部门则通常是恶劣的。但法律的制定和执行要真正起到保护人民各项权利的作用，还有待于立法权和行政权的分离。洛克说，在一切组织良好的政府中，立法部门和行政部门是分离的。这就是洛克著名的分权说，它在西方政治思想史上占有十分重要的地位。

以上所述只是洛克《政府论》的一些最为重要的方面，作为一种政治哲学，它对西方世界的影响是深远的。罗素指出，这种学说不仅被英国最有魄力的政治家和哲学家所尊崇，而且经过孟德斯鸠的发展，深深地留在美国、法国的宪法之中。直到今天，洛克《政府论》中的政治哲学仍然发挥着非常广泛的作用。

上 篇

第一章 论奴隶制与天赋自由

在人类历史上，奴隶制是一种罪恶和悲惨的状态，它与我们民族的宽宏品性和英勇精神格格不入，真是令人难以想象，一个号称是“绅士”的“英国人”竟然会为之辩护。罗伯特·菲尔麦爵士的《先祖论》一书，其书名和献词庄重严肃，其封面装帧精美，并且出版后得到了广泛的赞誉，这使我不得不相信作者和出版者都抱着认真的态度，否则我会以为，这部著作与任何一篇力图使人承认自己是奴隶，而且应该是奴隶的论文一样，又是为尼罗歌功颂德的那个人的另一次智力操练，而绝不会以为它是一部严肃的论著。我把这本书拿到手里，带着那种对一经面世即引起轰动的著作所应有的全部期望，全神贯注地从头看到尾。我不得不承认我异常惊讶：在这本志在为全人类准备锁链的书中，我所发现的竟然不过是一根用沙粒做成的绳子，对于那些专事混乱视听者，它或许有些用处，它能蒙蔽人们的双眼，可以轻而易举地将其引入迷途，但对于那些具有洞察力和见多识广的人却无能为力，因为他们知道锁链这种东西，不管经过何等精细的打磨，仍然只是一种拙劣的披挂之物。

如果有谁认为我太过放肆，对一个拥护强权的著名人物和绝对权力崇拜者们心中的偶像如此随意地说三道四，我请求他们对我这样的人稍稍宽容一回，因为即使读了罗伯特爵士的书，我也不能不自认为是一个合法的自由人；我觉得这样认为没有什么不对，除非有比我更了解这本书命运的人能够向我证明：这篇埋没已久的论文一经问世，就能凭借其充足的论据剥夺人们的全部自由，而且从今以后，作者的简单模式将会成为像基督登山训众那样的典范，并会作为完美的政治标准流传百世。其实，他的体系建立在一个狭小的范围之内，他不过是说：

所有政府都是绝对君主制。他依据的理由是这样的：没有人生来就是自由的。

如果这世上有这样一种人：他们为巴结君主就认为君主享有神所赋予的绝对权力，不管君主们建立和实施其统治的法律怎样，不管他们获取权力的条件怎样，也不管他们发誓遵守这些法律的誓词和承诺是何其庄严。鼓吹这种论调的人就是否认了天赋人权，他们因此不仅千方百计地让所有臣民都遭受因暴政和压迫带来的巨大苦难，而且也动摇了君主们的名号和他们的宝座（因为依据他们的理论，君主们，除仅有的一个之外，也全部都是天生的奴隶，并且依据神权，他们也全都是亚当后嗣的臣子）。他们这样做，就像是为了对一切政府宣战、并试图颠覆人类社会的基础一样。

然而，他们对我们说，我们都是天生的奴隶，而且必须继续做奴隶，除此之外别无选择。当他们这样说时，我们就只能相信他们的空话了。生命和奴隶身份于我们与生俱来，只要我们不死，就绝不能不做奴隶。我在《圣经》或理性中根本找不到类似的说法，但是这些人却非得让我相信，神的权威已使我们受制于他人的无限制意志，这种人类的微妙状态，他们也只是最近这些年凭聪明才智才发现的。因为，虽然罗伯特·菲尔麦爵士似乎也曾斥责过与其相反的观点过于标新立异，但我依然相信，除了这个时代、这个国家，他找不到任何别的时代或国家曾经确信君权神授。而且他承认，“海华德、克拉克伍德、巴克莱等人，虽曾经在多方面勇敢地为君权辩护，但都从没有想到这一点，而是一致承认人类是天生自由和平等的”。

这种理论究竟由谁首倡并在我们中间时髦起来，它到底引起了怎样悲惨的结果，这些就留给历史学家去叙述吧，或者让那些西托普和曼惠灵同时代的人去回想吧。我现在只是研究罗伯特·菲尔麦爵士关于这方面所讲的内容（人们认为他把这种观点发挥到了极致，并且已经达到了完美无缺的程度），因为，所有想和法国宫廷人士一样时髦的人都向他学习过，并拿着他浅薄的政治理论四处兜售——那就是：人类并非生而自由，所以绝无权力选择他们的统治者或政府形式；君主拥有的权力是绝对的，并且是神授的，奴隶绝对没有订约或认可的权利；亚当曾是一个专制君主，他以后的一切君主也全都如此。

第二章 论父权与君权

“人类并非生而自由”是罗伯特·菲尔麦爵士的重要论点，是他构建绝对君权论的基础，在这个基础之上，绝对君主制被抬高到了它的权力超越一切权力之上的高度，可以说是“傲视万物”。它高高在上，超越尘世，人们根本无法对其加以想象，甚至连限制无限神祇的誓约也不能约束它。然而，如果这个基础坍塌，他的整个理论体系便也跟着崩溃了，要想组成政府，便只能再度通过这样一种古老的方式——那些凭其理性结成社会的人们的协商和同意。为了证明他的这个重要论点，他告诉大家说：“人们生来就是从属于他们父母的”，因此不能是自由的。父母的这种权威，他称为“君权”、“父权”或“父亲身份的权利”。我们本以为，在这样一本关乎君主的权威和臣民顺从的书的开头，他就会明确地告诉我们父权是什么；本以为哪怕因为他在其他论文中告诉了我们“它是无限制的，也是不可能限制的”而不对之加以限制，也应该给它下个定义，至少应该给我们一个说明，让我们对他大作中提到的“父亲身份”或“父权”有一个完整的概念。我本指望在他《先祖论》的第一章里就能看到这种说明，然而事实恰恰相反，他却先顺便对君主的神秘表达了敬意，又对“本国或任何别的国家享有的权利和自由”——这些他打算马上就消除和毁灭——进行了赞美，再对那些在这个问题上没有他看得深远的学者们行过了礼。做完所有这些之后，他就向贝拉民发起了攻击，因为打了胜仗，他的“父亲的权威”也就毋庸置疑地树立起来了。贝拉民承认自己被打败了，大局已定，当然就无须兴师动众了；因为在他做完这些之后，我就再也没有见到过他说明这一问题，或是搜集任何论据来支持他的观点，他只是天马行空地向我们尽情讲述有关所谓“父亲身份”这个奇怪而蛮横的魔鬼的故事，谁能抓住这个魔鬼，谁就能马上得到帝国，拥有无限制的绝对权利。他力图使我们相信，这种父权怎样从亚当开始，并且一直继续到洪水时代，使世界在整个先祖时期都一片太平。此后，它与诺亚和他的孩子们一起走出方舟，创建并支持了世间的一切帝王，直到以色列人在埃及被奴役，在这个时候，可怜的父权受到了压制，直到“上帝赐以色列人以诸王，才在父权政治中再度确立了一脉相承这种古老而重要的权利”。这就是他在书的第十五页到十九页所讲述的故事。然后“为了证实君权的自然权利”，他用一个不完整的理由否定了一个相反的论点，解决了一两个困难，第一章便结束了。我想，把他这种只言片语的征引称为不完整的理由不是中伤，因为上帝说，“尊敬你的父亲和母亲”，但我们的作者却只引用其一半，而略掉了“你的母亲”，因为它对他没有什么用处。关于这一点，在其他地方再详谈吧。

我认为我们的作者并非不擅长写作这种性质的著作，也并非对所讨论的问题满不在乎，因粗心而犯了他在他的《混合君主制的无政府状态》一书中批评罕敦先生时指出的那个错误：“我首先批评作者的地方是他对于君主制并没有给我们以任何一般的定义或说明，因为根据方法论的原则，他应该首先下个定义。”根据方法论同样的原则，罗伯特爵士也应该先下个定义，应该在告诉我们是谁拥有父权，并就此大做文章之前，先告诉我们他所谓的“父亲身份”或“父亲的权威”究竟指什么。但是，假如他将整套理论的蓝图以他自己想象中所描绘的雄伟形式交给我们，他也许会发觉这个“父亲的权威”，也就是他混为一谈的父亲和君王的权力，会显得既奇怪又可怕，它和儿童心目中的父母或者臣民心目中的君王大相径庭，所以，他就像一个谨小慎微的医生那样，在让病人喝下一些苦的或腐蚀性的药水之前，先将大量能淡化这种药水的东西和它混在一起，这样一来，病人在吞下那些被稀释了的药水后就不会有多大感觉，也不会引起呕吐。

关于这个“父亲的权威”的阐述，散见于他的作品之中，现在让我们尽力寻找一下，看看对此的阐述都是什么。他最初讲到亚当享有父权时说：“不仅是亚当，即使是后来的先祖们，根据作为父亲的权利，对其子孙也享有君权。”“亚当根据神意而获得的这种统治全世界的权力以及以后的先祖们从他那里继承的这种权力，与创世以来任何君主的绝对统治权一样巨大而广泛。”“生杀之权，宣战、媾和之权都由他掌握。”“亚当与先祖们享有生杀予夺的绝对权力。”“君主们根据亲权继承对最高权力的行使。”“君权既然是依据上帝的法律而获得，就不受一切低级法律的限制，亚当是众人之王。”“一个家庭的父亲只需靠自己的意志而无需其他任何法律来实施统治。”“君主的地位高于法律。”“《撒母耳书》中完美地说明了君王的绝对管辖权。”“君主高于法律。”为达到上述目的，我们的作者还有许多议论，它们是借波丹的话表达出来的：“毋庸置疑，君主的全部法律、特权和授予，如果后继的君主不明白的同意或不容忍的加以许可，就只能在原来的君主在世时有效，特权尤其是这样。”“君王制定法律的根据是这样的：当君王或忙于打仗，或公务缠身，不能使每个臣民都接近他，从而得知他的意志和愿望，此时就必须创立法律，使每个臣民都能够从法律的解释中明确他君主的意愿。”“君主制中，君王必须超越法律之上。”“一个完美的王国，就是君主凭借其个人意志统治一切的王国”，“君王们根据作为父亲的权利而统治其臣民的一般权力，习惯法也罢，成文法也罢，都不会也不可能对此有所限制。”“亚当是统治其家族的父亲、君王和主人；作为一个儿子、一个臣民和一个仆人或者一个奴隶，在最初完全是一回事。父亲有权处置或出售他的儿女或奴仆，所以我们看到《圣经》里最初统计货物时，男女仆人都是作为所有者的财产计算的，和其他的货物没什么不同。”“上帝也赋予父亲以一种权力和自由：他能够把支配其子女的权力转让给任何其他人。所以我们发现，出卖和赠送儿女在人类历史早期极为盛行：人们将其仆人当作一种财产和继承的东西，就和其他的货物一样，我们也因此知道古代非常流行阉割和使人成为阉宦。”“法律不是别的，是享有高高在上的父权者的意志。”“上帝赋予亚当的至高权力是无限制的，其范围与以他的意志为基础的一切行为一样广泛，亚当是这样的，其他所有具有最高权力者也是这样的。”

这些言辞散见于作者的著作中，我之所以征引它们来聒噪读者，是因为在那里可以看到他自己对于其所谓“父亲的权威”的阐述，他认为这种权力最初授予亚当，之后自然而然地属于后来的一切君主。这种“父亲的权威”或“作为父亲的权力”，按我们作者的意见，就是一种神圣的、无可更改的主权，据此，一位父亲或一位君主，对其子女或臣民的生命、自由和财产享有一种绝对的、独断的、无限的权力，他因此可以随意取得或转让他们的财产，出卖、阉割和任意驱使他们——因为他们全是他的奴隶，他是一切的主人和所有者，他的无限意志便是他们的法律。

既然我们的作者在亚当身上放置了如此巨大的权力，并把君主的全部权力建立在这个假设之上，那么，我们就有理由期望他应该用明白、确凿、充分的论据对此加以证实。人们已被剥夺得一无所有，即便在奴隶的地位上，也应该得到关于奴隶制的必然性的确凿证明，使他们从思想上确信如此，能够心平气和地服从于他们的统治者对他们的绝对统治。我们的作者建立了这么一种无限制的权力，如果连上述目的都达不到，那他除了讨好人们与生俱来的虚荣和野心——这种虚荣和野心随权力的拥有尤其易于膨胀——之外，还会有什么好处呢？或者有什么用处的借口呢？如果是为了劝说那些人——他们由于族人的同意，取得了很大但仍有限的权力，使他们相信：因为他们得到了被给予的那个部分，所以也有权得到没有给予他们的一切，由此他们可以凭借多于别人的权力任意而为。这样就会诱使他们去做一些于己、于其治下的人们都无益的事，其结果只能带来巨大的灾祸。

我们的作者已将亚当的主权作为他建立强有力的绝对君主制的坚实基础，我估计在其《先祖论》里，他一定会提供一种一切根本的教义所必需的证据来证实和建立他这一主要假设；我还估计他一定会在这件关系重大的事情上以充分的理由来坚定他对这一假设所具有的信心。但是我在其整篇文章中却找不到任何这样的东西；他不加证明地将其视为当然之事，以致我细心读了整篇文章之后，发现那么一个巨大的结构居然只建立在一个简单假定的基础之上，我几乎不敢相信自己；因为在他那篇自许驳倒人类“天赋自由”这一“错误原则”的文章中，他仅仅以“亚当的威权”这一简单假设来立论，而没有提供支持这个“威权”的任何证据，实在是难以置信。然而，他却信心百倍地说：“亚当享有君权”“绝对的统治权和掌管生杀之权”“一个普遍的君主制”“生杀的无限权力”。他经常作出这样的断言，但奇怪的是，在他整个《先祖论》中，我没有发现任何一个他自称的理由来作为建立其政府的牢固基础，也没有发现任何看上去像是一种论证的东西，我所发现的只是这些语言：“为了确证君权的这种天赋权利，我们在《十诫》中发现，那种教导人们服从君主的法规是这样来表述的：‘尊敬你的父亲’，似乎一切权力原本就是属于父亲的。”如果这样，为什么我不能像他那样再增加一些言词说，在《十诫》中，教导人们服从王后的法规是用“尊敬你的母亲”的词句来表述的，似乎一切权力原本都是属于母亲的。罗伯特爵士所举的证据既可适用于父亲，自然也能适用于母亲，但是对于这一点，等到适当的地方再详谈吧。

我注意到，我以上引用的我们作者的话就是他在书的第一章或其余各章中为证明其“亚当的绝对权力”这一原则所说的全部话语，仅此而已。然而，他却好似已用确凿的证据解决了这一问题一样，用“根据从《圣经》的权威中所发现的证据和理由”这样的词句开始了他的第二章。但关于亚当绝对权力的“证据和理由”到底在哪里，我没有发现，除了上面提到的“尊敬你的父亲”以外。除非必须将其所云——“在这话语中，我们看到一种明确的承认（即贝拉民的承认）：神创造人，使他成为其后代的君主”——当作是从《圣经》里找到的根据和理由，或者当作是任何一种证据，而不管他随后使用的一种新的推论，并由此得出结论：“亚当的君权”充分地落实到他身上了。

关于“亚当的主权”，除了一再重复（这种重复在某些人中就被看作是论证），如果作者在那一章里面或在全篇文章的任何地方，提出过任何其他证据，谁能替他把这些地方和页码指给我看，让我能确知自己错了，承认自己的疏漏。如果不能找到，那我就要恳求那些大肆吹捧该书的人们思考一下，他们是否让世人抓住了把柄去怀疑他们不是由于理性和论证的力量，而是由于别的利害关系才拥护绝对君主制的。因此他们对写书拥护这一学说的任何作者都给予高度赞扬，而不管他是否用理性来加以论证。然而我却希望，他们不要以为那些有理性的和秉持公正的人会同意他们的意见，原因仅仅是因为他们的这个大学者在一篇为了树立“亚当的绝对君权”、反对人类的“天赋自由”而故意发表的论著中，说了这么有限的几句话来作为证明。由此反倒可以自然地得出结论：那根本没有什么东西可说。

但是，为弄明白我们作者的全部意图，我不遗余力，参考了他的《君主的自然权》，但在这里面他也是惜墨如金，并没多说。我又参考了他的《对亚里士多德、霍布斯的评论》等著作，看看在与别人辩论时，他是否用过什么论据来支持他的“亚当的主权”这一珍贵的教义。最后在他的《对霍布斯先生的〈利维但〉的评论》中，我认为我发现了他拥护君主制的所有论据，它是散见于他的各种著作中的论据的汇总。这些论据是：“如果上帝只创造了亚当，并用他的一块肋骨来造成女人，如果全部人类都是作为他们的一部分从他们俩生殖繁衍而来，如果上帝还赋予亚当以不单单对这个女人以及他们两人所生的儿女的支配权，而且还让他去统治整个世界和世界上的所有生物，那么，只要亚当不死，除非由于他的赐予、让与或授权，于是就没有人可以要求或得到任何东西……”在这里，我们看到了他拥护“亚当的主权”和反对“天赋自由”的全部论据，这些论据散见于他的以下论著：《上帝创造亚当》、《上帝赋予亚当对夏娃的统治权》和《亚当作为父亲对其子女的统治权》，所有这些，我将专门加以论述。

第三章　论亚当因神创造而享有主权

罗伯特爵士在其《对亚里士多德〈政府论〉的评论》一书的序言中声称："如果不否认神创造亚当，人类的天赋自由就是无法想象的"，但是亚当被创造，仅仅只是从万能的主和上帝的手中直接获得生命，我并没有看出他是怎样给予亚当高于一切的主权的，也不能理解为什么假定"天赋自由"就是否认"亚当为神所创造"。我非常希望有谁（因为我们的作者没有赐予我们这个好处）替他说清楚，虽然我一直相信"亚当为神所创造"，但是我发现同时假设有"人类的自由"并不困难。亚当由上帝的直接创造力所创造或开始其生存，无需父母的参与，也无需预先存在的任何相同种属来生养他，只要上帝乐意，他就会被创造出来。先于他的百兽之王的狮子，也是如此，是上帝的同一创造力创造的。如果仅仅因这种创造力而存在，并轻轻松松地给予亚当统治权，那么，根据这种论证，我们的作者也可以赋予狮子与亚当同样的权力，并且比亚当更为久远。不是的！在别的地方，我们的作者说："亚当的名号是由上帝专门选派的。"这就是说，仅凭神的创造不能给予他统治权，是上帝的"选派"使亚当成为君主，那么人们便可以在不否认"亚当为神所创造"的条件下，假定"人类是生而自由的"。

但是让我们看一看罗伯特爵士是如何把他的"神创"说和"选派"说凑在一起的。他说："由于上帝的选派，亚当一创生就成为世界的君主，尽管他还没有臣民。因为虽然只有有臣民才有实际上的政府，但是根据自然的权利，亚当理所当然的是他后代的统治者。尽管不是在事实上，但至少在表面上，亚当从其创生时起就是一个君王。"我真希望他在这儿能够告诉我们他所谓"根据上帝的选派"是什么意思。因为一切神意命令的、自然法指示的或明确的启示宣示的，都可以说是"根据上帝的选派"。但我觉得这儿所云并非神意命令的，如果是就等于说"亚当一创生"，他就是事实上的君主，因为"根据自然的权利，亚当应该是他的后代的统治者”。但是在还不存在政府、不存在被统治者的时候，亚当不可能根据神意而被指定为事实上的世界统治者，这是我们的作者在此处所承认的。而“世界的君主”一词，我们的作者在用法上也不一致，有时他用它指除其余的人类以外的全部世界的所有者，在上面所引他的序言的同一页中就是如此。他说：“亚当受命繁衍人类，遍于地上，征服世界，被赐予对一切生物的统治权，因此成为整个世界的君主；除非得到他的赐予、许可或是由于对他的继承，他的后代无权拥有任何东西。”那么，在这儿我们是否可以把“君主”理解为世界的所有者，把“选派”理解为上帝对亚当的真正赐予和通过明确启示的授予？我们看到罗伯特爵士在同样的地方就持这样的观点，那么他应该有这样的论证：“根据上帝的明确授予，亚当一创生，就是世界的所有者，因为依据自然的权利，亚当自然是他后代的统治者。”

这种论证方式，有两个明显的错误：一、说上帝在亚当创生时就对他授予权力是错误的，因为在《圣经·创世记》原文中，在亚当被创造之后，虽然紧接着就是这句话，但在夏娃被创造出来和交给他以前，显然这句话绝不会是对亚当说的。那么他又怎么能够“一创生就根据任命而成为君主”呢？特别是作者把上帝对夏娃说的话——如果我理解无误的话——当成是“政府的最初授予”，而这只能是“原罪”之后才会有的事，发生原罪之时，无论在时间上还是在条件上，距亚当创生都已非常久远了，我不明白，我们的作者怎么能够在此意义上说“根据上帝的选派，亚当一创生，就是世界的君主”。二、就算亚当一创生，上帝的实际赐予就“选派他做世界的君主”这件事是真的，但作者提供的理由仍不能充分证实这一点，不管怎样，作者的推论——上帝以明确的赐予选任亚当为“世界的君主，因为根据自然的权利，亚当应该成为他的后代的统治者”——都是错误的。因为既然是天赋其统治权，那就无需“明确的赐予”，至少，这个说法绝不能成为这样一种赐予的根据。

另一方面，如果我们把“上帝的选派”理解为自然法（虽然在这里这样说来很粗糙），把“世界的君主”理解为人类至高无上的统治者，也同样于事无补。因为这样一来，我们要谈论的句子就会是：“根据自然法，亚当一创生，就是人类的统治者，因为根据自然的权利，亚当应当是其后代的统治者”；这就等于是说：亚当是根据自然权利的统治者，因为根据自然权利他是统治者。假设我们姑且承认一个人是其子女的“天生的君主”，但亚当仍不能因此“一创生就成为君主”，因为这种自然的权利是必须以他是他们的父亲为前提的。

那么亚当怎么能够在他还没做父亲时就有充当“统治者”的“自然的权利”呢？这真是令人难以想象。要使这种假设成立，除非我们的作者能使他在未成为父亲以前就是个父亲，在没有得到称号以前就得到称号。

对于这个在意料之中的反对意见，我们的作者给出了一个非常合乎逻辑的回答：“他仅是外表上而非实际上的君主。”作为一个统治者没有政府，作为一个父亲没有儿女，作为一个君主没有臣民，这是多么奇妙的说法啊！如果是这样的话，那罗伯特爵士在没有写过书以前就已经是一个作家了，但并非“实际上”而只是“外表上”的作家，因为他一旦出书之后，就理应“根据自然的权利”成为一个作家，恰如有了儿女，“亚当就理应是儿女的统治者”那样。如果只做这样一个“外表上的而并非实际上的”绝对君主有什么用处的话，那么我不会羡慕，因为罗伯特爵士可以随意地把这个封号赐予他的朋友。然而这个所谓“实际”和“外表”的区分，如果除了表明我们的作者辨别上的技巧之外还能说明其他一些东西的话，那在这里对其目的也没有什么用处；因为问题的关键并不在于亚当对统治权的实际行使，而是在于他是否真正享有统治权。我们作者所说的统治权“根据自然的权利而应该属于亚当”，这个自然的权利指什么呢？它是父亲们因生儿育女而对子女享有的一种权利，我们的作者借用格老秀斯的话加以说明：“父母由于生育而取得的对子女的权利。”这样说来，权利就是伴随着生育行为而产生的；所以，根据我们作者的这种推论或辨别的方法，亚当创生时，只有一种“外表上的而非实际上的”权利；用简单的英文来说就是：他在实际上根本就没有权利。

关于亚当，我们用不太高深和更易于理解的方式可以这样讲：“既然他可能生育儿女，他就有可能做君主，因此他得到统治那些由他繁殖出来的子女们的自然的权利——不管这权利是什么含意”。但是这与“亚当的创生”有什么联系，能使我们的作者说出“他一创生就是世界的君主”这样的话。——因为我们照葫芦画瓢也同样可以说诺亚一出生就是世界的统治者，因为除自己的后代外，诺亚可能在全人类中独自存活下来（按照我们的作者的意思，这就足以成为一个君主——一个外表上的君主）。亚当的创生与他的统治权之间究竟有什么样的必然联系，使人说出“如果不否认亚当为神所创造，人类的天赋自由就无法想象”的话来？我承认，在我看来，二者之间没有什么必然联系；我也不明白，“根据任命”之类的话，无论如何解释，怎么能凑在一起成为一句看起来相当通顺的话，至少可以用来论证他们结束时的论点，即“亚当自他创生时就是一个统治者”，我们的作者说，这是一个“并非实际上而是外表上的”君主，这也等于说实际上根本没有君主。

我在这个段落所费的口舌比其中任何论点的重要性所要求的都要多，恐怕读者们已经不耐烦了，但是我们作者的写作方式使我不得不如此。他将好几个假定拼凑在一起，并使用一些含混和笼统的词语，造成意义的混乱。如果不仔细考察他的用词可能会有的种种意义，不明白这些意义纷纭的用词如何以一种方式连结起来而使其具有一种真实性，那就不可能指出他的错误，因为在我们面前的这一段话，除非仔细考察“从他创生的时候起”等字眼，是解释为从他开始统治的时候起（前面说过“他一创生就是君主”含有这种意义），还是解释为做君主的理由（如他所说“神的创造使人成为他的后代的统治者”），否则，就不可能反驳他的“亚当从其创生就是一个君主”这个论点。而且只有仔细考察一下，看看所谓君主是如在这段话开始时极力使人相信的那样，建立在根据上帝的明确授予、“被选派为世界的统治者”的他的“私人统治权”的假定之上，还是建立在根据“自然”、根据自然权利具有的统治其后代的父亲权力的假定之上；只有仔细考察一下，看看君主一词是指上述两种意思，或是仅仅指其中之一，甚或两种都不是，而只是指根据不同于另外两种方法的神的创造而成为君主，人们才能够判断亚当这样成为君主是否真实。因为“亚当自其创生就是君主”这一断言，虽然在任何意义上都不是真的，但却是作为从前面的言词中得出的明确结论而写在这里的。实际上，它只是一种简单的断定，这种断定与别的同性质的断定联系在一起，用一些意义含混的字眼坚定不移地拼凑在一起，看上去像一种论证，实际上却是既无证据又无联系。这是我们作者的一种惯用伎俩，我在这儿指出来以便使读者对此有所领悟，此后只要论证允许，我将对此不再提及。实际上，如果不是为着使人们明白，那些毫无证据的不相关联的东西和假设是如何用漂亮的文辞和看似有理的文体巧妙地堆砌起来，在未经审慎地考察之前，很容易被当作强有力的论据和完美的认识而蒙混过去，我在这里才不会对作者的这种手法花费笔墨呢。

第四章　论亚当因神赐予而享有主权

我们总算把上面一段话说完了，我们在那里花费那么多笔墨，倒不是因其论证和反驳多么有力，而是由于其字句的复杂与意义的模糊。现在我们开始研究他对亚当的统治权的下一个论证。我们的作者引用塞尔登先生的话对我们说："亚当根据上帝的赐予而成为万物之主，他自身本来没有这种个人统治权，一如没有他的赐予，他的儿女也不会有此种权利一样。"我们的作者认为，塞尔登先生的这个论断，"是与《圣经》的历史和自然的理性并行不悖的"。在他的《对于亚里士多德的评论》的序言中，他这样说："世界上最早的政府是一切人类之父的君主制，亚当因为受命繁衍人类，遍于地上，征服世界，具有对一切生物的统治权，所以成为全世界的君主；其后代除得到其授予、许可或通过对他的继承，没有占有任何东西的权力；《诗篇》的作者说：'他赐予人类的儿女以整个世界'，这表明君主的权力是由父亲的身份得来的。"

在仔细考察这个论点及其根据的《圣经》原文之前，必须要求读者注意，我们的作者按照其惯用的手法，在开头讲的是一个意义，但结论却变成另一个意义。在这里，他以"亚当根据神赐予的所有权或个人统治权"开始，而其结论却变成："这证明君主的称号是从父亲的身份得来的。"

让我们看一看他的论证。《圣经》的原文是："上帝就赐福他们，并对他们说，要多多生育，遍于大地，征服大地，也要管理海里的鱼、空中的飞鸟和各种各样在地上游荡的生物。"由此，我们的作者便得出结论说："亚当由于得到了对一切生物的统治权，所以成为全世界的君主。"这里的意思有两种解释：或者是说上帝这种赐予，给予了亚当对大地和一切低等的或没有理性的生物的所有权，或我们的作者声称的"个人统治权"，他因此成为君主；或者是说给予他包括其子女在内的对所有生物的支配和统治的权力，他因此成为君主。这二者必居其一。因为就如同塞尔登先生的恰当阐述：“亚当成为万物的共同之主，”人们能够很清楚地理解他的意思，他在这里仅仅承认了亚当的所有权，因此对亚当的“君主权”根本未置一词。然而我们的作者说，“因此亚当就是全世界的君主”，这实际上就是指地上一切人的高高在上的统治者，因此，亚当根据这个赐予，必定被立为这样一个统治者。倘若我们的作者不是这个意思，他完全可以更加清楚地说：“亚当因此是整个世界的所有者。”但是关于这点，我请求读者原谅他，清楚明白地说话，并不是处处都有利于他的目的，读者不能指望他像塞尔登先生或其他作者那样写得准确清晰。

因此，我指出下面几点，以便反驳我们的作者“亚当是全世界的君主”的理论：一是依照这个赐予，上帝并没有赐予亚当统治人类、统治其子女、统治其同类的任何直接权力，因此，他也并没有根据这种特许而成为统治者或“君主”；二是根据这个赐予，上帝给予他的是与一切人类相同的权利，而不是他对低级生物的“个人统治权”，所以他也不会由于这里给予他的所有权而成为“君主”。

首先，如果考察原文，我们就可以发现，这种赐予并没有赐给亚当对人类的权力。因为，既然所有确定的授予传达的东西都不会超出明文所表达的意思，那么现在就让我们来考察一下原文中哪些字句可以理解为人类或亚当的后代；如果有的话，我想一定是“各种走动的生物”，对于这些文字，《圣经》本身作了最好的阐释。上帝在第五天创造了鱼和鸟，第六天的开始，上帝创造了地上没有理性的生物，关于这些，《圣经·创世记》第一章第二十八节的记载是：“让大地生出生物，各从其类；地上的牲畜、爬虫、野兽，各从其类。”又说：“上帝创造地上的野兽，各从其类；牲畜，各从其类；以及一切爬行于地上之物，各从其类。”这里讲到创造地上兽类时，他先用“生物”这个一般意义上的名词表示它们的全体，其后又把它们分为三个档次：（一）牲畜，即已驯服的或可以驯服的动物，因此成为个别人的私有物。（二）在我们的《圣经》里被称作“兽”，在希腊文《旧约圣经》七十人译本里则译作“野兽”的字，在我们的经文中讲到对亚当的特许时被译为“生物”，当这种特许重新赐给诺亚时，所用的也是同样的字，那里，同样被译为“兽”。（三）第三级是爬行动物，这一段原文译作“走动”，而前面的章节里却译为“爬行”，希腊文《旧约圣经》七十人译本均译作“爬行动物”。由此可见，我们的经文关于上帝的赐予的翻译中使用的“走动的生物”一词，与创世的记载中一样，指的是两种陆栖生物，即野兽和爬行动物，希腊文的《旧约圣经》七十人译本的理解也是一样的。

上帝创造了世上的非理性动物，并据其居住地分成三种，即“海中的鱼、空中的鸟”和“陆地上的生物”，又将后者分为“牲畜、野兽和爬行动物”，做完这些之后，上帝开始考虑创造人类和人类对于陆地的统治权，然后统计这三界的生物；不过在陆地上他去除了第二级动物或野兽，但是当说到上帝真正实施这一计划并给予人类统治权时，《圣经》原文就提及了“海中的鱼、空中的鸟”以及用“野兽”和“爬行动物”来表示的地上生物，只是被译作“走动的生物”，并排除了牲畜。虽然一处省略了表示“野兽”的词，另一处省略了表示“牲畜”的词，但是既然上帝在一个地方确定地实施他在另一个地方宣布已经制订好的计划，我们就只能认为两个地方是一样的，这里只是为了说明，已经被创造出来、并在创造时业已分为“牲畜”、“野兽”和“爬行动物”三个等级的陆上的无理性动物，是怎样照着事先的设计，纳入人类的统治之下的。在这些语言中，找不出任何痕迹，可以勉强解释为上帝赐予一个人统治他人的权力，赐予亚当统治其后代的权力。

在《创世记》第九章第二节中，这一类话又再次出现，上帝重新把这种特许赐予诺亚和他的儿子们，上帝把对“空中的鸟”、“海中的鱼”和“陆地上的生物”的统治权给予他们。“陆地上的生物”是用“野兽和爬行动物”两个词表达的，与前述原文中译作“在地上走动的一切生物”的话一样，绝不能认为包括人类，因为这种特许赐予是给了当时生活着的全部人类，即诺亚和他的儿子们，而不是给其中的某些人，让他们去统治其他的人。紧接下去的词句更加清楚地表明了这一点，在那里，上帝把“一切走动之物”赐予他们作为食物。根据以上叙述，我们可以十分清楚地明白，上帝对亚当的赐予和他的指定，以及后来再给诺亚及其儿子们的赐予，其所指的和所包含的，正好只能是他在第五日和第六日的开头创造出的东西，即地球上一切种类的非理性动物，尽管在创造它们的历史记载中，用来表达它们的所有名词，在以后的任何一次赐予中都没有全部用过，不是这个地方省略了这些词，就是那个地方省略了那些词。因此，毫无疑问，我认为人类不能包括在这个赐予中，亚当也没有被赋予统治他自己同类的任何权力。陆地上的一切非理性的生物被创造出来时，全部被列入“地上的兽”、“牲畜和爬行动物”的名下；但是那时人类还没有被创造出来，因此不被包含在这些名词之内，无论我们对希伯来文的理解是否正确，都不能够认为，在创世史和接下来的文句中，这些词句包括人类。如果一定要认为希伯来文的“一切走动之物”一词，在上帝给亚当的赐予中包括了人类，就显然和《创世记》第六章第二十节，第七章第十四节、二十一节、二十三节，第八章第十七节和十九节的说法互相抵触了。如果按照作者的想法，上帝通过把对地上一切走动的生物的统治权给予亚当，使整个人类成为亚当和他的后代的奴隶，那么，我认为罗伯特爵士完全有理由把他的君主权力再加大一些，使人们相信君主还可以吃掉其臣民，因为上帝给予了诺亚和他的后代食用一切走动之物的充分权力，如同他把统治他们的权力给予亚当一样。在希伯来文中，这两处的用词是一样的。

我们可能以为大卫理解了这段文字中上帝的赐予，也理解了君主的权力，与我们的作者对这个地方的理解比起来毫不逊色，如同博学和明断的恩斯卫斯称呼它的那样。他在《诗篇》第八篇中没有找到这种对君主权力的特许。他是这样说的：“尔把他”——即人类以及人类的子孙——“造得比天使低一点，尔派他管理尔手造之物，使万物，就是一切的牛羊，田野的兽，空中的鸟，海中的鱼，凡经行海道的，都服属在他的脚下。”如果有人能够发现，在这些话中，除了有全人类统治低级生物的权力外，还包含一个人对于其他人的君主权力的意思，那他或许可以由于这个罕见的发现而称得上是一个罗伯特爵士所谓的“外表上的君主”了。上帝给亚当的“对一切在地上行走的动物的统治权”，并非给他以统治自己同类的君权，到此为止，我希望这个问题已经清楚了。关于这个问题，在下面我要指出的第二点中，将有详论。

其次，不管上帝在这个赐予的语句中给予了什么，他也不是单独地垂青亚当而把其他人排除在外，所以不管亚当在这里取得了什么样的统治权，都不能是一种个人统治权，它只会是一种和其他的人们共享的统治权。从原文的字句中清楚地表明，这个赐予没有单独给亚当，它没有只赐给一个人，因为它是用复数说出来的：上帝祝福“他们”，对“他们”说享有统治权。上帝对亚当和夏娃说他们享有统治权；我们的作者却由此说，亚当是世界的君主；但是因为这个特许是给他们，即也是对夏娃说的，正如许多解释者有理由认为的那样，这些话是亚当有妻子之后才说的。那么，就像亚当是世界的君主一样，难道夏娃不也因此是世界的女王吗？如果有人说夏娃从属于亚当，那这种从属似乎不至于妨碍她对万物的统治权或所有权。上帝给两人的共同赐予，难道却只能一个人独享吗？

不过，也许有人会说，夏娃的被创造是后来的事。即便如此，我们的作者从中又能得到什么好处呢？经文更为直接地与他针锋相对，并且指明，在这个赐予中，上帝把世界给予了全体人类，而不是特别给亚当个人。原文中的“他们”一词必定包括人类，因为“他们”不可能单指亚当一个人。在第二十六节的叙述中，上帝宣布了他打算给予这个统治权的想法，显然是说，他想创造一种生物，这种生物应该对这一地球上的其他生物享有统治权。经文上的话是：“上帝说，让我们模拟我们的形象和外貌来造人吧，让他们对鱼……享有统治权。”“他们”于是享有统治权了。他们是谁呢？就是上帝正要创造的那些形象如同上帝的人的种类中的一切个人；因为如果“他们”这个词仅指亚当，而不包括其他同时在世上的人们，就违反了《圣经》和一切理性。而且，如果这节中前一部分的“人”与后一部分的“他们”，不是同一含意，那也是说不过去的。我们要像通常一样，把那里的“人”视为人类，并把“他们”视为人类中的全部个人——正是在这段原文里，我们发现了这个理由。上帝“按他自己的形象和外貌”创造人类，使其成为一种有智力的生物，并因此具有统治的能力。无论上帝的形象存在于哪里，智力的特性都当然是它的一部分，并且属于整个人类，使他们有能力对低级动物进行统治；所以在前引的《诗篇》第八篇中，大卫才说：“尔把他造得比天使低一点，尔使他具有支配之权。”大卫在这儿所讲的是人、人的子孙、人的族类，绝不是亚当个人。

这个对亚当所说的赐予，是对他和全人类的，从我们的作者引自《诗篇》的证据中，也能看清楚这一点：“《诗篇》作者说，‘上帝把地上的世界给予人类的子孙’，这话指明这个权利是从父亲的身份得来的。”这是前面所引的序言中罗伯特爵士的话。他从中得出奇怪的结论：上帝把地上的世界赐给人类的子孙，因此，这权利是从父亲的身份得来的。遗憾的是，希伯来文的恰当用法，是用“人类的子孙”而非“人类的父亲”表示人类，事实上，我们的作者很有可能是从字音上得到了支持，把这权利归功于父亲的身份；但是因为上帝把地上的世界给予人类的子孙，就得出结论说，由于父亲的身份才得到了对这个世界的权利，作者这种论证方法未免太奇怪了吧。人们必须聪慧超群，从与词不达意的声音和意义的反面去把握，才能够搞明白这层道理。但是它的意义却更加晦涩，离我们作者的目的更加遥远。因为在序言中，他只是要证明亚当是君主，他的推论是：上帝把地上的世界赐予人类的子孙，所以，亚当是世界的君主。我敢说，在能够证明人类的儿女指的就是那个无父无母的亚当之前，没有任何人能作出比这个更荒谬、更滑稽以致无法原谅的结论来。但是不管我们的作者怎样说，《圣经》是不会胡言乱语的。

为了维护亚当的这种所有权和个人统治权，我们的作者试图在下一页里摧毁《创世记》第九章第一、二、三节赐予诺亚及其儿子们的社会，他从两方面进行此种努力。

首先，罗伯特爵士明目张胆地直接违反《圣经》原文，并力图让我们相信，这里赐予诺亚的东西，并不是同样也赐予他的儿子们。他是这样说的："至于塞尔登先生想要赐给他们的诺亚和他的儿子们之间的社会，在《圣经》中根本找不到根据。"圣经的这段文字简单明了，只有唯一的一种解释，如果它还不能使我们这位自许完全以《圣经》为根据的作者满意，那他究竟想要什么样的证据，那真是难以想象了。经文说："上帝祝福诺亚和他的儿子们，并对他们说"，按我们的作者的意图，应该是"对他说"，因为这位作者说："尽管在祝福时同时提到儿子们和诺亚，但最好理解为从属，或继承。"在我们的作者看来，最能服务于他目的的解释才是最好的解释；但对别人来说，与原文句子结构一致，而又来源于其明显意义的解释才是最好的解释；把上帝在他的赐予中自己没有表达，也没有提及任何这一类限制的话，理解为从属或继承，不是最好的解释。然而，我们的作者又举出最好这样解释的其他理由。他接着说："如果儿子们在父亲之下或身后，享有个人统治权，这个祝福确实可以实现。"这就是说，以明确文字给予现在的共同权利的赐予（因为原文说，"把它们都交到你们手里"），最好理解为具有从属或继承之意，因为在从属或继承的情况下享有这种权利是可能的。这就相当于说，对现在拥有的任何东西的赐予，最好理解为继承的权力，因为一个人活着继承它是可能的。假使真的是把这种赐予给予一个父亲和他的儿子们，而父亲又非常仁慈，让儿子们和他同享，那人们真的可以说，在这件事情上两种情况完全一致，但是如果认为明文赐予共同享有的占有权是指将来可以继承的权力，那是完全错误的。他的全部推理的结论等于告诉我们，上帝不曾同时把世界赐予诺亚和他的儿子们，让他们共享，因为他们在父亲之下或身后可能享有它。这真是一个与《圣经》原文针锋相对的绝妙论证！但是，如果上帝自己想做的事情与罗伯特爵士的假说有矛盾时，哪怕是上帝亲口说过的话，他也必定是不相信的。

非常明显，不管罗伯特爵士如何把他们排除在外，在这段祝福中他解释为继承的那一部分是许给儿子们的，而绝非许给诺亚自己的，这一点确信无疑。在这次祝福时，上帝说："尔们要生育众多，布满大地。"这一段祝词，联系上下文便可以明白，与诺亚本人毫不相关，因为我们没有看到过他在洪水之后生过儿女的记载，在下一章计算他的后代时，也不曾提到这一点，因此，这种表示继承的祝福，要到三百五十年以后才能发生，为了挽救我们作者所想象的君主制，世界上人类的繁衍也就只好推迟三百五十年。因为除非我们的作者说，诺亚的儿子们非要得到父亲的许可，才能和他们的妻子同居，否则祝词的这个部分就不能解释为含有从属的意义。但是，在我们作者的一切论著中，在这一点上都是始终不变的，他最关心的是世界上应当有君主，却不大在意有没有人民。他的这种统治术，绝不会是有利于世界上人类繁衍的办法。因为从现在那些幸运地听命于土耳其政府的辽阔和富有的国家情况，就可以看清绝对君主制能够在多大程度上帮助实现万能上帝的这一重大首要祝福："尔们要生育众多，布满大地。"当然，这里面也包括艺术、科学和生活设施等方面的改善。现在上述地区的人口不到古代的三分之一，甚至在许多地方——即使不是大多数地方，不到三十分之一，我甚至还可以说不到百分之一。只要人们把现在那些地方的记载和古代的历史稍做比较，就不难发现这一点，于此很快我还要论及。

这个祝福或赐予的别的部分，表述得更加明确，以致必须被理解为属于诺亚的儿子们，而且没有从属或继承的意义，与对诺亚本身一样广泛和平等。上帝说："使一切的兽类都害怕和畏惧你们……"除了我们的作者之外，没有任何人会说，兽类只害怕诺亚一个人，如果没有得到他的许可或他不死，它们就不害怕他的子孙。上帝接下来的话是："我把它们都交在你们的手里。"这是否要按我们作者所说的那样被理解为，如果你们的父亲愿意，或者要等以后才把它们交付给你们呢？如果这就是按照《圣经》的论证，我不知道还有什么不能用《圣经》来加以证明，我实在不明白这与虚构和幻想有什么分别，我也难以看出，它证明的根据，比起我们的作者在他的序言中横加指责的哲学家和诗人们的看法来，在多大程度上更为准确可信。

然而我们的作者继续证明说，"最好理解成含有从属的意思，或解释成继承的祝福"，因为他说，"上帝给予亚当的，并根据亚当的赠予、指定或转让而给予他的儿子们的个人统治权是不可能取消的，诺亚和他的儿子们共同拥有所有东西也是不可能的。诺亚是世界留存的唯一继承人，为什么会有人认为上帝会夺走他生而享有的继承权，并使他在世界全体人类中成为与他的子孙们平等的唯一占有者呢？”

我们自己那些根据不足的偏见，无论我们怎样说它是可能的，都不能给我们以权利违反原文简单而明确的意义去理解《圣经》。我承认，在这里，亚当的个人统治权被取消是不大可能的。这是由于它是超过不可能的事，因为我们绝不能对它加以证明。因为《圣经》的一些类似的地方，最大可能地使我们明白如何最好地理解它们，只需比较一下洪水之后给予诺亚和他的儿子们的祝福词与创世后给予亚当的祝福词，任何人都会确信，上帝不曾给予亚当那样的个人统治权。我承认，在洪水以后，诺亚是有可能享有名号、所有权和统治权的，这与亚当在洪水以前拥有的相同，但是，个人统治权与上帝给予诺亚和他的儿子们共同拥有的祝福和赐予并不一样，这个充分的理由足够使人得出结论：亚当没有这类个人统治权，尤其是在给他的赐予中没有词句表示这一点，或至少支持这一点的情况下。既然在《圣经》中的一个地方，没有一个字加以肯定，更别说上文已经证实了（原文自身证明与它相反），在另一个地方，文字和意义都与它直接相反，那我只好让读者自己判断，罗伯特爵士的理解是否是最好的理解。

但是，我们的作者说：“诺亚是人类唯一的继承人，为什么有人竟认为上帝会剥夺他生而有之的继承权呢？”不错，在英国继承人是指长子，根据英国法律，他享有他父亲的全部地产。但是上帝在什么地方指定过任何那样的“世界的继承人”，上帝又是如何“剥夺了他生而有之的继承权”，或者如果上帝赐给诺亚的儿子们使用一部分土地的权利，以养活他们自己和家庭，会对诺亚有什么损害？因为当时全部世界只供诺亚一人之用已大有余地，就是全体儿子们共同使用也仍然取之不尽，一方的占有根本不会妨碍另一方占有或使用。对于以上诸问题，我们的作者最好能给我们一些指示。　我们的作者或许已经料到他的这种诱使别人使之糊涂起来的伎俩不大可能成功，而且无论他说什么，人们还是更加容易相信《圣经》上那些简单清晰的文字，并且根据他们所看到的，认为上帝的赐予是一并对诺亚和他的儿子们说的。于是他努力作出暗示，好像对诺亚的赐予并不包括所有权和统治权，因为征服地上世界和统治生物在那里都没有引起注意，地上世界根本没有被提及。因此，他说：“这两处经文差别极大。第一次祝福把对地上世界和一切生物的统治权给予亚当，后来的祝福则允许诺亚拥有取食生物的自由。在这里，他对万物的所有权没有变更或减缩，而只是扩大了他的使用范围。”因此按我们作者的理解，这时对诺亚和他的儿子们所说的全部言语，并没有给予他们统治权或所有权，而仅仅将使用的范围扩大了。我应该说是“他们的”使用范围，因为上帝说“这一切我都给予你们”，但是我们的作者却说是“他的”，于是根据罗伯特爵士的规定，诺亚的儿子们，只要他们的父亲活着，就一定得以禁食度日。

在给诺亚和他的儿子们的祝福中，只看到扩大了使用的范围而看不见什么别的东西的人，除我们的作者以外，都会被怀疑是昧于偏见。因为，对于我们的作者认为是被剔除了的统治权而言，我以为，上帝所说的“我使一切兽类都害怕和畏惧你们”就表明了统治权，或者指定了人类对其他生物的最大可能的优越地位。因为在这种“害怕”和“畏惧”之中，似乎主要意味着把高于低级动物的权力给予亚当，不管亚当是什么样的一个绝对君主，他也没有胆量为了充饥与一只云雀或兔子搏斗，而只能跟兽类一样去吃草本植物，《创世记》第一章第二节、第九节和第三十节，清楚地表明了这一点。在接下来的一个地方，这一点得到了明确的证实，这次给诺亚和他的儿子们的祝福中，不仅明确表述了所有权，而且比给予亚当的范围还要大。上帝对诺亚和他的儿子们说“我把它们都交到你们的手里”，这如果不代表给予所有权——不，是占有权，那就很难找出能够表示这个意思的语言了。因为没有一种比“交到他们的手里”更自然、更确切的方式，来表示一个人对一件东西的占有。为表明他们已被授予人类所能拥有的最大可能的所有权，即对任何东西都有因使用它而损耗它的权利，上帝说：“凡活着的走动之物，都可以作你们的食物。”而亚当就没有得到这种特许。这一点，我们的作者称之为“利用它们作为食物的自由，它只是使用范围的扩大，而不是变更所有权”。真是很难理解，除了“使用它们的自由”，人类在动物身上还有别的什么所有权。因此，如我们的作者所说，若第一次祝福“把对生物的统治权给予亚当”，而对诺亚和他的儿子们的祝福，是赐予他们“利用它们的自由”——这是亚当所没有的，那么，给予他们的肯定是某种具有全部主权的亚当所没有的东西，它很易于被人们当作是一种更大的所有权；因为，亚当的确对于野兽没有绝对的统治权，而且对于它们的所有权也是狭窄和有限的，不能随意使用它们，就像上帝许可给别人那样。如果一个国家的绝对君主，命令我们的作者去“征服这地上世界”，给予他对世界生物的统治权，但不准他从羊群中拿去一只小山羊或小绵羊当作食物，那么我估计他绝不会把自己看成是那个地方的或那个地方牲畜的主人或所有者，他懂得一个牧羊人所具有的支配权和一个所有者所具有的完全所有权之间的区别。因此我相信，如果这是罗伯特爵士自己的处境，那他一定会认为这里有一种变更，更确切地说是一种所有权的扩大，并且会认为根据这处特许，诺亚和他的儿子们不仅得到了被给予的所有权，而且也被给予了对生物的所有权，这种所有权亚当是没有的。因为就二者之间的关系而言，人类可能被允许对生物的某些确定的部分享有所有权，然而就创造天地的全世界的唯一主人和所有者的上帝而言，人类对生物的所有权只是“利用它们的自由”，这是上帝允诺过的。所以，人类的所有权在洪水过后可以被变更和扩大，如同我们在这里看到的一样，一些以前禁用的现在也被允许使用了。根据以上论述，我认为，显而易见，亚当和诺亚都不具有任何“个人统治权”，也没有任何不包括他的后裔对生物的所有权，他的后裔只能在长大成人而需要它们和有能力利用它们时，才得到这种权利。

关于我们的作者根据上帝所宣布的祝福词作出了亚当享有君权的论述，到此为止，我们都仔细地考察过了。我相信任何有头脑的读者，在那里所看到的无非是在我们这个可居住的地球上人类的位置被提高到其他种类的生物之上，此外，不可能再有别的收获了。这仅仅是给予了作为地上主要居民——代表他创造者的形象——的整个人类对其他生物的统治权。在《圣经》浅显的文字中，这个意思是那样一目了然，以致除了我们的作者之外，任何人都会觉得没有必要去证明，这些似乎表达完全相反的思想的文字怎样给予亚当统治人类的绝对君主权，或者对全部生物的唯一所有权。我认为，在这样一件重要的事情上，也就是他要把整个下文建于其基础之上，应当做更多的论证，而不能只是简单地引用一些明显同他的意思相反的文字。我承认，在这些文字中，我找不到任何蛛丝马迹倾向于“亚当的君权或个人统治权”，我只能发现完全相反的东西。我绝不悲叹自己对这一点理解的迟钝，因为我发现使徒和我一样，好像对于亚当的任何这样的个人统治权都没有概念，他说：“上帝给予我们丰富的东西，供我们享用。”如果一切东西都早已交给了君主亚当、继承的君主们及其子孙与继承人，那他就不会这样说了。由此我们可以得出结论说，这段经文远远不能证明亚当是唯一的所有者，相反，它进一步证实，人类中的所有东西最初都是共有的，上帝的这次赐予表明了这一点，《圣经》的其他文字也一样表明了这一点，因为没有任何支持它的基础，建立在个人统治权之上的所谓亚当的主权，必然是不能成立的。

然而，如果有人执著地坚持，认为根据上帝的这个赐予，亚当成为全世界的唯一所有者，那么，这与他的主权又有何干？对土地的所有权，哪怕是对全世界土地的所有权难道就能给予一个人支配另一个人生命的至高无上的权力吗？更加荒唐、更加似是而非的观点是：他是全世界的所有者，如果其他人不承认他的主权、不顺从他的意志，他可以不给他们食物，因此可以随心所欲地饿死它们。如果这是真的，那倒是一个用来证明从没有过这样的所有权，上帝绝没有赐予过任何这样的个人统治权的很好论据；下面的想法反而更加合理一些：命令人类生育繁衍的上帝，他自己就应该给予全体人类这种利用食物、衣物和别的生活必需品的权利——他已为他们提供了这些东西的非常丰富的原料——而绝不会使他们的生存服从于一个人的意志，这个人有权随意全部毁灭他们，而由于他并不比别人更出色，会更易于因为困乏和只靠微薄产业维生而强迫其他人去干苦力，不会给予他们生活必需品，以促进上帝要人类“多生多育”这一伟大计划的实施。谁要不相信这一点，就让他考察一下世界的绝对君主国，看看在那里的生活用品和民众变成什么样子了。

可是我们知道，上帝从来不曾让一个人听凭另一个人的虐待，甚至于只要别人愿意，可以将他饿死。上帝，人类的主人和父亲，不会给予他的任何一个儿女对这个世界上特定的东西这种所有权，但为了防备他贫困的兄弟急需时遭到不正义的拒绝，他却给了他们享用他的剩余财物的权力。所以一个人不能够凭着对土地的所有权或财产权而获取对其他人的生命的正当权力，因为有财产的人如果不愿从其丰足的财物中拿出来救济贫困，使他们免于饥馁，将是一宗永久的罪恶，就像正义使每个人都有权享受他正直勤劳的果实和祖先传给他的正当财物一样，在没有别的办法生存时，为免于极端困苦，“仁爱”也有给予每个人一种取得他人丰富财物中一部分的权力。一个人如果趁火打劫，利用这个机会拒绝上帝要求他提供给贫困兄弟的救济，并强迫他们做自己的臣属，是一种不义之举，不亚于一个身强力壮的人袭击一个弱者，拿匕首指着他的咽喉，以当奴隶或死亡相逼，使其臣服。

即便有人如此滥用上帝慷慨地赐予他的祝福，即便有人残酷恶毒达到那样的极点，但是所有这些仍然不能证明土地的所有权，纵使这个例子给人以控制别人人身的权力，但也只有契约才可以做到这一点。因为富有者的权威和穷困乞丐的附属地位，并非由主人的所有权开始，而是由穷人的同意开始，这些人宁愿做主人的臣仆而不想被饿死。他这样服从的那个人，只能根据契约，在他同意的限度内对他拥有权力。形成这种情况的基础是：有人在物资奇缺时代积蓄颇丰、口袋里装满钱、在海上行船、能够泅水等等，这些都和成为世界一切土地的所有者一样，成为支配和统治的基础，因为上述这些东西中的任何一项都足以使我拯救另一个人的生命，我若拒绝给他这种援助，他就会死去。根据这个原理，如果任何一种东西能满足他人保全生命之所需或能保护他人极为宝贵的任何东西，以使他拿自由作代价，这样的东西就都可以成为主权或所有权的基础。上述一切清楚地表明：即使上帝已把个人统治权给予亚当，但这种个人统治权也不能给予他主权，而我们已有充分的依据来证明：上帝并没有让他拥有这种个人统治权。

第五章　论亚当因夏娃从属于他而享有主权

在《创世记》第三章第十六节，我们发现，我们的作者还以它作为他的亚当君权说的根据，原文写道："你必恋慕你的丈夫，你的丈夫必管辖你。"作者说："这里，我们有了政府的第一次授予。"在那一页的下面，他就由此作出结论："最高的权力在于父亲的身份，它限于一种形式的政府，即君主制。"无论他的前提是什么，结论只有这一个；只要任何经文一出现"统治"，便马上根据神权建立起"绝对君主制"。任何一个人只要好好看看我们的作者基于这些话的推论，并且考察一下，他在其他一些问题中加进去的"亚当的支脉和后代"这句话，就会发现，要弄明白他所说的意思是有一些困难的；但是我们现在先暂时抛开他特殊的写作方式，先考察一下手头经文的确切意义。经文上的这些话是上帝在诅咒女人，因为她是最早又最激烈地违反意旨的人。这里，让我们思考一下上帝对我们初祖说话的前提——因为他们的不服从行为，他宣布了他的判决和表达了对他们两人的愤怒——我们就不能假想上帝这时是给亚当特权和特许、授予他尊严和权威，提高他以拥有统治权和君权；因为即使夏娃作为诱惑者和违规的同谋被置于亚当之下，而亚当由于她受到较重的惩罚才偶然地取得了优越于她的地位；但是他在"堕落"，即在原罪中也难逃其责，下面的经文也告诉我们他的地位也是被贬低了的；所以，难以想象上帝竟然会在使他成为全人类的普遍君主的同时，又使他成为终生的劳动者；把他赶出乐园去"耕种土地"，而同时又给他王位和绝对权威的所有特权与舒适生活，会有这种事吗？

所以在这种情况下，亚当是不可能希望被他激怒了的创造者给他任何恩宠和任何特权的。即使像我们的作者告诉我们的那样，这就是"最初的政府授予"，而亚当变成了罗伯特爵士让他成为的那种君主，那也很明显，上帝仅仅只是让他成为一个可怜巴巴的君主，一个连我们的作者自己也不会看作有什么大的特权的君主。上帝吩咐他去做工来维持生活，似乎也只是交给他一把锄头去征服土地，而不是交给他一个节杖去治理地上的居民。上帝对他说："你必须汗流满面才得糊口。"也许会有人回答说，这是无法避免的，因为当时他还没有臣民，没有人为他工作；但是后来他活了九百多年后，应该有了足够的民众，他可以命令他们为他工作了，然而上帝这样说："不，除了你的妻以外没有别人帮助你，而且你只要活在世上，就要靠自己的劳动生活"，"你必须汗流满面才能糊口，直到你归了土，因为你来自于土，你本是尘土，仍要归于尘土。"也许又有人支持我们的作者而回答说，这些话并非对亚当个人说的，而是把他看作全人类的代表，这是上帝对人类的惩罚，人类因为堕落（原罪）而得到了这种惩罚。

我相信上帝讲话不同于人类，因为他讲话更富于哲理，更为真实；但当他愿意对人类说话时，我认为他不会说不同于人类的话从而破坏人类习惯上使用的语言规则。如果他屈尊对他们这样讲话，也不会使他的理解能力降低到如人类一般低微，而是因为他不用这种方式说话，人们就不能理解。不过，如果一定要为支持我们作者的学说而把对《圣经》所做的注解当作正确，我们便只得承认上帝是这么讲话的，因为依照语言的惯用规则，我们很难理解上帝所说的是什么——如果他在这儿用单数对亚当说的话，一定要理解成是对全人类说的；用复数说的话，一定要理解成是对亚当一个人说的，不包括其他所有人；而他对诺亚及其儿子们说的话，又一定要理解成是只对诺亚一个人说的。

需要进一步注意的是，这里所引用的《创世记》第三章第十节的话，即我们的作者视为对亚当讲的"最初的政府的授予"这些话，并不是对亚当说的，也没有授予亚当任何特许的意思，而只是对夏娃的一种惩罚。假如我们把它理解为是专门对夏娃所说的话，或对以她为代表的所有其他女人所说的话，那么它们最多也只是与女性有关，其中所含之意也无外乎女人们通常应有的对丈夫的服从，但是如果她的条件，或她与丈夫的契约使她从这种服从中解脱出来，那就不能说这里有强迫妇女接受这种服从的律令，就好像如有避免生育儿女痛苦的办法，也不会有什么法令强迫她一定要接受这种痛苦，而这一点也是降临于她的同一诅咒的一个部分。原文整个一节是这样的，"又对女人说，我必多多加重你怀胎的苦楚，你生产儿女必多受苦楚，你必恋慕你的丈夫，你的丈夫必统辖你"。我相信要想从这些话中找出许给"亚当以君主制政府"的授权，除了我们的作者之外，无人能够做到，因为这话既不是对亚当说的，也不是说他的。我猜想，也没有谁会根据这些话认为女性因为一项法律而应当服从这话中所包含的诅咒，从而使她们有不去努力避免痛苦的义务。是否有谁会说，如果夏娃或别的任何一个妇女在产床上没有遭受上帝在这里威吓她的那多种多样的痛苦，就是犯罪呢？或者，如果我们的女王玛丽或伊丽莎白同她们的某一个臣民结婚，根据这段《圣经》的规定，她们在政治上就要服从他呢？或他因此就有对她的“君主的统治权”呢？在这段经文中，据我看来上帝并没有给予亚当任何支配夏娃的权威，也没有给予男人支配其妻子的权威，而只是预言了女人所应遭受的命运，也就是预言了根据天命她必须服从她的丈夫，正如我们人类的法律和各国的习惯，它们一般也都是这样规定的。我认为，这一点是具有某种自然的基础的。

例如，当上帝谈到雅各和以扫时说：“将来大的要服侍小的。”没有谁以为上帝这样说是使雅各成为以扫的君主，而只是预告将来事实上要发生的情况罢了！

可是，如果这里对夏娃讲的这些话，一定要理解为是一条法律，用以束缚她和其他所有女人而使其处于从属地位，那这种从属不是别的而只能是每个妻子对于她丈夫的服从。假如这就是“最初政府的授予”和“君权的根据”，那么，世界上有多少丈夫就会有多少君主。所以，如果说这些话给予了亚当什么权力的话，那只能是一种婚姻上的权力，而不是政治权力，这种婚姻权力就是：作为财产和土地的所有者，丈夫有权在家庭中处理有关的私人事务，在所有关系到他们共同利益的事情上，丈夫的意志比妻子的意志优先；但是，这种权力绝不是那种对妻子有生杀之权的政治权力，就更谈不上对其他人的权力了。

以上观点的论述，我十分自信。如果我们的作者要使这段原文成为一种“授予，最初政府的授予”，一种政治性质的政府，那他应该以更充分有力的证据加以证明，而不能只是简单地说，“你必恋慕你的丈夫”这句话就是一条法律，如果依据这条法律，夏娃和她生出的一切人都应服从亚当和他的继承人的绝对君权。“你必恋慕你的丈夫”一语，意义是那样含糊，《圣经》注解者们的解释是那样不尽相同，以致不能当作可靠的根据，在一个如此重大并关乎全局的事情上更应谨慎从事。但是，我们的作者根据他的写作方法，只要一提出原文，就不假思索地断定原文的意义就是如此，恰如他所论证的那样；只要一出现“治理”或“臣民”这些字眼，不论其在正文里或是在页边上，那它的意思马上就变成了臣民对其君主的义务，关系也为之改变了；虽然上帝说的是“丈夫”，罗伯特爵士却偏偏要把它说成是“君主”。尽管《圣经》一字未提，我们的作者也没有拿出任何证据，但是亚当却马上有了对于夏娃“绝对的君权”，而且不单单是对于夏娃，甚至对于“由她生养的一切人”，也有了这种君权。不管怎样，亚当都必须是一个绝对君主，从第一章直到本章末尾都是这种说法。因为经文中非但未提到“君主”，也从未提到“人民”，除了夏娃的从属即一个妻子对她丈夫的从属外，一字未提什么“绝对的”或“君主的”权力，所以我没有提供证据，证明我所说的这段经文并没有给予亚当我们的作者所设想的那种“绝对君主权”，我希望读者自己思考一下，我的简要叙述是否已经足以摧毁我们的作者用他的简单断语所树立的那种权力。尽管有人能够简短和充分地回答他所写下的绝大部分根据，并且用纯粹的否认就足以把他驳倒，但他还是会采取我的上述方法的；对于没有根据的断言，不举出理由加以否定，就是充分的答复，因此如果我什么都不说，而只是简单地否认我们的作者明显在同一页书中由这些话得出的结论，即根据《圣经》原文，上帝自己已经把“最高权力”授予和建立在父亲的身份上，规定其为君权，并将它赐给了亚当本人及其继承人，那么这已经是一种充分的回答。如果我请求任何一个头脑清楚的读者读读原文，并考虑一下，这些话是对谁和在什么场合讲的，他一定会觉得奇怪，我们的作者要不是具有超常的能力，能够从不能指给别人看的地方自己找出来，那他又怎么能从里面找出绝对君权来呢。到此为止，我们已仔细考察了《圣经》的两处原文，那是我所能记起的、我们的作者用来证明那种“最高地位”的两处，他说，这种权力“应当由亚当无限制地使用，并且应该大到任凭他的意志来决定，这是上帝的决定”。实际上，这两处原文，其中一处只是指人类对低级动物的统治，另一处则是指丈夫对妻子的支配，这两个地方与政治社会中君主对臣民的统治比起来，是何其遥远啊！

第六章 论亚当因父亲身份而享有主权

在说完下面一点之后，我认为，我就已经把我们的作者拿来证明亚当的主权的全部证据尽呈诸君面前了，我要说的是父亲仅因是其儿女们的父亲就拥有一种统治其儿女的自然权力这一假设。我们的作者是如此地喜欢这个“父亲身份”的权利，几乎没有一页不提到它，并且特意指出，“不仅是亚当，而且他以后的先祖们，根据父亲身份的权利也都拥有对他们的子女的主权”。他又在同一页上说“这种孩子们的服从是一切君权的基础”等等。因为他那样频繁提到这一点，人们就会认为这就是他博得盛名的主要基础，我们本来可以期待他会列举明确的理由对此加以证实，因为他把它作为达到他的“所有人都非生而自由，因为他一出生就成为他父亲的属下”这一目的的关键论点。那么，既然亚当是神造的唯一一个人，以后所有的人都是生出来的，就没有谁是生而自由的，如果我们问亚当怎样获取这种统治他的子女的权力，他就会说，这是因为他们是他生出来的，他又说，可以用格老秀斯自己的话证明“亚当的这种自然统治权”，格老秀斯教导说：“生育是父母获得对子女权力的理由。”的确，生育行为是使一个人成为父亲的行为，他对儿女的父亲的权力，自然只能从父亲的身份中得来。

在这个地方格老秀斯没有告诉我们这个父母对于他们的儿女有多大的权限，但是在这一点上，我们的作者却总是很清楚的，他向我们保证它是“最高权力”，与绝对君主对于他们的奴隶所拥有的权力一样，是一种生杀予夺的无限制的权力。若有人要他提供生一个孩子是怎样或为什么给予父亲那样一种绝对权力的依据，我们的作者就不会给出任何答复，我们只是要相信他在这里所说的和其他几处所说的是一样的。自然法则和政府宪法的创建与取缔都必须根据他的话来决定。如果他是一个绝对的君主，这种说法可能非常合适；因为“基于意志的理由”在那里是被允许的，但作为证实和论证，却只能是一种为绝对君主制辩护的拙劣手段，罗伯特爵士要光空话连篇，很难建立起绝对君主制来；一个奴隶的毫无根据的意见没有足够的份量取消全人类的自由和幸福；虽然不像我想的那样，一切人生来是平等的，但我确信，一切奴隶天生都是平等的，因此我就可以谦恭诚实地用我个人的意见来反驳他，并且深信，我所说的生育儿女绝不会使儿女们成为父亲的奴隶，而会使全人类都享有自由这一观点是确定无疑的，就像我们的作者信奉相反的论断即认为生儿育女使整个人类变成奴隶一样。但是，这是主张君权神授学说的全部基础，为了尽可能公正地对待它，让我们来看看别人对此提供了什么证据，因为我们的作者没有提供任何证据。

据我所知，别人为了证明父亲因生儿育女而获得对他们的绝对权力，而作了如下论证："父亲给予儿女生命和存在，所以父亲对于他们的子女的生命有所有权"，这是唯一能够作出的论证，因为，任何人对从来不属于他的，也不是由他给予别人的，而是因为别人的慷慨赠予而得的权力不属于自己的东西，自然没有理由要求什么权利。我的答复是，第一，给别人东西的人不一定总是因此有权取回这东西。第二，被君权思想冲昏头脑而说是父亲给予他的子女们生命的那些人，忘记了上帝才是"权威和生命的授予者"，正是因为他，我们才得以生活、行动和生存，这是他们不该忘记的一件事实。一个不了解自己生命构成的人，怎么会认为是他给别人以生命呢？哲学家们曾经孜孜不倦地做过研究，但对此仍然一片茫然，解剖学家们穷其一生进行解剖研究并研究了人的身体之后，也承认他们对于人类身体许多部分的构造与用途不了解，也不能回答整体来说生命是怎样起作用的这个问题。那么，难道没有文化的庄稼人或不学无术的纨绔子弟能够创造或制成像人这样奇妙的机器，然后把生命和意识灌注其中吗？能不能理解为他创造了他的子女的生命所必需的每一部分？或者能不能是他自认为给予了生命，却不知道什么主体适于接受生命，也不知道哪些动作或器官对于接受或保持生命是不可或缺的？

让一个生物将其各部分组装起来，使之与它们的用途相适应，并且在把它们组装完毕之后，将一个活生生的灵魂赋予它们，这就是所谓把生命赋予不存在的东西。能够这样做的人，也许真的有权力毁灭他自己的作品。但是，有没有人会狂妄和自我膨胀到这样的地步，竟称自己能够完成万能的主的奇妙非凡的工作？唯有万能的主才能最先和不断创造活的灵魂，只有他自己才能使生命的气息流动起来。如果有人认为自己是这样一个能工巧匠，那么请他把他所制造的孩子身体上的各个部分一一指给我，告诉我它们的用处和功能，这个奇怪的构造何时产生了生命和理性的灵魂，何时开始有了感觉，以及他所造成的这架机器是如何思想和推理的。假如真是他制造了这架机器，就请他在它有毛病的时候去修理，或者至少指出问题出在什么地方！《诗篇》的作者说："难道造眼睛的是盲人吗？"这些人是多么虚荣啊！上帝才是一个智慧无边的创造者，仅仅一部分的结构已足以使我们对此深信不疑，和他的作品一样，他完全有理由享受《圣经》里对上帝的一种普遍的称呼——"我们的创造者上帝，我们的创造主"。我们的作者为了强调他所谓的"父亲的身份"的论点，特别喜欢说"即使上帝自己也是基于父亲的身份的权利对人类行使权力的"，但是这种父亲的身份与人间父母的一切权力却有着天壤之别；因为上帝能够被称作是创造之主，在于的确是他创造了我们所有人，而所有父母却不能自居为其儿女的创造者。

但是，如果人类有创造自己儿女的技巧和能力，那也不是一件简单的手艺，简单到可以想象他们能够不必预先设计就被造出来。在一千个父亲之中，有哪一个父亲制造孩子时除了满足他当时的欲望外，还想到更深远的东西？上帝以其无上智慧，把强烈的性交欲望赋予人类并使之置于人类体质之中，以此来使人的种族延续下去，而人们做这些事时通常没有这种打算，并且生育常常是与生育者的愿望相违背的。的确，愿意并计划要儿女的人们只是儿女得以存在的偶然原因，他们在设计和期望生育儿女时，并没有花很多力气，他们创造儿女，与希腊神话中丢卡利翁和他的妻子用抛掷石子来创造人类一样轻松。

但是哪怕我们承认父母创造了他们的儿女，给了他们生命和存在，因此就有了绝对的权力，这也只能是给予父亲与母亲共同支配儿女的权力。因为，谁都得承认，母亲曾经长期在自己体内用血肉来抚育孩子，即使她不拥有更大但至少拥有与父亲同等的权利。孩子在母亲腹内发育，从她的身上汲取需要的物质和生命根源；无法想象，作父亲的一经完成他在生育中的工作后，理性的灵魂就会马上进入那个尚未成形的胚胎里。如果一定要认为有些东西得之于父母，那么它的大部分也必定是得之于母亲的。不管怎样，不能否认母亲在儿女的生育中的功劳并不少于父亲，所以父亲的绝对权力不能从儿女的生育这件事推导出来。我们的作者的确有另外一种想法。因为他说："我们知道，上帝在创造人类时就让男人具有对女人的主权，因为在生育中男人是较高贵的和主要的行动者。"我不记得我那本《圣经》上有这样的记载。有人说，上帝"在创造人类时”让男人具有对女人的主权，其理由在于“在生育中他是较高贵的和主要的行动者”，如果他把这段话指给我看的话，我将会用充分的时间来考虑和作答。可是我们的作者把自己的幻想当作是确凿的神圣的真理对我们说出来，这已经是老一套了，尽管他所说的和上帝的启示之间常常有很大的差别，因为上帝在《圣经》中讲的是：“生他的是他的父亲和母亲。”

有些人声称人类“遗弃或出卖”自己儿女的行为证明了他们对儿女的权力，这些人与罗伯特爵士别无二致，都是绝妙的诡辩家，他们只是把人类可能做出的最可耻的行为和最伤天害理的罪恶拿出来证明他们的意见，因为连狮子洞里和豺狼窝中都没有这么残忍的事。这些居住在荒野上的野兽服从上帝和自然，对自己的后代充满慈爱。为了保存幼兽，它们去狩猎、警戒、战斗，甚至忍饥挨饿，在幼兽自立以前，绝不离开它们，绝不抛弃它们。难道唯独人类有特权去做比最狂野不驯的动物所做的还要违背天理的事？难道上帝不是用死罪这样严厉的刑罚来禁止我们去伤害一个人——一个陌路人的生命，即使在被激怒时也不要这样做吗？上帝将一些人交给我们照料，责成我们根据“自然”和理性的法则以及上帝启示中的训诫给他们以保护，上帝允许我们毁灭他们了吗？在创世的过程中，上帝特别注意繁衍某几种生物，使每一个个体都尽力地实现这个目的，以致它们有时因此而置个人利益于不顾，似乎忽视了“自然”教育万物的自我保存这个一般原则，把保存它们的下一代作为超越它们特有天性的最重要的原则。因此我们看到，当幼儿需要保护时，怯懦者变得勇敢，强暴和野蛮者变得仁慈，贪婪者变得温柔和宽容。

但是，如果可以把曾经出现过的事例当成是理所当然的原则，那么，我们的作者将会从历史中发现一些这种“绝对的父权”的最高和最完美的例子；他完全可以向我们指出，在秘鲁，人们养育孩子的目的是为了把他们养肥了来吃。这个故事是如此地引人注目，以致我不能不用我们的作者的原话加以讲述。他说：“在有些地方，他们（指秘鲁的印卡人）是那样爱吃人肉，以致不能等人完全断气，就吸食从将死者伤口中流出的鲜血，他们设有公开的人肉屠宰场，他们疯狂到那种程度，以致于连他们跟从战争中俘获的女人所生的儿女也不放过，他们把从战争所获的俘虏当作妾，将与她们生出来的儿女仔细地喂养，大约到了十三岁的年纪，就把他们杀了吃掉，母亲们超过生育年龄，不再替他们生产肉食时，她们也同样地被杀了当作食物。”

当一个人拥有理性时，他可以被提升到差不多与天使同等的地位；当一个人失去理性时，他混乱的心灵将使他堕落到比野兽还要残忍的地步。人类的思想比大河的沙粒还丰富，比海洋还宽阔，假使没有理性这个借以辨别航向的唯一的星辰和罗盘，幻想和激情定会将他带入各式歧途。想象总是没有片刻的安宁，产生种种思想，当理性被弃而不顾时，人的意志便随时会做出种种伤天害理的事情来。这时，最走极端的人就会被视为最适宜的领导者，并一定会有最多的追随者。因愚昧或狡猾开始的事情一旦变成潮流，习惯就会使它神圣起来；否认或怀疑它，就会被视为胆大妄为或疯狂。秉着公正无私的态度观察世事的人，会发现世上那么多的政府、宗教和习俗都是以这种方式建立和延续下来，因此就不会注重这些人间流行的习俗，他有理由认为，那些因顺从自然而生活得很好的非理性的和缺乏教养的栖居者所在的山林，与那些因榜样的影响越出常轨而自称文明和有理性的人们所居住的都市和宫殿相比，更适合于作为教导我们行动与生活的典范。

那么，即便如罗伯特爵士所说，“在古代”人们“出售和阉割他们的孩子是常有的事”，就算他们抛弃儿女；如果你愿意还可以再补充说，他们生儿育女就是要把他们育肥之后当作食物。如果这证明了一种这样做的权利，根据同样的论证，我们可以证明奸淫、乱伦和鸡奸都是正当的，因为古代和现代都有许多这样的实例。我以为罪恶的主要错误在于他们阻碍了“自然”的重要意图；“自然”要求在非常完美的情况下繁衍人类和延续种族，而婚姻关系保障下的家庭界限则是必要的条件。

我们的作者从《圣经》里上帝的明白训诫中找出来一个蹩脚的论证，以证实父亲的这种天赋权威。他说：“为证实王权是自然之权，我们发现，十诫中教导人们服从君主的律条是用‘孝敬你的父亲’一语；虽然有许多人认为，只有抽象意义上的政府才是上帝的命令，但他们却拿不出证据来证明《圣经》中的这种命令，除了父权；所以，我们在十诫中看到，上帝用‘尊敬你的父亲’一语来教导人们服从尊长，因此，不仅是政府的权威和权力，而且连统治权的建立形式和拥有这种权力的人，也都是上帝规定的。第一位父亲所享有的不仅是简单的权力，而且是君主权，因为他是直接由上帝创造的父亲。”为了相同的目的，在另外几个地方，我们的作者也引用了相同的律条，并且使用了相同的方法，那就是视“和母亲”一语为不足为凭的经文而总是不加考虑。这真是我们的作者天才的伟大论证，他的主张绝对正确，以至于要求拥护这种主张的人必须具有足够的热情，这种热情足以使他公然篡改上帝训诫中的神圣规则以适合他现在的需要。对于有些人，这种论证方法是惯用的，这些人不是因真理是理性的和神的提供才接受，而是为了去支持一些教义和派别，是为了与真理不同的目的，这之后他们就决定无论如何要为它们辩解，随意歪曲作家们的原文和意义，来为他们的目的服务，就像普罗库斯特对待客人一样，将他们砍去一段或拉长一些，以使他们合于自己所设定的尺寸，这样做的结果就是使这些论证变得畸形无用，就像那些被处理过的人一样。

因为，假如我们的作者将这一戒条按上帝的原话引出来而不加篡改，把“母亲”同父亲放在一起，每一个读者都会清楚地看到，这话是直接与他的主张相反的，它不但不能帮助确立“父亲的君主权”，而且使母亲与父亲具有同等的地位，上帝所训诫的都是对父亲和母亲双方的应尽之职，因为这是《圣经》的常用语：“孝敬你的父亲和你的母亲”；“打父母的必要把他治死”；“凡咒骂父母的总要被处死”。《利未记》第二十章第九节和我们的救主都复述了这句话。“你们每个人都当敬畏你的母亲和父亲”；“若有顽劣悖逆的儿子不听从父母的话，他们虽惩治他，他仍不听从，父母就要抓住他……对长老说，我们这儿子顽劣悖逆不听从我们的话”；“轻慢父母的，必受诅咒”；“我儿，要谨守你父亲的诫命，勿要离弃你母亲的法则”，这是所罗门王的话，作为一个父亲或君主，他对属于自己的东西并非一无所知，在其《箴言》一书中，他给予儿女的全部训导中总是把父亲和母亲相提并论，“凡是对他的父亲说‘你生出什么’或对母亲说‘你养出什么’的人都受灾殃”。“他们在主里轻慢父母”；“如再有人说预言，生他的父母必对他说，你不得存活，因为你托耶和华的名假说预言，生他的父母在他说预言的时候要将他刺透”。这里，不只是父亲一人，而是父亲和母亲两个人，共同拥有生杀予夺的权力。《旧约》的律条就是这样，在《新约》中，与他们的儿女对他们的服从有关时，他们也同样是紧连在一起的。这个律条训诫说：“你们做儿女的要听从你们的父母”，记忆所及，我从未在哪里读到过“你们作儿女的要听从你们的父亲”，而不提母亲。《圣经》在提及儿女的孝顺时，也是同时说到“母亲”，如果经文中有任何一处说儿女应只对“父亲”一人孝敬或服从，我们的作者是不大可能将它漏掉的，因为他自许一切都以《圣经》为根据。而且《圣经》不但使“父亲和母亲”对他们所生的儿女具有一样的权威，而且在某些地方甚至使“母亲”居先，忽略了通常被认为应该属于父亲的优先权，例如《利未记》第十九章第三节。在《圣经全书》中，父亲和母亲就经常地连在一起，以致我们可以得出结论说，父亲和母亲从自己的儿女那里应该得到的孝敬，是一种他们两人共有的权利，它是平等的，不能一人完全独占，也不能排除另一个人。

那么，令人们惊奇的是，我们的作者怎样由第五诫推论出一切权利最初都在父亲身上，他又怎样发现“孝敬你的父亲”和你的母亲这一训诫所规定与确立的乃是政府的君主权。如果十诫中规定的儿女应有的孝敬，不论其内容是什么，只是“父亲”的仅有权利，因为根据我们作者的论断，在生育中父亲“是较高贵的和主要的行动者，因而拥有对女人的主权”，那为什么上帝后来老是把“母亲”与“父亲”相提并论，使两位共享这种孝敬呢？父亲能否因为他有这种主权而取消孩子对“母亲”的“孝敬”呢？《圣经》没有给予犹太人这种特许。夫妻之间经常会发生裂痕，甚至离婚和分居；我认为没人会说一个孩子可以不孝敬他的母亲，或用《圣经》的话说，“轻慢她”，虽然他的父亲会要求他这样做。这一点与母亲不能免除孩子对他的父亲的“孝敬”完全一样。因此，上帝这一诫命没有给予父亲主权和最高地位，这一点一目了然。

我同意我们作者的意见，是自然赋予父母这种被“孝敬”的权利，这是一种因为他们曾生养儿女而享有的权利。在多次明确的宣告中，上帝确认了他们享有这种权利。我也对我们的作者的这一条规则毫无异议：“作为父亲（让我加上‘和母亲’，因为上帝总是把父母联结在一起谈论的，不要有人分开他们）的权利，是一种特许和赐物，它由上帝或自然而来，不能为人类较低级的权利所限制，也不能制定任何反对它们的法律”。因此，根据上帝的这个律条，母亲有权利享有其儿女的孝敬，而并不受制于其丈夫的意志，所以我们看到“父亲的绝对权力”既不能建基其上，也不能与此并行。如果一个从属于父亲的人以同样的资格具有与父亲同样的权力，那么他所拥有的权力就根本不是“君主的”，和我们的作者所鼓吹的那种绝对性更是相差甚远了。因此，我们的作者自己也不得不说，他“看不到有什么人的儿女如何才能不服从他们的双亲”，这个“双亲”，用正常话来说，我认为是指“母亲”和“父亲”，如果这里的“双亲”一词仅是指父亲，那就是我第一次领教这样的用法了，用这样的方法使用词汇，人们还有什么话不能随便说呢？

按照我们的作者的理论，父亲因为对其子女拥有绝对支配权，那对他们所生的子女，也拥有同样的支配权，如果父亲对其子女拥有绝对支配权这点是真的，那么这个推论就是正确的，但是我要问一下我们的作者，祖父是否能根据他的主权取消他的孙子根据第五诫应对他的父亲尽的孝敬；如果祖父“由于父亲身份的权利”享有唯一的绝对权力，而且“孝敬你的父亲”这句话要求的是对于君主的服从，那么，祖父确实可以取消孙子对于他的父亲的孝敬，但按照常理他显然是不会这样做的，由此可以得出一个结论：“孝敬你的父亲和母亲”这句话，不能意指对于一个最高权力的无条件服从，而是别有他意。因此，父母根据自然享有的权利，亦即第五诫确认他们享有的权利，与我们的作者想从那里推论出来的那种政治统治权是两码事儿，因为在一切公民社会中，这种权力是最高的，它可以解除任何一个臣民对于另外任何一个臣民的任何政治上的服从。但是，统治者的什么法律能给一个孩子以可以不“孝敬他的父亲和母亲”的自由呢？这是一条永恒的定律，纯粹是讲父母和儿女间的关系，因此其间绝不包含也不从属于任何一种统治者的权力。

我们的作者说：“上帝给予父亲一种转让他对儿女的权力给别人的权利或自由。”我怀疑他是否能“转让”受儿女“孝敬”的全部权力。但是无论如何，我确信他不能在“转让”的同时又保留同一种权力。因此，统治者的主权，如果像我们作者曾经论证的那样，“仅是一个至高无上的父亲的权力”，并且统治者享有全部的这种父权——只要“父亲的身份”是所有权威的基础，他就必定享有这样的权力——那么，结果难免会出现这样的情况，那些臣民虽然是父亲，但不能对其儿女拥有权力，不能拥有被他们孝敬的权力，因为全部东西都掌握在别人之手，不可能还有一部分仍留归自己。因此，根据我们的作者自己的学说，“孝敬你的父亲和母亲”一语不可能被理解为政治上的隶属或服从，因为不管在《旧约》还是《新约》中，告诫儿女们“孝敬和顺从他们的父亲和母亲”的戒条，都是对这样的儿女说的——他们的父母亲在政府的统治之下，并且同他们一起充当政治社会中的臣民。照着我们作者的意思命令他们“孝敬和顺从他们的双亲”，就是命令他们去给那些不享有这种权利的人们当臣民，因为这种臣民服从的享有权已经被全部转让给别人了；这不是教导人服从，而是在本来不存在权力的地方建立权力以引起混乱分裂；所以，如果说“孝敬你的父亲和母亲”这条诫命是指政治上的支配权，那它就直接推翻了我们作者所鼓吹的君权。这是因为，既然它是每一个孩子都应对他的父亲担负的义务，甚至在社会中也是这种情况，那么，每一个父亲都必然会享有政治上的支配权，那样有多少父亲，就会有多少个统治者。除此之外，母亲也享有这种权力，这样一来，单一的最高君主的统治权就不能成立了。但是，如果“孝敬你的父亲和母亲”这一诫命指的是政治权力以外的别的什么东西——事实上必然如此——那就与我们作者毫无关系，也丝毫无助于他的目的了。

我们的作者说：“责成人们服从君主的律条是用‘孝敬你的父亲’一语来表达的，就好像一切权力本来就属于父亲一样。”然而我说：“孝敬你的母亲”一语中也表达了这个律条，就好像一切权力本来就属于母亲一样。请读者仔细想一下，我这个论证是否与我们作者的论证一样有道理，因为在《新约》和《旧约》中，凡是诫命子女孝敬服从尊长的地方，“父亲”和“母亲”都是相提并论的；我们的作者还告诉我们说：“‘孝敬你的父亲’这个诫命授予统治权并使政府形式成为君主政体”。对于这种说法，我的回答是：如果用“孝敬你的父亲”一语指服从长官的政治权力，那它就无关乎我们对作为臣民的我们的生身父亲应尽的责任，因为我们的生父，按照我们的作者的理论，已失去了一切权力，权力全部归于君主，他们与他们的子女同样都是臣仆和奴隶，即使是生父，也不能享受那样含有政治隶属之意的“孝敬和服从”的权力。如果“孝敬你的父亲和母亲”，像我们的救主所解释的那样（见《马太福音》第十五章第四节及上面提及的其他一切地方），是指我们对我们的生身父母必须承担的责任，很显然这没错，可是这样它便无关乎政治服从，而仅仅是对那些既没有资格享受统治权，又没有权力像官长那样支配臣民的人们应尽的一种义务，因为作为拥有父亲身份的个人，与最高长官享有的服从权是不相容的东西，因此，这一诫命必定是关乎我们生身父亲的，必然是指我们对生身父亲应尽的义务，它区别于我们对官长的服从，就是最专制的君主权也无法取消它。这种服从究竟是什么，我们将在讲到它时仔细加以考察。

到此为止，我们考察过了我们的作者提出的所有看起来像是论证的东西，他以它们论证亚当有“绝对无限的君权”的假设，认为人类因此就都成了天生的“奴隶”，没有任何自由的权利。但是，如果说上帝创造人类，只给了人类一种存在，而不是使亚当成为“他的后裔的君主”，如果亚当没有被立为人类的君主，也没有被赋予除了支配其子女以外的“个人的支配权”，而仅仅是被给予了与人类子孙共有的对土地和低级动物的权力与权利；如果上帝也没有把支配他的妻子和儿女的政治权力给予亚当，而仅仅是作为惩罚，才使夏娃服从亚当，或者只是预言女性在有关家庭共同事务中的从属地位，但没有因此让作为丈夫的亚当具有必然属于行政长官的生杀予夺大权；如果父亲们不能因生儿育女得到这种支配他们的权力；如果“孝敬你的父亲和母亲”这一训诫不是授予父亲们这种权力，而只是责成子女应对双亲同样地尽到责任，与他们是不是臣民无关。在我看来，上面所作的论证如果都是正确的，那么一切就都十分明显，人类确实享有“天赋自由”，不管我们的作者怎样坚定地加以否定，这一点都是确定无疑的。除非提出作为永受祝福的万物之主上帝的明确的选派，以表明某一特定个人具有的优越性，或者提出一个人愿意服从他的长官所作的许诺，否则就应当认为所有具有共同天性、能力和力量的人本质上是生而平等的，都有理由享受共同的权利和特权。这一点是那样明显，以致我们的作者自己也不否认：“君权的坚定拥护者约翰·黑沃德爵士（Sir John Hayward）、布莱克·伍德（Black Wood）和巴克利（Barclay）三人也承认，并异口同声地宣称人类生而具有自由和平等。”这是无可置疑的真理。迄今为止，我们的作者所提供的任何东西，都根本不能证明他的“亚当是绝对君主”，因此“人类生而不自由”这一伟大主张，甚至他自己的论据也与他唱起了反调，所以，用他的论证方法来说就是：“这个最初的错误原则崩溃了，这个绝对权力和专制制度的庞大机构也就随之四分五裂了”，这样，对于他建基于如此错误和脆弱的基础上的一切论点，也没有再多说什么的必要了。

但是，为减少他人的麻烦，他在需要时又不惜以他自己阐述中的矛盾来表明自己学说的弱点。他大说特说和一直用来做根据的论点是亚当的唯一的绝对支配权，但是他又对我们说：“亚当是他儿子的君主，因此他的孩子们对他们自己的孩子们也享有支配权和权威。”那么，根据我们作者的计算，亚当凭父亲身份所拥有的无限和不可分割的统治权，只能保持很短时间，仅仅存在于第一代；一旦他有了孙子，罗伯特爵士便只能给予混乱的说明了。他说，作为他的儿子们的父亲的亚当，“对于他们拥有绝对无限的君权，并由此对于他们所生的子女以致世世代代都拥有这种君权”，可是“他的儿子们”即该隐和塞特，也同时享有对于他们儿女的父权，因此，他们同时是“绝对的主”和“臣仆”与“奴隶”，亚当做为“整个族类的祖父”，拥有全部权力，然而他的儿子们，作为父亲，也拥有一份权力。因为亚当生育了他们，所以对他们和他们的后代，具有绝对权力，但是根据同一权力，他们也享有对他们自己的子孙的绝对权力。我们的作者说，“否，亚当的儿子们从属于亚当而有支配他们自己的子孙的权力，但仍须从属于最初的父母”。这个区分很是动听，遗憾的是没有什么意义，也与我们的作者的言论不相一致。我乐意暂且承认这个假定，即亚当对他的后代有“绝对的权力”，他的任何一个子女可以从他那里获得一种授予，因此对于一部分人或其余全体具有一种“从属的”权力。但是那不可能是我们的作者在这儿所说的那种权力。他说的那种权力不是来自授予或委托，而是他猜想的一个父亲对儿子们的自然的父权，因为首先，他说："亚当既然可以主宰他的儿子们，所以在他之下的他的儿子们，也有支配他们自己儿子们的权力。"那么，他们按照相同的方式，根据同样的资格（即亚当所具有的生儿育女的资格，父亲的身份），也是他们自己的儿子们的君主。其次，显然我们的作者指的是父亲们的自然权力，因为这种权力被他限制为只"对他们自己的儿子们"；而一种授予的权力是没有这种只对他们自己子女的限制的，除对自己的子女外，还可以对别人有这种权力。再次，如果它真的是一种授予的权力，《圣经》上一定会有记载。但在《圣经》上却找不到这样的证据可以证实亚当的儿子们除了自然的父权外，对于他们的子女还有任何别的权力。

但是，在这里他的意思仅指父权，而非其他权力，这一点从他在后面紧接着推论出来的话中可以得到证明。他说："那么，我不知道亚当的儿子们或别人的儿子们，怎样可以从对他们的父母的从属中解脱出来。"这清楚地表明，我们的作者在这里所说的一方面的"权力"和另一方面的"从属"，是那种父亲与孩子之间的"自然的权力"和"从属"；因为每个子女应当忠于的权力，只能是这一种权力，并且我们的作者也总是断定这种权力是绝对的和无限的。我们的作者说过，亚当对于他的后代享有父母对于其儿女的这种自然"权力"；我们的作者还说过，在亚当活着时，他的儿女对其自己的儿女也享有这种父亲对儿子们的支配权。因此，亚当由于具有父亲的自然权利，就拥有了对他的一切后裔的绝对无限的权力，而与此同时，他的儿子们由于具有同一权利，也有对于自己后裔的绝对无限的权力。那么，这里就同时有两个绝对无限的权力，我倒希望有人能把它们统一起来，或使这种事不违常识，而他用插入其中的"从属"一词作为搪塞之语，只能使这一点变得更加荒谬。一种"绝对的、无限的"，甚至是"不可限制的权力"，被指要从属于另一种权力，显然是一种无以复加的矛盾。"亚当是绝对君主，具有支配他的一切后裔的父亲身份的无限权力。"他的一切后代，都因而绝对是他的臣民，用我们作者的话来说，是"他的奴隶"。"儿子们和孙子们同样处于这种从属和奴隶的地位"，然而我们的作者又说："亚当的儿子们享有对他们自己儿子们的父权（绝对的、无限的权力）。"这一点用简明的话来说就是，在同一政府中，他们同时既是奴隶又是绝对君主，一部分臣民由于父亲身份的自然权利拥有对另一部分人的绝对无限的权力。

如果有人支持我们的作者而认为他这里的意思是说，那些从属于自己父亲的绝对权力的人，对于他们自己的孩子仍然拥有一些权力，我承认，他的这种观点更接近于事实，但是这并不能对我们的作者有丝毫帮助，因为我们的作者只要一说到父权，就是指绝对无限的权力，除非他自己想限制这种权力，指出它所能达到的极限，否则我认为他不会有任何其他的理解。在这里他所意指的是宽泛的父权，下面紧接着的话清楚地表明了这一点：他说，“儿子们的这种从属是一切君权的基础。”那么，他在上面提到的“每个人对其父亲的从属”，因此也是亚当的孙子们对亚当的儿子们的“从属”，这些都是作为一切作者所谓绝对的，无限的“君权”基础的从属。这样，亚当的儿子们就享有对他们自己的儿子们的“君权”，而同时他们自己又是他们父亲的臣民，是与自己的儿子们一样的臣民。但是，任由他怎么解释吧，显而易见的是，他认为“亚当的儿子们享有父权，同别的所有父亲们对自己的儿子们享有父权一样”。由此，必然会出现下面两种情况之一：要么亚当的儿子们在亚当活着的时候就具有并因此别的父亲们也具有他所说的“依据父亲身份拥有的对自己儿子们的君主的权力”；要么“根据父亲身份的权利，亚当并不享有君主的权力”；因为对于具有父权的那些人来说，父权只能是或者给予他们君权，或者不给予。如果不给予，那么，亚当就不能根据父亲的身份而成为统治者，别人同样不能，我们作者的全部政治学便马上完了；如果它真的给予君权的话，那么，每一个有“父权”的人都有了“君权”，根据我们作者的父权制政府论，有多少父亲，就有多少君主。

那么，让他和他的信徒们考虑一下吧，他建立了什么样的君主制？君主们当然会很有理由感谢他提供这样的新政治学，它使每一个国家里有多少父亲就有多少君主。然而，谁能因此而责备我们的作者呢？因为依照我们作者的原理，这是无法避免的。既然“绝对权利”被交给了“因生育行为而产生的父亲们”，他就很难决定一个儿子到底应该享有多少这种对于他自己生下的儿子们的权力，所以他把所有权力都给了亚当，而亚当的儿子们做了父亲时，在其有生之年又要允许他们享有他的所有权力中的部分权力，这部分权力是我们的作者无法否认的，这样事情就非常难办了。由于有了这种困难，他的表达就非常含混，非常难以确定该把他称为父权的这种绝对的自然权力安置在什么地方。享有这种权力的，有时只是亚当一个人。

有时，“双亲”都拥有这种权力，而“双亲”一词一般不会单指父亲一人；

有时是父亲有生之年的“儿子们”；

有时是“家族的父亲们”；

有时是泛指的“父亲们”；

有时是“亚当的儿子”；

有时是“亚当的后代”；

有时是“先祖们，诺亚的所有子孙们”；

有时是“最年长的父母双亲”；

有时是拥有一切的君王；

有时是一切有绝对权力的人；

有时是“那些最初是全人类的生身父母的最远古祖先的继承人”；

有时是一个上帝特选的君主；

有时是“国家”的统治者们，不管是少数几个人，还是一群人；

有时是能够夺得这种权力的人——一个“篡权者”。

于是，这个拥有全部权力、权威和统治权的“新乌有”，这个指定和确立人们必须臣服君主和君位的“父亲的身份”，在罗伯特爵士看来，可以以任何方式，授予任何人，根据他的政治学，也可以把君权归于民主制度，可以使篡权者成为合法君主。如果这一政治学竟有如此奇妙的功能的话，那么我们的作者以及他的追随者们，靠着他们无所不能的“父的身份”，做出了多么大的好事啊，因为这个“父的身份”除了可以让动乱、专制和篡夺取代世界上一切合法的政府外，没有任何别的用处。

第七章　论父权与财产权共同作为统治权的根源

在前述几章中，我们已经弄明白了我们作者所认为的亚当的君主政治是怎么一回事，也知道了这种政治建立的依据是什么。“父权”和“财产权”是他特别强调的理论基础，也就是那些他认为能够最好地替将来的君主们推导出专制权力的基础。因此，他提出，“取消天赋自由说的各种谬误与障碍”的方法，就是“保持亚当的自然的和个人的统治权”。从这一点出发，他对我们说：“财产权的起源必然是统治的根据和原则”；“一切君权的基础在于儿子对他们的父亲的从属”；“尘世上的一切权力不是从父权派生，就是篡夺父权而来，这是唯一可能的权力的起源”。至于怎样避免“财产权的起源必然是统治的基本根据和原则”，与“父权是唯一的权力的根源”共用时的自相矛盾，在这里我且先不加讨论。既然除了“父权”之外就“没有别的权力的起源”，为什么又说“财产权的起源是统治的根据和原则”，这一点真是很难理解。正如领地的主人与儿子们的父亲不是一个概念一样，“财产权”与“父权”是根本不同的两回事。而且我也不明白上述哪一个论点与我们的作者说的有关上帝责罚夏娃的话 “那就是赐予统治权的最初的诺言”相吻合。因此，如果那就是统治权的起源，那么，根据我们作者自己的认识，统治权便既非源于“财产权”，也非源于“父权”。因此他为了证明亚当有支配夏娃之权而引用的这句经文，必然与他所说的“作为一切权力的唯一基础”的“父权”相矛盾；因为，如果像我们的作者所主张的那样，亚当对于夏娃具有君权，那它一定不是根据生育儿女的资格，而是根据别的什么资格。

但是，让他自己去解释这些及其他众多自相矛盾之处吧，任何一个读者，只要稍微留心一下他的著作，都会发现许多矛盾。我们现在来考察一下，“亚当的自然的支配权与个人的支配权”，这两种统治权的来源是怎样一致起来的，以及是怎样用来解释和确定后世君主的资格的，这些君主，按照我们作者的规定，除了从这些源泉中获得他们的权力以外别无选择。让我们假定，亚当根据上帝的赐予而成为全世界唯一的主人和所有者，其权限如同罗伯特爵士所能够期望的那样广大；让我们再假定，亚当根据父亲的权利也取得了对他的儿女们的无限的最高的绝对统治权。那么，我要问，亚当死后，他的“自然的”和“个人的统治权”将会怎样。我敢肯定地说答案就和我们的作者在他著作的好几处地方所说的一样：它们将传给第二代的儿子。但是，要把他的“自然的”和“个人的支配权”传给同一个人，这个办法可能做不到；因为如果我们确定父亲的全部所有权，全部财产都应该传给长子（还要再找一些证据才能确定这一点），那么，长子就据此而具有了父亲的一切“个人的支配权”，但是，父亲的“自然的支配权”，也就是父权，却不能由继承而取得；因为这权利只有凭“生育”儿女才能获得，没有任何一个人能够对不是自己生育的人具有这种自然支配权，除非假定一个人即使不满足某种权利据以成立的唯一条件，也能够享有对任何东西的权利。因为，如果一个父亲仅仅因为“生育”之事，而没有其他理由，就具有对于他儿子的“自然的支配权”，那么，他不生养他们，就不能享有这种对他们的“自然的支配权”，因此，无论我们的作者所说的“每一个被生育出来的人，正是因其出生而成为生育他的人的臣仆”这句话对与不对，都只能得出如下的结论：一个人根据他的出生不能成为不曾生育他的兄长的臣仆，除非能够假定一个人因为同一个理由而同时受两个不同的人的“自然的和绝对的支配”；或者假设这种说法是正确的：一个人之所以应受他父亲的“自然的支配”，只是因为他是他父亲所生；而一个人也由于出生受他大哥的“自然的支配”，即使他不是他的长兄所生。

那么，如果亚当的“个人的统治权”，即他对创造物的所有权，在他死后全部传给他的长子、他的后代的话（因为，如果情况相反，罗伯特爵士的君主制和“自然支配权”马上就会寿终正寝），那么他的“自然支配权”，即父亲因生育儿女而具有的对儿女的支配权，随着亚当的亡故，将被平均分配给他的已生养儿女的所有儿子，因为这些儿子与他们的父亲有取得这种权力的同等资格。这样一来，建基于“财产权”之上的支配权就与建基于“父权”的支配权分离了，因为作为子嗣，该隐独自取得了“财产权”带来的统治权，而塞特和其他兄弟们则与他平分了“父权”带来的支配权。对我们作者的学说所能作的最好的解释不过如此，他置于亚当身上的两种统治权中，或者其中之一毫无意义，或者，如果它们二者都必须成立，那么它们的作用只能是混淆君主权利，并在他的后代中把政府搅得混乱不堪。因为，他的理论是建立于两种统治权之上的，而这两种权利却不能一起传承，他也承认两者是可以分离的（因为他同意“亚当的儿子们依据个人的统治权，各自有自己的领土”）。他总是使人对他的原则产生怀疑，不知统治权到底在什么地方，或者我们到底应该向谁表示服从，因为“父权”和“财产权”是两种不同的权利，所以在亚当死后，马上便落到不同的人头上。两种权利究竟应该谁去谁留呢？

还是让我们考察一下作者自己就这个问题向我们所作的解释吧。他引用格老秀斯的话说：“亚当的儿子们在他未死以前，因为亚当的赏赐、认可，或某种让渡，凭借个人的支配权，已经分别有自己的权力领域；亚伯拥有他的羊群和牧地，该隐拥有他的种谷物的田地和挪得的土地，在那里修建了一座城。”这里，必须弄清楚，亚当死后，这两人究竟哪位是统治者。我们的作者说是“该隐”。他凭什么这么说呢？因为“该隐是初祖们众多继承人中的一个，这些初祖是同族人的自然的父母！他们既是他们自己的子孙的君主，又是他们的兄弟们的君主”，作者这样回答道。那该隐继承了什么呢？他并没有继承全部的所有物，也没有继承亚当全部的“个人支配权”。因为我们的作者承认，亚伯由于从他的父亲那儿取得资格，“凭个人的支配权，自己拥有做牧地的土地”。那么，亚伯凭“个人的支配权”而拥有的东西，该隐就无权支配，因为他不能对已经由别人支配的东西再享有“个人的支配权”，所以随着这个“个人的支配权”，该隐对于他的兄弟的支配权也一道消失了。因此就暂时有两个统治者存在，而我们的作者所想象的“父权”资格也就没有什么意义了，该隐也就不是他的兄弟的君主了，否则，在亚伯有“个人支配权”的情况下，该隐将仍然保留对他的统治权；这就将导致“统治权的第一根据和原理”与财产权毫不相干，不管我们的作者怎样反对都无济于事。诚然，亚伯在他父亲亚当去世之前就死掉了，但这无碍于本论点，因为无论是说亚伯还是塞特，或者任何一个并非该隐所生的亚当的后代，这一论点都可以用来反对罗伯特爵士。

在他说“诺亚把全世界分配给他的三个儿子”时，也碰到了同样的困难。我要问的是，诺亚死后，我们在他三个儿子中的哪一个人那里发现了“君权的建立”呢？如果像我们作者所说他们三个人都有君权，那么，君权就是来自土地的所有权，是基于“个人的支配权”，而不是基于什么“父权”或“自然的支配权”了。于是父权是君权之来源的理论便要完了，那大肆宣扬的“父亲身份”也就彻底消失了。如果“君权”传到作为诺亚长子和继承人的闪（Shem）手中，那么，我们的作者所讲的“诺亚用抽签的方式把世界分配给三个儿子”，或“他周游地中海十年，将每个儿子应得的土地分别指定”，这些都是徒劳之举。他给三个儿子的世界分配，没有什么好处，也达不到什么目的，因为无论诺亚在世时说过什么，他死后闪都应成为他的兄弟们的君主。那么，诺亚分给含和雅弗以土地的承诺便失去意义了。否则，如果这个让他们具有对分得的土地的“个人支配权”的承诺有效，那就产生了两种权力，它们互不隶属，由此，他们收集的那些旨在反对“人民权力”的困难也随之而来。关于这一点，我打算用他自己的话来说，只需把“人民”两字改成“财产权”就可以了。“尘世的所有权利，或是由父权派生而来，或是对其篡夺而来，除此之外，不管什么权利都没有其他的起源；因为，如果承认权力有两种，并且互不隶属，那么，谁是最高的权力这个问题，将会永远争议不清，两个最高的权力也无法协调。如果父权是最高的，那么基于个人的统治权的权力便只得从属和依赖它；如果基于财产权的权力是至高无上的，父权便只能屈居第二，只有得到财产所有者的许可才能行使，但这事一定会打乱自然的计划和过程。”这是作者自己驳斥两种独立权力时的议论，我套用他自己的话来说，只是把“人民的权力”替换为基于财产权的权力而已。在这儿，他回答了他自己竭力反驳两种不同权力的论证之后，我们可以更清楚地看到，他如何在任何可以让人接受的意义上，从“亚当自然的和个人的统治权”，从并非一直集中在同一个人身上的“父权”和“财产权”这两种不同资格中，寻求一切君权的。根据我们作者的自白，显而易见，亚当和诺亚两人一死，继承问题一发生，这两种权力就立刻分离了。可是在我们作者的著作中，却常常把它们混为一谈，当觉得它们能很好地为他的目的服务时，就不放过利用其中任何一个的机会。下一章里将更为充分地展现这种谬论，在那里，我们将仔细考察亚当传授统治权给后世君主的方法。

第八章　论亚当最高统治权的转移

罗伯特爵士举出来的那些证实亚当统治权的证据真是不怎么样，其关于统治权转移给未来君主的学说也没有什么好运气，如果他的政治学说是对的，那么所有的后世君主都必须从亚当这个最初的君主那里获得他们的权利。他所制定的转移权利的方法散见于他的著作中，我将用他自己的话讲给大家听。在序言中，他告诉我们说："因为亚当是整个世界的君主，他的后代只有经过他的授予或许可，或继承，才能得到权力，否则，任何人都无权取得任何东西。"在这里，他规定了两种转移亚当一切所有物的方法，它们是"授予"和"继承"；他又说，"所有王最初都是全人类的亲生父母，他们都被看作或将要被看作是最早的祖先的代代相传的继承人"，"不管一个人群是由多少人组成的，就其本身而言，里面必然有一个人被看作亚当最亲近的继承人，而这个人也就自然有权做其他人们的君主"。在这些地方，他把"承袭"当作是将君权转移给后代君主的唯一方法；在另外一些地方他告诉我们，"尘世的一切权利要么是从父权派生而来，要么是由父权篡夺而来"。"现在和过去的所有君主或曾经是其人民的父亲，或是这些父亲的继承人，或是这些父亲的权利的篡夺者"。在这里，他把"承袭"或"篡夺"当作君主们获得这种最初权力仅有的两个办法；可是他又对我们说："因为这个父亲的帝国本身原是世袭的，所以也可以用特许的方式让渡，也可以被篡夺者所夺取。"据此可知，承袭、授予和篡夺都可以完成君主权力的转移；最后，最为奇妙的是他说出了下面的话："君主们以任何方式——选举也好，授予也好，继承也好，或任何其他的方法——取得他们的权力都不重要，因为并非获得权位的方法，而是以最高权力实施统治的方式，才使他们变成真正的君主。"我认为，他关于亚当的君权就是一切君主获得君权的来源的所有"假设"和议论，都用这句话做了充分的回答。如果想让一个人成为"正当的君主"，只要"以最高权力进行统治就够了，而与他获得权力的方法毫无关系”，那么，他完全可以省去这些麻烦，不必在书中各个地方，啰里啰嗦地大讲特讲继承人和承袭。

用这种引人注目的方法，我们的作者可以让奥利弗或任何一个他随便想到的人成为“真正的君主”。假如他自己有幸在马桑尼罗的统治下生活，那么，根据他自己的这个原则，他必定忍不住会对马桑尼罗宣誓效忠，高呼“吾王万岁！”因为，虽然马桑尼罗在前一天还是个真正的打渔的，但他凭最高权力进行统治的事实却使他成为一个“真正的”君主了。假使唐吉诃德曾教育他的从仆以最高的权力进行统治，在桑乔·潘萨所生活的那个岛上，我们的作者一定会成为一个最忠诚的臣民，而且在这个政府统治下，他一定会获得某些优待，因为我相信他是第一个这样的政治家：他一方面宣称在其真正的基础之上建立政府，建立合法的君位，同时他又向全世界宣告，“凡是有最高权力的人，无论其取得权力的方法如何，就是一个真正的君主”。浅显地说就是，任何人只要能够取得君权和最高权力，不论方法如何，这君权和最高权力就真正地、合法地归他所有。如果“一个真正的君主”就是这样诞生的话，我真不知道他怎么还会想到有什么“篡权者”，或者到什么地方去找一个“篡权者”。这个学说如此奇怪，使我惊讶异常，作者快速地掠过了自相矛盾的许多地方，没有对之进行适当的考虑，这些矛盾有很多，例如，他认为亚当的君主“权威”即最高统治权，有时能够仅由“承袭”而得，有时同时靠“授予”和“承袭”，有时只是靠“承袭”或“篡夺”，有时又要这三种方法同时并用，最后，还算上能靠“选举”或“随便什么方法”来传给后代的君主和统治者，使他们有资格取得臣民的臣服和从属。这些矛盾是如此的明显，有普通理解力的人只需读读我们作者自己的话，就能够发现它们。虽然我所征引的他的话（实际上已经远比他的原话更连贯，更语气一致）可以很好地成为理由从而使我不必在这种论证上再费功夫，但是，既然我要考察他的学说的主要部分，即使已经能绝好地证明亚当原是全世界的主人和绝对君主，但我仍然要稍稍细致地考察一下，“承袭”、“授予”、“篡权”或“选举”是怎样按照他的原理以任何方式在世界上建立政府，或者怎样从亚当的这种君权中得到受人臣服的合法地位。

第九章　论传承于亚当的君主制

即使世界上应当有政府是个极为简单的事实，即使所有的人都赞同我们作者的意见，认为神的意志已规定政府是“君主制”，但是，不管幻想中的政府概念多么圆满、正确，它也是既无权颁布法律，亦无权为人们的行动订立规章的，因为人们不可能服从那些没有权力发布命令和指挥的人。因此，根本不能用它在人们中间来维持秩序和建立政府以施令布政，除非同时教人们一种方法，能够辨认是谁握有这种权力和行使这种支配他人的权力。否则，不告诉我们应当服从谁，而只空谈服从和顺从，那毫无用处。因为如果没出现有权利取得我的服从的人，即使我已彻底心服口服地信奉世界应有统治机构和法规，我还是可以自由行动。如果没有一种能使人认识他的标志，把具有统治权的他从人群中区别出来，那么任何人包括我自己都可以是统治者了。因此，虽说每一个人都有义务服从政府，但是这种服从所指的不是别的，而是服从那种有下命令的权威的人的指示和法律。单纯使一个人相信世界上存在着“君权”，并不足以使他成为臣仆，而必须有确立和辨认这个具有“君权”的人的办法。一个人若不能充分了解谁有权对他行使支配权力，他的良知就不会感受到有服从某种权力的约束力。如果不是这样，海盗与合法君主就没有什么两样；一个强壮有力的人可以轻易地使人服从，皇冠与君主的节杖将会成为横暴和掠夺的财物；如果人们不知道谁拥有指挥自己的权力，自己有应该服从谁的指示的义务，那么人们也就完全可以随时随性地更换他们的统治者，就像他们换自己的医生一样。因此，要想使人们能心悦诚服地尽服从之职，就不但要让他们知道在世界上一直有一种权力，而且要知道是谁具有这种权力。

我们的作者一直企图在亚当身上建立起一个“君主的绝对权力”，这到底取得了多大的成就呢？从上面说过的话里读者就可以作出判断。但是，即使这个“绝对君主制”像我们作者所希望的那样清楚明白——我相信绝非如此——

除非他也能同时证实下面两件事，否则无助于世界上现有的人类政府：

第一，“亚当这种权力”没有随他的死去而终结，而是在他死后被全部转交给另外某个人，直到子子孙孙都是如此。

第二，当今的君主和统治者是通过某种合理的转移方式获得这种“亚当的权力”的。

如果第一个条件无法成立，即使“亚当的权力”无比巨大和确实，它对现存政府和社会也毫无价值。我们必须为政府寻求一些另外的权力根源，否则世界上便根本不会有政府。如果第二个条件不能成立，现在的统治者的权威就会被摧垮，人民对于他们的臣服就会被解除，因为他们既然对作为一切权威的唯一源泉的那种权力没有比别人提出更多的要求，自然也就无资格统治人民。

在亚当的身上，我们的作者曾虚构了一个绝对的统治权，提出了几种将权力转移给他的后继君主们的途径，但是，他特别加以强调的是“承袭”的方法，这种方法在他的几篇论文中经常能发现，我在上一章也已引用过其中的几段，故不用这儿再复述了。在前面已经说过，这种统治权被他建立在一个“财产权”与“父权”双重的基础上；他假定前一种是对万物拥有的权力，即拥有对土地、地上的兽类以及别的低级生物的权力，它们专供自己个人享用，其他所有的人都被排除在外；他假定后一种是他拥有的治理和管辖除他自己以外所有人的权力。

既然这两项权利被认为是其他所有人都没有的，那么亚当个人必定有他特定的理由，以掌管这两项权利。

我们的作者假设，亚当的“财产权”来自上帝的直接“赐予”，而“父权”的权利则是产生于“生儿育女”的行为。据一切种类的承袭来看，如果继承人没有继承他的父亲的权利赖以成立的理由，他就无法继承那据此而立的权利。例如，依据作为万物的主和所有者的万能的上帝的“授予”和“恩赐”，亚当具有一种拥有万物的权力；就算这如我们的作者所论述的那样，但是当亚当死后，他的继承人就不能有这种统治万物的权利，不能取得对万物的“所有权”了，除非有同样理由，即上帝的“赐予”，也把这种权利赋予了亚当的继承人。因为，亚当是得到了上帝的正式的“赐予”，才对万物享有了所有权和使用权，而这种“赐予”当时又只是给予亚当一个人的，那么，亚当的“继承人”就没有权利承袭它，而在亚当死后，它必然被归还作为主人和所有者的上帝。因为明确的授权只能给予它明文所载的权利，这种权利也只有依据这个授权才能保持，因此，如果那种“赐予”，像我们的作者所主张的那样，只是给亚当一个人的，他的继承人就无权继承他对万物的所有权；假如这种权利被授予亚当以外的某个人，就要说明，它只是传给我们作者心中所想的继承人，即他的儿子们中的一个，其余的儿子都被排除在外。

但是，显然这样就跟着我们的作者走得太远了。事情其实是这样的：上帝创造了人类，在他身上，和在其他所有动物身上一样，根植了保存自我的强烈欲望，并在这世界上设置了适合人类生存的必需品，遵从上帝的旨意，人类能在地上生存相当长的时期，而不要让一件如此奇妙的作品，因其自身的粗心大意和必需品的匮乏，于存在不久之后便告灭亡。我认为，上帝创造了世界和人类之后，这样教导过人类，即指示人类通过他的感觉和理性来利用那些可供生存之需的东西，并给予人类“自我保存”的手段，正如上帝为达到同一的目的而根植在下等动物身上的感觉和本能一样。因此我深信不疑，在上帝宣示这些话以前（如果非要把这些话理解为用文字表达的），或者在任何文字表达的“恩赐”出现之前，上帝的旨意和特许就已经使人类有了使用万物的权利。因为既然上帝亲自把保存自己生命和存在的愿望（强烈的愿望）根植于人的身上，成为一种行动的原则，“人类心中的上帝之声”即理性，就一定会教导他，并且使他深信，追随他保存自身存在的自然欲望，就是服从他的创造者的旨意，因而他就有权利使用那些凭借他的感觉或理性发现的足以养生的东西。因此，人类对于万物的“财产权”的基础，就是他所拥有的利用那些他生存所必需，或对他的生存有帮助的东西的权利。

亚当的“财产权”所依据的理由和基础就在于此，根据同一理由，不但在他死后，而且在他生前，他的所有儿子也被给予同样的权利。因此，亚当的子嗣没有什么可以超过亚当的其他儿女的特权，他不可能剥夺他们享有利用下等生物来保证自己舒适的生存的平等权利。这种权利就是所谓人类对于万物的“财产权”。因此，基于“财产权”，或如我们的作者所言，基于“个人的支配权”而建立的亚当的统治权便成了一纸空文。无论哪一个人都有权根据和亚当一样的权利支配万物，也就是根据所有人都有的自我保护和自谋生存的权利来利用万物。人类共同享有这种权利，亚当的儿子们也与他共同享有这种权利。但是，如果一个人已经开始把某一特定的东西当成了自己的财产（他或者任何别的人如何能够这样做，会在别的地方加以解释），并且没有以正式授予的形式另外作了其他处理，这个东西，这件财产，便自然留给他的儿子们，他们有权继承和拥有它。

这里，也许会有一些疑问：根据这种财产权，儿子们在父母死后怎样先于任何其他人获得父母的财产？父母死时自己实际上没有把他们的这种权利转交给别人，为什么它不再归还给人类的共同财产呢？或许可以这样回答：公众赞成把它给予死者的孩子们。我们知道，公众确是这样做的；不过我们还不能说这是人类共同的认可，因为这种认可从来没人要求过，实际上也从来没人表达过，但是如果儿子的承袭权因为公众的默许被确立，那么儿子们继承父亲遗产的权利也只不过是一种人为的而并非自然的权利；不过在这种做法很普遍的地方，也有理由认为这种事情是自然的。我觉得，有如下根据：上帝把最根本和最强烈的要求，即保存自己的要求，根植在人类心中、铭刻在其天性里，这种要求就是每一个人拥有支配万物来维持个人生存与提供个人使用的权利的基础。不仅如此，上帝还在人类身上根植了繁殖自己种族和繁衍后代的强烈愿望，这种愿望就给予了儿子们一种分享父母“财产权”和继承他的财产的权利。人类不单单是为了自己才保有财产，也是为了他们的儿子能够享有其财产的一部分，父母因死亡而不能再使用财产，当父母离开其财产时，儿子们的这种权利便与父母的权利合并了，从而拥有全部的财产，我们称这种情况为继承遗产。人们根据同样的义务，与保存自己一样，有责任保全他们自己生养的后代，于是他们的后代便有权利享受他们所占有的财富。从上帝的律法来看，显而易见的是儿子们具有这种权利，而人类则确信其子女都享有这种权利，这点从国家的法律上也可得到证明，但这两种法律都规定父母应养育子女们。出于自然的规律，儿童生来弱小，不能独立生存，既然上帝这样规定了自然的程序，他就亲自给他们这种让父母养育和扶持的权利，这权利不仅限于能够生存，而且包括在父母条件允许的情况下享受生活的便利和舒适。所以，当他们的父母辞世，他们对儿子应有的照料也就终止，此时，这种照料养育的效果就应当尽可能地扩展，父母生前所准备好的东西，自然而然被认为是留给儿子们享用的。父母在自己身后，还有责任必须供应照顾儿子们。即使父母在辞世时没有明确宣布，“自然”却规定了儿子继承父母财产的权利，儿子因此有继承他们父亲财富的资格，这是自然的权利，其余的人都不能觊觎。

因为是上帝和自然赋予儿子以享受父母养育的权利，它就是一种义务，使父母不得不承担它，否则，说父亲应继承儿子的财产，而且比他的孙子有优先继承权，也是有道理的。因为父亲要花很大的一番心血和工夫去抚养教育儿子，公平起见，可以认为儿子应当予以报酬。但是，父亲这样做，也是出于自己的父母所遵从的同一原则。按照这个原则，他从自己的父母那里得到抚养和教育。而一个人应该用自己对自己儿女的教养来偿还他从他的父母亲那里所获得的教养（我认为，除非父母出于目前维持他们自己的生活与生存的需要，要求将财物交还，否则，就要根据财产权的变更，欠多少偿还多少。因为我们现在不是谈论儿子对于父母总是应该有的孝敬、尊重和感激，而是谈论以金钱来衡量的财物及生活用品）。不过，这种对儿子的负债不能完全抵消儿子对父亲应负的责任，而只是因自然之理而使前者优先于后者罢了。因为，一个人如果对其父亲欠了债，并且在其没有后代时，父亲便有权继承儿子的财产，儿子的权利就不能剥夺父亲的继承权。因此一个人在必要时有权利受到儿子的抚养，而且在他给予儿子和孙子以必须供应外还能有所剩余时，他也有权从儿子方面享受安逸生活，如果儿子死了没有后代，父亲自然有享受他的财富和继承他的财产的权利（即使有些国家的民法悖于常理而另有规定），他的别的儿子及其后人在此之后才能承袭，或如果没有这些，就由他的父亲或父亲的后人加以继承，但是，如果上述这些都没有，亦即连亲族也没有，那么我们就会看到，私人财产归社会所有：在政治社会里，落入公共官长的腰包；而在自然状态下，则又一次成为完全公有的财产，任何人都无权继承它，也没有什么人有权以不同于其他自然共有物的方式占有这些东西。这一点我将在适当的地方再次说明。

我之所以用这么大的篇幅，证明儿子为什么有权承袭父亲的财产，不只是因为它清楚地表明了下述看法：纵然亚当对全世界及其产物具有所有权（一种名义上的、无价值的、无用的所有权，因为这种所有权不过是说他有义务拿它来养育和维持他的子孙），那么根据自然的法则和继承的权利，他所有的儿子都具有共同享受的资格，并在他死后取得其财产的所有权，但这种所有权并不能给予他后代中的任何一人以统治其他人的权力，因为每一个人都有权承袭他自己的那一部分，他们可以共享或分享他们所继承的财产的全部或一部分，他们喜欢怎么办就怎么办。但是没人有权要求取得全部财产，或任何与之相关的统治权，因为继承的权利使所有人都有分占其父亲财产的平等权利，并没有高下之别。以上并不是我对儿子承袭父亲财产的根据进行那样细致地考察的唯一原因，而且还因为它能使人更好地看清“统治权”及“权利”的继承问题。有些国家的民法规定把土地的所有权全部给予长子，权力的继承也是遵照这种习俗传承，有些人易于为之所蒙蔽而认为同时存在着一种自然或神授的长子继承权以继承“财产”与“权力”，并认为是从同一个根源发生了对人的“统治权”和对物的所有权，因此它们也应依照同样的法则传承下去。

财产权起源于一个人享有的用低级生物满足自己的生存和享受的权利，这种权利是专为保护财产所有者的福利和独自的利益而设的，因此，如果有必要，他甚至有权为了使用它而把他具有所有权的东西毁灭掉，但是，统治权却是另一回事儿，它设立的目的是为了保障个人的权利和财产不受他人的威胁或侵犯，它的目的是被统治者的利益；统治之剑是为了使“坏人害怕”，借此迫使人们遵守社会成文法，这种法律依照自然法则而制订，为公众利益而服务，也就是说，在公共法规所规定的范围内，为各个特定的社会成员谋福利。这把统治之剑不单是为统治者个人的利益才交给他的。

因此，像前面说明的那样，儿子们因依赖父母才得以生存，所以有权承袭父亲的财产，这种财产归其所有是因为他们自身的福利和需要，因此可以把财产称为物资。遵照任何上帝或自然的法则，长子都无权独占这财产，他的占有财产的依据，与其他弟兄并无二致，都是基于必须依靠父母的养育、扶助以及过舒适生活的那种权利。但是政府的目的在于保卫被统治者的福利，而不是统治者独自的利益（只是因为他们是那个政治团体的组成部分，他们才和其他人一起，作为这个团体的一个组成部分或成员而受到政府照顾，并按照社会法律的规定，为全体谋利益），政府因此不能依据和儿子继承父亲财产一样的权利加以继承。儿子有从其父亲的财产里取得生活必需品以养活自己的权利，凭借这种权利，他也有权为了自己的利益而继承他父亲的财产，但这些并不能使他具备继承他父亲对他人“统治”的权利。儿子能向父亲要求的只是教育和抚养，以及自然所供应的维持生活的东西；他无权向他要求“统治权”或“支配权”。无须取得为了他人的利益与需要而赋予父亲的“国家”和“统治权”（如果他的父亲拥有这些的话），儿子就可以生活下去，并从他的父亲那里取得他应得的那部分生活必需品和教育。因此，儿子无权根据他自己私人的好处和利益而要求统治权或继承统治权。

我们必须首先知道第一个有别人向他要求继承权的统治者是如何获得他的威权的，一个人是出于什么理由获得、凭什么条件享有“最高统治权”的，之后才能知道谁有权继承他并从他那里继承这种统治权。如果第一次把王的节杖交于一人之手或把王冠戴于一人头上表示人们的同意和许可的话，那么这也必定是指定其传承和转移的方法，因为同一种权力使第一个人变成合法“统治者”，也必然使第二个人变成合法统治者，并因此给予了继承权。在这种情况下，继承习俗或长子继承权自身都不能成为继承王位的权利或借口，只有建立政府形态的人民公决才能解决王位继承问题。因此，我们看见，在不同的国家里，王冠的传承落在不同的人头上，一个人在一个地方依据继承权成为君王，在另一个地方却可能成为臣仆。

如果一个人最初的“统治权”或“支配权”是通过上帝正式的授予和宣布的启示而被给予的，那么，任何一个自称有这种权利的人都必须从上帝那里得到关于他的继承权的正式授予。因为如果上帝没有规定这种权利传承和转移给别人的方式，那就没有谁能继承最初的统治者的这种权利，包括他的儿女在内，连长子继承制也不能成为依据，除非上帝——这种制度的创建者——命令这样做。我们看到，扫罗由上帝的直接指认获得王位，他的家族对君权的要求随他的去世就终结了；大卫王根据与扫罗称王一样的上帝的指认继承他的王位，扫罗的儿子约拿单和一切继承父权的要求都被排除在外。至于所罗门也必定是基于别的资格，而不是根据长子继承制，才得以继承他父亲的权利。弟弟或姊妹之子，如果也拥有和第一个合法的君主一样的资格，则必然享有继承王位的优先权。只有上帝自己才能正式指认支配权，如果上帝发话，即使是最小的儿子便雅悯，也和同族中最初拥有这种权利的人一样，必定会继承王位。

如果承认“父权”和“生育儿女”的行为能使一个人被赋予“统治权”和“支配权”，继承或长子继承权就不会使儿子具有这两种权利；因为一个人如果不能继承父亲生育儿女的资格，也就不能像他的父亲那样，根据父权而取得对自己兄弟的支配权。不过，我在后面还要对此更详细地进行说明。同时，有一点不难理解，不管一个政府被认为最初建立在哪一种基础上，是“父权”“人民公决”，还是“上帝自己的正式指认”，它们中的任何一种方式都可以取代另外一种方式，并在一个全新的基础上建立一个新的政府，也就是说，在上述三种基础的任意一个之上开始建立的政府，根据继承的权利，只能够由那些与其继承人具有相同权利的人来继承。按照“社会契约”规定的权利，只能够由那些依据该契约取得权利的人继承；“生育儿女”带来的权利，只能被“生育儿女”的人享有；上帝正式“授予”或“赐予”的权力，只有上帝以继承权利规定进行授予的人才能享有这项权利。

根据以上我所讲的，我认为下面一点是很清楚的：利用万物的权利，本来是源于人类所拥有的维持自身生活和享受舒适生活的权利，继承父母遗产的自然权利，来自于儿子们所具有的从他们父母的财产积蓄中取得同样生存与生活资料的权利，而在自然慈爱的教导下，他们的父母把他们当作自身的一部分来抚养，所有这一切都是为了财产所有者与继承人的利益，不能成为儿子们继承父亲的“统治权”与“支配权”的根据，这些权力另有自己的根源和不同的目的；长子继承权也不能成为单独继承“财产”或“权力”的借口，关于这点在后面适当的地方，我们会看得更明白。在此处只要说明一件事就足矣，那就是，亚当的“财产权”或“个人的支配权”不能传给他的嗣子以任何统治权或支配权，他的嗣子因为没有权利继承他父亲的全部所有物，所以不能取得支配他兄弟们的统治权。因此，即便亚当由于“财产权”而使自己具有了统治权——事实并非如此——那么，随着他的死亡，这种统治权也就终止了。

如果亚当因为拥有全世界而有权支配人类，那么他的统治权不可能由他的某一个儿子继承，并支配其他的儿子，因为他们兄弟都有权分得遗产，都有取得他父亲所有物的一部分的权利。因此，如果亚当真有这种因“父权”而取得的统治权的话，也不能传给他的任何一个儿子，因为，它是我们的作者所论证的一种不可以继承的权力，是一种凭着“生育儿女”而取得的对其后代的权力，因为它是一种来源于并建立在纯属私人行为上的权力，所以随它而来的那种权力也同样是不能继承的。父权是一种自然权力，只是源于父子的关系，它的不能被继承，就像父子关系本身不能被继承一样。如果一个人可以继承父亲支配儿子们的那种父权，那么，作为继承人，他也可以声称有权继承丈夫对妻子的夫妇之权。因为丈夫的权力是由契约所规定的，而父亲的权力是由于“生育儿女”而获得的；如果他可以继承由“生育儿女”而得到的权力（除非一个没有生育儿女者也可以具有生育行为这种可使人获得权力的资格，否则这种权力不能及于他人，而只能限于生育儿女者本人），他便同样可以继承由私人的婚姻契约而获得的那种权力了。

这样，人们就有理由问一个问题，亚当比夏娃先死，他的嗣子（比方说该隐和塞特）如果继承了亚当的父权，是否也就具有了统治他的母亲夏娃的权力呢？答案是否定的，因为亚当的父权仅仅是因生育儿女而获得的统治儿女的权力，所以，就算照我们作者的说法，继承亚当的父权的人，也只能继承亚当因生育儿女而获得的对儿女的统治权，不可能继承其他东西；因此，嗣子的君权不可能包括对夏娃的权力，如果包括，那么这种君权既然只是亚当遗留下来的“父权”，其嗣子肯定是因为亚当生育了夏娃而具有了对她的统治权，因为

“父权”仅仅是与生育儿女有关的事情，不是别的。

也许我们的作者会这样辩解，一个人可以把他对他儿子的统治权进行转让，只要是用契约可以转让的东西，同样也可以因继承而取得。我的回答是，一个父亲不能把他对他儿子的支配权转让给别人。也许他能够在一定程度上放弃这项权力，但不能进行转让；如果别人真的获得这种权力，那也是由于那人自己的某种行为，而并非由于父亲的许可。例如一个父亲丧尽天良，不爱护自己的孩子，把他出卖或转送别人，而他又被再次抛弃；第三个人发现他后，养育、抚爱和照顾他，把他当作自己的儿子。我相信没有人会怀疑，在这种情况下，这个儿子应把大部分的孝心献给他的义父，或者作为报酬而偿还给义父；如果其他两个人对他有所求，那只有他的生父还有权利。尽管这位父亲大概已经失去了“孝敬你的父亲和你的母亲”这条诫命中规定的对他应尽的大部分义务，但他无权将任何权利转让给别人。购买儿子而不照料他的那个人，不能凭他的购买和生父的认可而具有享受儿子孝顺的权利，只有那个依靠个人的权力，对那个生命垂危的弃婴尽心尽力地代行了父亲职责的人，才能使自己因抚育之恩得到享受相应程度的父权的权利。考察父权本质的时候，这一点将更容易被人们接受。

再返回目前的论证，下面一点是显而易见的：父权只是源于“生育儿女”（我们的作者视之为父权的唯一根据），既不能“转让”，也不能“继承”；不曾生育儿女的人，无权获得由“生育”而得的父权，这就像一个人如果没有履行某种权利所依据的唯一条件，就不能得到某种权利一样。如果有人问父亲是根据什么法律取得支配他儿子的权力的，我将回答说，是“自然”的法则，自然让他有权支配他所生的儿子；如果又有人问，我们作者所讲的嗣子是根据什么法律获得继承的权利的，我认为可以做同样的回答：根据“自然”的法则；因为我发现我们的作者不曾引用《圣经》上的哪怕一个字来证明他所说的这种嗣子的权利。那么，“自然”的法则之所以给父亲这种支配儿子的父权，是因为父亲的确“生养了”儿子，如果同一条“自然”的法则也给予嗣子同样的父权，让他对于并不是他所生育的兄弟们也有支配权，那照此推论的结果只能是，要么父亲没有因生育儿女而获得父权，要么嗣子根本就没有这种权利，二者必为其一。否则就无法理解，“自然”的法则，也就是理性的法则，既然给予父亲支配儿子的父权的唯一理由是“生育儿女”，怎么又可以不管这个唯一的理由（换而言之，即没有任何理由）而使长子有对他兄弟的支配权。如果按自然的法则，无须满足这种权力所依据的唯一条件，长子就可以继承这个父权，那么，最小的儿子也可以得到这种权力，甚至外人也和长子或幼子一样，可以拥有这权力；因为，既然父权源于“生育儿女”，那么，如果没有一个人符合这个条件，一切人便都有相等的权利了。我确信我们的作者提不出什么证据来。如果有谁能提出，我们将看一看它能否成立。

同时，如果说下面这句话是合理的：因为自然的法则规定一个生育儿女的人，有统治他所生儿女的父权，所以根据自然的法则，不曾生育他们的嗣子也有支配他们的父权。那么我们也有理由说，按照自然的法则，一个人因为是另一个人的亲属，并且大家都知道他们有同一血统，所以有继承此人财产的权利，因此，根据同一自然法则，一个完全与他没有血统关系的陌生人也有继承他的家产之权。或者这样讲，即使国家的法律只规定那些养育和保护自己的孩子的人有支配他们的绝对权利，有谁能说这种法律给予了任何一个没有做过这种事的人对并非其子的那些人的一种绝对权利么？

因此，如果能够证明不是丈夫的人也可以拥有夫权，那么，我相信也可以证明我们的作者所说的：一个儿子可以继承因生育而具有的父权，继承父权的嗣子可以得到支配他的兄弟们的父权，并且根据同一法则也可得到夫权。但是，在没有证明这一点之前，我以为我们大可放心地相信，哪怕真的有亚当的父权，这种“父亲身份”的统治权，也不能被转移给他的第二代嗣子，不能被他所继承。“父权”（如果这个名词对于我们的作者有什么用途，我很乐意承认它）永不会消失，只要世界上有父亲，便会有父权；但是，所有的父亲都没有亚当那种父权，也不能从他那里取得他们的父权，每一个父亲只是通过与亚当享有父权的同样资格——即通过“生育”而不是通过承袭或继承——而具有各自的父权，这与丈夫的夫权不是承袭亚当一样。这样一来我们就明白了，亚当并不具有那种能使他对人类拥有“统治权”的“财产权”和“父权”，同样，他那在这两种资格中任意一种之上建立起来的统治权，（如果他当真有这种权力的话），必定会随他的死亡而终止，并不能传给他的嗣子。因此，如上所述，既然亚当不是君主，他那虚构的王位也不可以传袭，所以当今世界上的权力不是来源于亚当的权力，因为，亚当所拥有的一切“财产权”或“父权”，根据我们作者的说法，必然要在其死亡之际终止，而不能通过继承转交给他的后代。在下章中，我们将探讨是否如我们作者所说的那样，亚当有那种继承他的权力的嗣子。

第十章　论亚当君权的继承人

我们的作者对我们说："随便一群人，不管是大群或小群，即使是从世界的各个角落凑在一起的，从这群人的本身来看，其中必定有一个人是亚当的嫡嗣，他因此天生有权利做其余所有人的君主，其他所有人都从属于他；一个人生出来不是君主便是臣仆，这是一条不容置疑的真理。"我们的作者又说："如果亚当自己还在世，现在即将死去，那么，确定无疑的是，一定有一个人，而且世界上只有一个人，是他的嫡嗣。"如果我们的作者愿意，假定这"一群人"都是尘世的君主，那么，按照我们作者的原则，"他们当中便一定有一个人天生就该做其余一切人的君主，因为他是亚当的嫡嗣。"这真是一个完美的法子，它通过设立数量庞大的君主资格（假定世界上有那么多的君主）而树立了许多人，这些人有君主资格并得到他们臣民的顺从，以此来与现在进行统治的君主作对，在我们作者看来，他们每一个人都和现在居于统治地位的君主具有一样有效的君主资格。假如"嗣子"的权利有什么效用，像我们作者的潜台词那样，是什么"上帝的旨意"，那不是所有人，从最高贵的到最低贱的，都成了他的臣民了吗？那些虽有君主称号但没有资格做"亚当的嗣子"的人们，能凭这个地位要求他的臣民服从自己，而不必按照同一法则对别人也服从吗？所以，只有两种可能性：要么不能以亚当嗣子的身份要求或掌握世上的统治权，如果这样，提出这个根据便没有意义，是不是亚当的嗣子对于支配权的资格也无关紧要；要么如我们的作者所言，亚当的嗣子确实具有政府与统治权的资格，那么，最为要紧的事就是先找出亚当的真正嗣子，拥立他做君主，继而世上所有的君王都来向他交出各自的王冠和节杖，因为这些东西不再归他们所有，就像不归他们以前的臣民所有一样。

因为，一种情况是，亚当的嗣子天生有权做世间所有人（他们在一起就是"一群人"）的君主，这种权利对于确立一个合法的君主并非必不可少，因之，没有这项权利也可以做合法的君主，君主、君位和君权都不取决于它；另一种情况是，全世界的君主，除仅有的一个之外，都是非法的，因而无权要求别人服从；再有一种情况是，亚当的嗣子资格是居于王位和统治人民的根据，这样就仅有一人有资格这样做，其余的人都是臣民，谁也不能向与自己一样是臣民的其他人要求臣服；最后一种情况是，这个资格不是君主进行统治和要求人民服从的根据，因此，没有这种资格，君主也照样是君主，二者必居其一。对于取得服从和进行统治来说，这种亚当嗣子的天生统治权的梦想毫无用处，因为即使君主们不是或不可能是亚当的嗣子，却仍拥有统治和要求臣民服从的权利，那么这种资格又有何用呢？既然他们不具备这种资格，我们就没有义务服从他们，因为对于一个没有命令权的人，我并没有服从的义务，如此说来，我们便是不受任何约束的自由人了，除非我们的作者或他的任何辩护人能告诉我们亚当真正的嗣子是谁。如果亚当的嗣子仅有一个，那么世界上便只能有一个合法的君主，在还没有确证谁是亚当的嗣子以前，任何人都不会心甘情愿地去服从，因为也许在一群默默无闻的年轻人当中就有一个是亚当的嫡裔，而其余所有人都地位平等。倘若亚当的嗣子不限于一个，则所有的人都是他的嗣子，所有的人都有君权，因为，如果可以同时有两个儿子是嗣子，那么所有的儿子都同样是嗣子，依此类推，所有人都是亚当的儿子，或他儿子的儿子，就全都是嗣子。嗣子的权利不能同时具有这两种状态，因为这种说法意味着或者只有一人是君主，或者全人类都是君主，不管是哪一种情况，统治和服从的链条都会因此而断裂。因为，如果所有人都是嗣子，他们便没必要服从任何人；如果只有一人是嗣子，在他广为人知，以及他的身份地位明确以前，没有谁有义务必须服从于他。

第十一章　论继承人的归属

古今中外，祸害人类，破坏城市，灭绝国家人口，以及破坏世界和平等绝大部分灾难的最大问题，不是世界上是否有权力存在，也不是权力的来源是什么，而是谁应当具有权力。解决这个问题的重要性不亚于君主们的安全，以及君主领土和国家的和平幸福，因此在我们看来，一个政治学家在解决这个问题上应该特别下功夫，并且应该旗帜鲜明，因为，如果在这一点上还存在疑义，别的就毫无价值了。只是描述绝对君权所能带来的光荣和魅力而不说明应当是谁掌握这种权力，只会进一步刺激人们自然的野心——这种野心本身，原本就很容易走向极端——使人们更加醉心于权势的争夺，从而为无休止的斗争和骚乱埋下永远的祸根，再也不可能得到本属政府的任务和人类社会目的的和平与安宁。

与普通人相比，我们的作者更有责任解决这一问题，因为他断言“国家权力出于神授”，这话意味着权力本身及其转移都是神圣的，所以无需任何考虑，也无需什么权力，就能够从根据神权而被授予了国家权力的人手中将这种权力夺走，别人也没有任何需要或办法能代替他。因为，如果“国家权力出于神授”，而亚当的“继承人”就是以这种方式“被授予”这种权力的，像我们的作者在前面一章告诉我们的那样，如果某个不是亚当嗣子的人登上了王位，就是对神圣的严重亵渎，其程度之深，如同在犹太人当中，一个不是亚伦的后裔的人当上了“祭司”。因为“不仅”祭司的职权“一般是出自神意，而且，它的认定”只能由亚伦一族及其后裔所独享，这条规定，就使这职位不能被亚伦后代以外的任何人所占有或行使，所以，人们都慎重地遵守亚伦后裔的继承这个惯例，因此，人们都能准确地知道谁有担任祭司的资格。

那么，让我们看一下，为了使我们知道谁是这个“根据神的旨意有权做全人类君主的继承人”，我们的作者到底花费了多少心思。我们所遇到的第一次有关记述是这样的："子孙的从属因为是一切君权的基础，是上帝的意旨，所以国家的权力不仅一般出于神的旨意，而且特定地被指定授予最年长的双亲。"这种重大的事情应当表达得清晰易懂，以尽量减少令人怀疑或意义模糊不清之处；我认为，如果语言能够清楚明确地表达一种概念，则亲缘或血缘上程度不同的亲疏等等名词就是适用的语言之一。因此，我们的作者在这里要能用一种较为简单易懂的词句该有多好，那样我们便能更清楚地知道，谁是"神选的授予国家权力"的人，或者他至少应该对我们说清楚所谓"最年长的双亲"是什么含意。因为，我深信，如果土地已经被授予或赏赐给他和他家族中"最年长的双亲"，他也会认为需要有人就这一名词向他作出解释，并且他如果想知道去世后土地的归属也很困难。

写作这种性质的论文时，合适的语言是必不可少的。在合适的语言中，"最年长的双亲"或者指年龄最大的生养过儿女的父亲和母亲，或者是指那些最早生育儿女的父亲和母亲，那我们作者的断言将是，活的最长或生儿育女最早的那些父母，"按照神的规定"有权掌握"国家权力"。如果这话有什么不妥之处，我们的作者难辞其咎；如果我误解了他的意思，那也只能怪他没把话说清楚。我相信，"双亲"不能是单指男性的后嗣，而"最年长的双亲"也不会是指一个婴儿，不过，如果仅有一个，他就有成为真正的继承人的可能。然而虽然有"神的授权"，我们仍然不知道国家权力应当归谁，就像全然没有过"授予"这回事，我们的作者也没有说过一样。"最年长的双亲"一词，使我们与那些从未听到过亚当的嗣子或继承（这个词总在我们的作者嘴上挂着）一类议论的人相比，更加不明白到底应是谁依据神的授权而拥有国家权力。虽然我们的作者主要的写作目的是教人要服从那些有权要求别人服从的人，而且他说这种权力是代代相传的，但是，谁才是拥有这种世袭权力的人这个问题的答案，任凭何人从他的著作中都找不出来，就好比是政治学中的"炼金术者的点金石"那样让人看得见却摸不着。

像罗伯特爵士这样一个出色的文学家，如果自己想要说什么却说不清楚的话，绝不能批评他语言匮乏，因此我猜想是因为他体会到用神的意旨来决定继承的原则是多么困难，或者感到即使证实了这种传承的规则，对于达到他的目的，或者是对于搞清与肯定君主地位上的作用也是微乎其微的，所以宁愿使用这种笼统和模糊的名词，让人听起来不那么尖锐，并易于接受，也不提出任何有关亚当的这种"父权"传承的明确规则，让人们在心理上得到满足，并且知道谁是有资格掌握君权并要求他们服从的人。

不然，罗伯特爵士那么强调“传承”、“亚当的继承人”、“下一代的继承人”或“真正的继承人”这些名词，却从不界定“继承人”的含义，也不告诉我们确认谁是“下一代”或“真正的继承人”的办法，这怎么可能呢?我没发现他何时曾清晰地处理过这个问题，我只发现，在碰到这个问题时，他只是很小心翼翼地，又很犹豫地碰它一下；他这样做也是没有办法，不然，一切以他的那些原则为基础的政府和服从就都失去了意义；那个尽善尽美的“父权”也就没有任何用处了；所以，我们的作者对我们说，“权力的一般构成和权力被限定于一种类型的君主制，以及将权力归于亚当这一特定的个人及其后代，是上帝的三道法旨。无论夏娃本人还是她的子孙都不能限制亚当的权力，也不能把别人与他联系在一起。给予亚当的权利，是先授予他个人，再由他转交给他的后代。”我们的作者又在这里告知我们，“神的规定”限制亚当的君权传承。那究竟传给谁呢?我们的作者说，是“传给亚当的世系和后代”。这种限制真是特别，它是一种对全人类的限制。因为，如果我们的作者能找出一个人不属于亚当的“世系”或“后代”，这个人或许能告诉他谁是亚当的第二代继承人。但是，对我们来说，怎能把希望寄托于这种将亚当的帝国限定于他的一“系”或“后代”的办法?这种办法怎么可能会帮助我们找到“一个继承人”呢?对于那些想从兽类中找个“继承人”——如果其中有任何这么一个继承人——的人，我们作者的这种“限定”的确可以为其省些麻烦，但是这无助于在人类中发现“一个下一代继承人”。告诉我们说，亚当的世系和后代应享有君权，固然是解决亚当王位传袭问题的简单办法，这用易懂的话来说，就是所有人都可以有这种权利，因为，只要是个活人，就都具有亚当的“世系”或“后代”的身份，只要拥有这身份，他就属于我们作者所说的上帝规定的限制范围。的确，他对我们说过“这种继承人不仅是自己子孙的主人，而且是自己兄弟们的主人”，这句话，以及后面的一些话（我们很快就要考察这一点）似乎是在暗示，长子就是继承人。但是，就我的发现，他不曾在任何一个地方直白地讲出来，不过据其后来举出的该隐和雅各的例子来看，我们可以认为这就是他关于继承人的意见，就是说，如果有许多儿子，那长子具有做嗣子的权利。然而，我们已经证明，长子继承制不能够给予任何父权资格；虽然我们也不否认，父亲可以有某种天赋的支配儿子的权利；但是如果要说长兄也具有支配他兄弟们的权利，则仍需进一步证明。据我所知，上帝或“自然”从未在任何地方把这种统治权赋予长子，理性也不可能在一群兄弟们之中发现这种天然优越性。摩西的法律规定长子可享有两倍的财产和物品，但是，我们无论在什么地方都没有发现他理所当然地或由上帝规定享有优越地位或支配权。我们作者所提供的例子只能微弱地证明长子有资格享有国家权力和支配权，但准确地说，他倒是更好地证明了相反的情况。下面这些话也是前面所引段落中的话："因此，我们发现，关于他的兄弟亚伯，上帝曾告诉该隐说：'他必恋慕你，你却要制服他。'"对于这个问题，我可以这样回答：首先，上帝对该隐所说的这些话，许多注释家有充分的理由从与我们作者完全不同的角度作出解释。其次，无论这话的意思是什么，都不能解释成该隐因长兄的身份而有天赋的对亚伯的支配权，因为这句话是以"如果你能做好"为前提的，并且只是对该隐个人说，所以不管这些话的所指为谁，都要取决于该隐的行为，而不是根据他的天赋权利，因此，这些话绝不能是一般地对长子支配权的确定。因为在说这话前，我们的作者曾经说过，亚伯已经"凭个人的支配权而有自己的土地"，如果"根据神的意旨"，该隐以继承人的资格应当继承他父亲的全部支配权，亚伯所拥有的"个人的支配权"就会侵害嗣子的权利。再次，如果上帝有意以此作为长子继承权的特许，并作为长兄们可以据继承权而取得支配权的承诺，那么，我们可以认为这必定包括他的一切兄弟们。因为我们有理由假定，当时亚当已经把人类繁衍起来，他们也已成人，而且生养的儿子比该隐和亚伯更多，而亚伯在《圣经》中仅是点到为止，原文中的词句，依照任何无误的结构，都很难适用于亚伯。最后，把那样举足轻重的学说建基于《圣经》中如此可疑和模糊的语句之上，未免过于莽撞了，因为这些语句可以很好地、甚至更贴切地作出一些完全不相同的解释，所以这只是一种拙劣的证据，与要用它来证明的事情同样可疑，特别是在《圣经》里或理性上都找不到别的支持和赞同这种说法的东西。

我们的作者接着又讲："因此，当雅各购买了他哥哥的名分，以撒就这样祝福他道：'愿你做你众弟兄的主人，你母亲的众儿子向你膜拜'"，我认为，这是我们的作者所提出的证明长子名分是支配权的基础的又一个例子，这个例子很值得称赞。因为，作为一个为君主的自然权利辩护，反对一切契约说的人，我们的作者举出来的涉及到一切权利的例证，按他自己的论述却全都是以契约为基础的，把帝国给予年幼的兄弟，除非买卖不算契约，否则，他的推理方法一定非同一般。因为我们的作者清楚地告诉我们说："雅各购买了他哥哥以扫的长子名分。”但是，我们暂且存此不论，先来研究一下事件本身，看看我们的作者是怎样应用它的，我们就会发现以下的错误：

第一，我们的作者对这件事的叙述，给人的印象是，雅各买到“长子名分”以撒便马上对他祝福，因为他是这样说的：“当雅各购买了……”，“以撒祝福他……”，但是《圣经》所说显而易见与此不同，在两件事之间，实际上还有一段时间距离，考察一下这故事的情节顺序，可以发现时间的距离还挺长。以撒在基拉耳居住的整个时期，他与亚比米勒王交涉，那时以撒之妻利百加还很年轻美丽；但是当以撒祝福雅各时，以撒已经老了。而且以扫还抱怨过雅各，说他曾经“两次”欺骗他；以扫说，“他从前夺走了我的长子名分”，“他现在又夺走了我的福分”，我认为这些话是表明了时间距离和两个不同的行为。

第二，我们作者的另一个谬误是，他认为以撒给雅各“福分”和让他做“他的弟兄的主人”，是因为他取得了“长子名分”。我们的作者想以此证明，只要有“长子名分”，就有权做“弟兄们的主人”。但是，《圣经》中的叙述非常清楚地表明，以撒绝没有想到雅各曾买了长子名分，因为，当他祝福雅各时，他没当他是雅各，仍然当他是以扫。以扫也没把“长子名分”和“福分”两者看作有这样的关联；因为他抱怨：“他骗了我两次；他从前夺走了我的长子名分，他现在又夺走了我的福分”；如果“做他的兄弟们的主人”这种“福分”是属于“长子名分”的，以扫就不应该抱怨说有两桩欺骗，因为雅各所得到的，只是以扫在卖掉自己的“长子名分”时所卖给他的罢了。所以，支配权——如果上面说的指的就是这个——不能被看作属于“长子名分”，这是显而易见的。

在那些先祖生活的时代，支配权并不被认为是继承人的权利，而只是指对较大部分财产的支配，这一点在《创世记》二十一章第十节里反映得很明白。撒拉（亚伯拉罕之妻）选择以撒作嗣子，她对亚伯拉罕说，“你把这使女和他的儿子（即以实玛利）赶出去，因为这使女的儿子不可与我的儿子以撒一同继承产业”，这句话意指使女之子在他父亲去世后没有同等的权利继承父亲的产业，应该现在就分得他那一份儿，到别的地方去。因此，我们便看到这样的记载：“亚伯拉罕把一切都传给了以撒，只把一部分财物分给了他庶出的众子，并在自己还活着时，让他们离开了他的嗣子以撒。”就是说亚伯拉罕将部分财物分给他其他的儿子们，让他们到别处去，他所保留的财物占他产业的绝大部分，由他的继承人以撒在他身后继承。但以撒并没有因为做了继承人而获得“做他的兄弟们的主人”的权利，如果他有权这样做，那为什么撒拉要赶走庶出的众子，这样岂不是夺去了他的臣民和奴隶？

那么，和一般的法律规定一样，“长子名分”的特权也只不过是双份的财产，所以，我们发现，在摩西以前的先祖时代——我们的作者经常自吹自擂说他是从这个时代发现他的模式的——根本没有人知道或想到长子名分会使人得到统治权或王位，会使任何人有父权或君权支配他们的兄弟；如果以撒和以实玛利的故事还不足以证明这种情况，希望读者去看看《历代志》第五章第一、二节，里面有这样的记载：“以色列的长子本是流便，因为他玷污了父亲的床，他的长子名分就归了约瑟，但按家谱他不是长子；犹大胜过一切兄弟，君王也是从他而出，而长子名分却归约瑟。”什么是这个长子名分呢？雅各对约瑟祝福时，讲了这么一段话：“我从前用弓和刀从亚摩利人之手夺得的那块地，现在都赐给你，让你比众弟兄多得一份。”这里说得很清楚，长子名分只不过是双份家产。显然，《历代志》的记载与我们的作者的论调不一致，这说明支配权不属于长子名分的内容，因为它说得很明确，虽然长子名分归约瑟所有，但支配权却属于犹大。既然我们的作者以雅各和以扫为例来证明支配权是嗣子支配他兄弟的权力，那我们只能认为他是很欣赏“长子名分”这个名词而已。

首先，它不过是一个拙劣的例子，并不足以证明上帝的意旨规定支配权属于长子所有，因为，小儿雅各在这里是拥有这种权利的人，不管他是怎么得到这种权力的。如果这个例子能够证明什么，那它证明的只是与我们的作者相反的观点：“神意从未指定长子有支配权”，这一点，他是不能改变的。因为，如果上帝或自然的律法规定绝对权力和王位属于长子及其继承人，他们因此将是最高的君主，别的兄弟们全都是他们的奴隶，那么，我们的作者就使我们有理由怀疑长子是否有权让渡这支配权，使其后代受损。因为他告诉我们：“来自上帝或自然的授予物或赏赐品，是任何人类的低级权力都不能加以限制的，也不能制定任何与之相反的法规。”

其次，我们的作者举出的这些例子丝毫无关于一个人支配其他兄弟，或以扫服从雅各这些事情。显而易见的是，以扫在历史上从来不曾臣服于雅各，他住在西珥山的一个地方，在那里建立了一个家族和政府，他自己做了君主，与雅各是他自己家族的君主一样。这段原文中的“你的众兄弟”和“你母亲的众儿子”这些词句，绝不能理解为是说以扫，或说雅各对以扫拥有个人的支配权，因为以撒知道雅各仅有一个兄弟，他不会照字面意思来使用“众儿子”和“众兄弟”这样的词。这些话的字面意思很不确切，也不能证实雅各有对以扫的支配权。在《圣经》故事中，我们所见的恰恰与此相反；因为雅各曾多次称以扫为“主”，自称是他的仆人；而且“他连续七次匍匐在地上向以扫行礼”。那么，以扫是不是雅各的臣民，或者按照我们作者的观点，是奴隶，雅各靠着长子名分是不是他的统治的君主，这些我留给读者自己去判断，如果可能，我也想让读者相信，以撒所说的“愿你成为你的兄弟们的主人，你母亲的儿子们向你膜拜”这句话，证明了雅各凭他从以扫那儿得到的长子名分拥有对以扫的统治权。

所有知道雅各和以扫故事的读者，都会看到，在他们的父亲去世后，他们两人谁也没有支配对方的权力或权威，他们之间是按照兄弟关系友爱和平等地相处；谁也不是对方的“主人”或“奴隶”，而是相互独立，各自领导各自的家族；两人谁也没有接受对方的法律，他们分居两地，分别是两个不同政府统治下的两个不同民族产生的根源。那么，我们的作者用以证明长兄支配权的以撒祝词，其含意，不过是上帝对利百加所说的话：“两国在你腹内，两族要从你身上出来，这族必强于那族，将来大的要服务于小的。”同样，就像据以撒的祝福论证雅各拥有支配权那样，我们的作者从雅各祝福犹大，并授之以节杖和支配权的描述中，也许会论证出第三子对他的弟兄们有统治权和支配权。实际上，上面两次祝福都是一种预言，很久以后才在他们后代的身上应验，而不是对于其中一人可以继承支配权的宣告。这样，我们就得到了我们作者的两个重要论点，也是他用以证明“继承人是他兄弟们的主人”的仅有的两个论点：

第一，因为上帝对该隐说，无论“罪”怎样诱惑，他都应该或可以克服它。即使最博学的注释家也会认为这些话应该是谈论“罪”，而并非指亚伯。他们提供了充分的理由，以致据这样可疑的经文，根本推导不出任何有利于我们作者目的的结论。

第二，在上面引用的《创世记》的内容中，以撒预言，雅各的后代，也就是以色列人，会有对以扫的后裔以东人的支配权。因此，我们的作者作出的“嗣子是他的兄弟们的主人”的结论是否正确，我留给大家判断好了。

现在我们可以看到，我们的作者是如何对亚当的君主权力或父亲的支配权的传承作出规定的，他规定这些权力由他的嗣子来继承，嗣子获得他父亲所有的权力；在他父亲去世后，成为与他父亲一样的君主，“不单支配他自己的子孙，而且也支配他的兄弟”；所有的一切都是传自父亲，而且将永远这样传下去。但是，我们的作者从来没有告诉过我们，这个有继承权的嗣子是谁，对于这样一个根本的问题，我们从他那里所能得到的，只是在他雅各的例子中，以扫让渡给雅各的“长子名分”这个词。这让我们推测，他的“嗣子”意指长子。但我从没看到过他在什么地方曾经明白地讲到过长子的身份与权利，我所看到的是他一直在“继承人”这个模糊的名词的影子里躲躲闪闪。但是，就算他认为长子就是继承人（因为，如果长子不是继承人，那就解释不清为什么别的儿子不能平等地都是继承人），因此据长子继承制的规定他对他的兄弟们有支配权，这也仅仅是解决继承权问题的第一步，但在他指出，在当前的统治者因没有子嗣而可能发生一切的情况下，谁会是合法的继承人之前，所遇到的困难并不比以前少多少。但是，他悄不作声地跳过了这一点，这或许也是个很明智的做法，因为，在做出了“具有这种权力的人，甚至政府的权力和形式都来自神的意旨和神的规定”这一断语之后，没有什么比小心翼翼地不再涉及关于人的问题更聪明的办法了。因为要想解决这个人的问题，除了使他承认上帝和自然对这个问题根本没有作过任何决定外，别无选择。我们的作者费尽心思制造出来的这个自然的君主如果死时没有留下儿子，在这种情况下他如果不能指出，根据自然的权利或上帝明确的法律，这个最接近的有资格来继承他的权力的人是谁，他就不必再花费力气讨论其余的事情了，因为要使人们思想安定并决定服从与效忠，更重要的事是要让人们知道，依据原始权利，即优于和先于人类的意志与任何行动的权利，是谁应具有这种“父权”资格，而不能仅仅指出根据自然这种“权限”存在就算完事。在许多觊觎这种权力的人之中，如果我不知道谁是具有这种正当权力的人，而只知道的确有这样一种父权是我应当而且愿意服从的，这对我而言毫无意义。

因为，现在所讨论的问题主要涉及我服从的义务，以及我对我的有权的主人和统治者所应有的理智上的责任，那我就必须知道拥有这种父权的人是谁，即谁有权来要求我服从。如果我们作者所说的“不仅国家权力一般是源于神意，甚至连特别指定应属于最老的双亲也是如此”。“不仅政府的权力或权利，甚至于政权的组织形式，以及拥有这种权力的人，都是出于上帝的规定”，都是正确的。但是，除非他给我们指出，在所有场合这个为上帝“指定”的人是谁，这个“最老的双亲”是谁，否则他关于君权的所有抽象概念，在实际应用时，在人们发自内心地表示服从时，几乎都是毫无意义的，因为“父权”本身既不能发号施令，更不是让人服从的对象，它只能让一个人得到别人所没有的权利。如果凭着不能占有的继承权而享有命令人和让人服从的权利，便说，当我服从那个没有因父权而有权让我服从的人的时候，就是服从“父权”，这是荒唐可笑的。因为，一个人如果无法证明他具有源于神权的统治我的权力，就和一个人不能证明世界上真有这种源于神权的权力一样，是不配享有使我臣服于他的神权的。

我们作者的这种理论毫无用处，因为他不能证实任何君主都是亚当的嗣子，进而也就无法论证君主享有统治权的资格，所以最好置之不论。他还喜欢用现实的占有来解释一切问题，把对国家的服从归结为对僭位者的服从，就像对一个合法君主的服从一样，从而使僭位者具有同样有效的资格。他下面所说的这些话值得记住，他说：“如果一个僭位者夺取了真正的继承人的权位，人民必须继续服从父权，等待上帝的意旨。”关于僭位的问题，留待适当的地方，我再继续考察，我希望还保持清醒头脑的读者思考一下，君主们会是如何地感激这种政治学说，它竟然认为一个凯肯德或克伦威尔式的人也能拥有“父权”即统治之权。既然一切服从归根到底就是对父权的服从，那么根据同一权利，臣民的服从也就是对篡权的君主们的服从，其根据之充足，与对于合法君主的服从毫无二致。然而这样一种危险的理论，必然把一切政治权力都只是归于亚当的神授的、合法的父权。它只说明权力由他传来，却不说明是传给谁的，或者谁继承了这种权力。

因为，为了建立尘世的政府，为了把服从的义务深植于所有人的意识之中，我们必须（就算我们作者的意见是对的，即一切权力都只是源于亚当的“父权”）使人们知道当在位者死后，又没有儿子直接继承他时，谁有权利得到这种“父权”，就像让人明白父亲死后，长子有继承权一样。因为我们不要忘了，重要的问题（即我们的作者认为他全力论证的问题，如果他不是有时忘记了的话），是哪些人具有让人服从的权力，而不是世上有没有所谓“父权”这样一种权力，反正也不知道谁具有这种权力。因为只要我们知道谁有这种权力，不管它被称为“父权”“君权”“自然权”“获得权”“最高父权”，还是“最高兄权”，都无足轻重，反正它是一种统治权。

我要进一步问的问题是，女儿所生的外孙，在这个“父权”或“最高父权”的传承问题上，是不是比兄弟所生的侄儿更有优先权呢？长子生的孙子哪怕还是婴儿，是不是也比年轻有为的少子有优先权呢？是不是女儿比叔父或别的从男系出生的人优先呢？是不是幼女生的孙子比长女生的孙女更优先呢？是不是庶出的长子比正妻生的幼子更优先呢？这样下去，还会有许多关于是否合法的问题，比如，妻与妾在本质上有什么分别呢？因为世上的民法或成文法对此都没有明确说明。我们还可以继续追问，如果长子是个蠢材，他是不是也比贤明的少子优先继承“父权”呢？笨到什么地步才能剥夺他的权利呢？谁有权裁定这个问题呢？是否一个因弱智而被废黜的傻瓜所生的儿子，比他在位的叔叔所生的儿子更优先呢？如果国王去世时，王后怀着孕，无人知其将生男生女，这时谁应拥有“父权”呢？如果因为母亲剖腹，两个孪生男孩儿同时降生，谁是继承人呢？异母或异父的姊妹是不是比同父母的兄弟生的女儿更优先呢？

诸如此类的关于继承身份和权利方面可以提出的问题，并非无聊的沉思，在历史上，我们发现这些问题时常发生，对王位的承袭至关重要。如果需要，我们不用另觅他处，只在英伦三岛上就可以找到众所周知的例子。《父系的君王》一书的作者博学多智，他对这些已有非常详尽的记述，我不用在此多说。如果我们的作者不能解决这些问题，不能证明这些疑问显然都是由自然法则或上帝的法律所决定的，那么他所持的关于“君主的”、“无限的”、“至高的”、“亚当的父权”以及关于这种权力怎样传给他的继承人等等全部论据（我认为他所有的论据与其说是证明，不如说恰恰是反证），对于建立权力或确认现在世界上任何一个君主的资格都毫无帮助，不仅如此，反而会引起混乱，使一切都成为问题。因为，尽管我们的作者对我们耐心地一说再说，尽管所有人也都相信，亚当因有“父权”，所以有“君权”；这个权力（世上唯一的权力）“传给他的继承人”；除此之外，世上再也没有别的权力。但是如果搞不清楚这“父权传给”谁，它现在归谁所有这些问题，就谁也没有任何服从的义务，除非有人认为，我有义务对一个和我一样没有“父权”的人的“父权”表示臣服，而这不过是说，我服从一个人，就是因为他拥有统治权。如果有人问，他为什么有统治权，我将回答说，“谁也不知道，他到底有没有这种权利”。因为，我知道一个“不是让我应该服从的理由，不可能成为让我服从的理由”，那么，一个“任何人都不知道的理由”，更不能是让我服从的理由了。

因此，我们的作者关于亚当的“父权”，这权力的巨大程度，以及它的假设的必要性等等的论证无论多么费尽心机，只要它们不能回答人们关于应该服从谁，或者谁有权统治，谁应该服从这些疑问，那么，它们对于确认统治者们的权力及臣民的服从义务就毫无用处。同样，这个亚当的“父权”，这个由其继承人代代相传的“君主权”，也无助于人类的统治，正如假设我们的作者断言，亚当有免罪或医病的“权力”，那这种权力由神规定应当传给他的继承人，但却无从知晓他的继承人是谁，那它对安抚人心和增进健康就都无裨益。如果有谁相信我们作者的一派胡言，向一个自称僧侣的人忏悔他的罪过，希望得以免罪，或服用一个自称医生的人的药以求健康，或跑到这些职业者面前，说，我承认这个传自亚当的免罪权，或这个传自亚当的医疗权将治愈我，这样做，与一个人在承认了所有这些权力都是由亚当传给他的唯一继承人的而又不知道这个继承人是谁的情况下，就说我接受并服从这个由亚当传下来的“父权”一样，是毫无道理的。

俗世的法学家们曾吹嘘自己能解决某些关于王位继承的案子，但是根据我们作者的观点，他们就是干了不属于他们职权范围的事，因为，如果所有政治权力都只来自于亚当，并且按照“上帝的意旨”和“神的规定”，只传给他一代代的继承人，那么这种权力就是一种先于和凌驾于一切政府之上的权力，因此，人们制定的成文法无权决定它本身是一切法律和政府的基础，它的法则是源于上帝和自然的法律。鉴于我们的作者对此保持沉默，我就倾向于相信没有任何以这种方式进行转移的权利，即使有这种权利，也没有什么用。如果这种权利存在，在有关统治和服从统治的问题上，人们会更加茫然。因为，依据那些被“神的规定”（如果真有这种规定）排斥在外的成文法和契约，所有这些层出不穷纠缠不休的难题，都能够妥善地解决。但是让人永远不能理解的是，一种神授的自然权利，而且是一个重要性不亚于整个世界的秩序与和平的权利，在没有与此有关的任何明确的、自然的或神的规定的情况下怎么能够代代相传呢？如果国家权力是由“神的规定”赐给继承人，而依照这个“神的规定”又搞不清到底谁是继承人，那么，所有世俗的统治权便都不能成立了。既然这个“父的君权”，依照“神的意旨”，只属于亚当的继承人，人类就不可能再思考并认可把它安排在别人身上。因为，如果只有一个人拥有让人类服从的神圣权利，并且只有他能证明自己具有这种权力，那么，其他人就都不能要求得到这种服从；即使人的良知也不能因别的理由而觉得有必要服从。如果是这样，这个学说就彻底颠覆了一切政府。

由此，我们看到，我们的作者把一个人的统治权是“上帝的意旨”和“神的规定”这种说法作为一种坚实的基础，而笼统地对我们说，这个人就是神选的继承人，但是，到底谁是这个继承人，他却让我们猜哑谜。这个把权力赐给一个我们无从知晓的人的“神的规定”，简直就等于没有任何规定。但是，无论我们的作者怎么做，“神的规定”决不会作这样可笑的指定，我们也无法想象上帝会制定一条神圣的法律，规定一个人对某物享有权利，但却不告诉我们分辨他的办法；或者把神授权力赐给一个继承人，却又不指出这个继承人是谁。这更会使人认为，与其说上帝把这种权力赐予继承人，但又使人满腹狐疑，不能确定这个继承人是谁，倒不如说这个继承人按照“神的规定”根本没有这种权利。

如果上帝把迦南的土地赐给亚伯拉罕以后，用笼统的话说在他死后要赐给某人，为了不让人知道，又未指明是他的子孙，这种对于迦南土地所有权的裁定，与把帝国赐给亚当和他的继承人，但却未指出继承人是谁一样，没有什么效力和用途。因为“继承人”这个词，如没有使人识别此人的标准，那无异于是指我不知道为谁的“某一个人”。上帝对世人规定了“近亲”之间不能结婚的“神的规则”，并且觉得只说“你们不可以接近你们的近亲，以致看到其裸体”还不够，还要进一步通过制定标准告诉人们谁是“神规定的”不能结婚的“近亲”，否则那规定就是一纸空文。单纯用笼统的语言给人们设定限制或给予他们特权，而不能识别谁是这个特定的人，这样做毫无意义。可是，既然上帝在任何地方都没有说过这个继承人有权继承他父亲全部的产业和支配权，我们也就不用奇怪上帝不曾指定过谁是这个继承人了，因为他从来没有那样的打算，从未在这一意义上认定任何继承人，所以我们也不能期望他会在某个地方任命或指定一个继承人。如果这不是事实，我们就可以怀有这种期望。因此，《圣经》虽提到过“继承人”一词，但不是像我们的作者所指的那种根据自然权利应继承父亲所拥有的一切，而把兄弟们排除在外的继承人。所以撒拉认为，如果让以实玛利留在家里，他在亚伯拉罕死后就会共同继承产业；这个使女的儿子就会与以撒同是继承人。所以她劝告亚伯拉罕说“你把这使女和他的儿子赶出去，因为这使女的儿子不可与我的儿子以撒一同继承产业”。但这不能成为我们原谅作者的理由，既然他告诉我们，在任何一群人中都会有一个是“亚当的真正和嫡亲的继承人”，那他就应该说清楚传承依据的标准是什么。但是，他吝啬地不肯把识别的标准教给我们，那我们如何知道谁是继承人呢？他自称他的政府论完全是建立在《圣经》的基础上，那就让我们在下一节看一看，在这个必要的根本点上，他所引用的《圣经》历史都对我们说些了什么。

我们的作者为了使他的书有好的名声，便这样描述亚当君权传授的故事：“亚当因上帝的命令而得到的对全世界的统治权，以及先祖们根据由他传下来的权利而得到的统治权，是非常广大的，像……”他怎么证明先祖们根据传承真的拥有这种权力呢？他说，因为“我们发现族长犹大有生杀大权，曾以他儿媳他玛装作妓女为由，而宣布她的死刑。”这事怎能证明犹大拥有绝对的统治权呢？是因为“他宣布她的死刑”吗？死刑的宣布其实不是统治权的一个决定性的标志，而一般只是下级官吏的职责。制定关系人之生死的法律的权力的确是统治权的一个标志，但是，根据这种法律宣判的任务，却可以由别人执行，因此，这个记载只是犹大拥有统治权的一个不充分的证据，就如同有人说“法官遮佛里最近宣判了某人的死刑，所以他有统治权”一样，毫无道理。但是，我们的作者会这样说，犹大不是受别人的委任而是凭自己的权利做的。谁知道他是否有这种权利？一时的愤怒可能促使他去干他无权去干的事情。“犹大有生杀之权。”何以见得呢？就因为他行使了这项权利，即“宣布他玛的死刑”，我们的作者就想当然地认为，既然他这么做了，就说明他有这个权利，这是一个极好的证据。但是犹大也跟她睡觉，根据同样的论证方法，那他也有权利做这种事了。如果这种推理正确，就是说做过某一桩事就有做某一事的权利，那么，押白沙龙也可算是我们的作者所说的统治者中的一位了，因为在非常相似的情况下，他宣布了他兄弟阿嫩的死刑，并且执行了这一死刑。如果这件事足以证明生杀大权，那么押白沙龙也就成了一位统治者了！

但是，就算上述一切都可证明统治权的存在，那么究竟是谁“凭着从亚当传承的权利，而拥有像君主的绝对支配权一般广大的统治权”呢？我们的作者说，“是犹大”，雅各的幼子，他父亲和兄长都还在世。如果我们承认我们的作者自己做的证明的话，一个幼子在他父亲和兄长健在的时候，就可以“根据传承的权利”而拥有亚当的君权。如果一个人满足上述这个条件就可以继位当君主，为什么不是所有人都可做君主？如果犹大，他的父亲和兄长健在时就是亚当的继承人之一，我不知道还有谁不是继承人。每个人都可以像犹大一样根据传承而成为君主。

谈起战争，我们知道，为了和平，亚伯拉罕统帅着一支由自己家的三百一十八名士兵组成的武装和亚比米勒结盟；以扫率领着四百个武装的人去与他的兄弟雅各相会。一个人的家里有三百一十八人，而并非亚当的继承人，难道这不可能吗？而在西印度，一个种植园主拥有的人就更多了，只要他乐意

（他毫无疑问会这样），他就可以把他们集结起来，领导他们去攻打印第安人，遭到伤害时，就向他们要求赔偿，所有这些所作所为都没有“传自亚当的君主绝对支配权”。这是一个多么完美的论证啊，它不是证明了所有权力都是根据上帝的规定，传自亚当吗？不是证明了这个种植园主在家里对生在他家和他用金钱所买的奴仆享有的权力正是神的规定吗？而这与亚伯拉罕的情况是一样的：先祖时代的那些富人，如同现在西印度的有钱人，购买男女奴隶，通过他们的生殖和购买新的奴隶，渐渐形成许多成员众多的大家庭。虽然他们在和平时期与战争时期都使用这些奴隶，但是当支配他们的权力是用钱买来的时候，还能认为他们对其所拥有的权力传自亚当的继承物吗？一个人骑马去远征，他的马是从市场上买的，这也同样是一个好证据，可以证明他“根据传给他的权利，拥有亚当因上帝的授权而得到的对全世界的支配权”。这个证据如同亚伯拉罕带领他的家奴打仗，是先祖们拥有从亚当传下来的统治权的证据一样有效，因为，这两件事里，主人都只是因购买而得到拥有这种权力的资格，不管是支配奴仆还是支配马。通过买卖或金钱得到的对于一种东西的支配权，成了证明一个人因传袭与继承而得到权力的一种新方法。

“可是宣战和媾和是统治权的重要标志”。我们承认在政治社会中的确是这样的。在西印度群岛，如果有一个人，带领着他朋友的儿子们，或同伙们，或雇佣兵，或用钱买来的奴隶们，或一只由上述各种各样的人组成的队伍，他可否因此宣战或媾和（假如有这种机会），或者“用宣誓的形式来认可条约”，而他无需是与他一起的人的绝对君主？如果有人说他不能这么干，那么他就必须承认许多船主或私人种植园主是绝对的君主，因为他们所作的事不比君主们少。但是在政治社会中，宣战和媾和的权利只能归社会的最高权力者，因为战争或和平，对这样的政治团体的力量有不同的推动效果，除了对整个团体的力量有支配权的人外，别人都不能进行宣战或媾和，在政治社会中，宣战和媾和只能是最高权力。但在临时自愿组成的社会中，根据社会成员的认可而拥有这种权力的人，也有权决定战争与媾和，一个人为了自己也可以如此。战争状态与参战者的数目无关，而在于没有上级可以申诉时，双方之间持有的敌意。

宣布战争或媾和的行为本身并不能证明其他任何权力，除了证明使那些为他而进行战争或媾和的人们实施或停止战斗行为的权力。在很多情况下，什么人都可以拥有这种权力，而不一定要有政治上的无上地位。因此，打仗或讲和不能证明只要这样做的人便是政治上的支配者，更不一定是君主，不然共和政府也成君主制了，因为他们确实也如同君主制的政府一样打仗和讲和。

但是，哪怕这是亚伯拉罕享有“统治权的标志”，那它是不是亚当将对全世界的“统治权”转交给他的一个证据呢？如果是这样，它当然也可以作为亚当将“统治权”传给别人的一个证明，这样，那些共和国也会和亚伯拉罕一样成为亚当的继承人，因为他们也和亚伯拉罕一样宣战媾和。如果你解释说共和国政府虽然也作战讲和，但亚当的“统治权”并没有依据权利传给共和国政府，我也可以说，亚伯拉罕也是这样，那么，你的论证便无法成立了。如果你固持己见，认为所有宣战媾和的人（千真万确，那些共和国就是这样）确实都是“继承亚当的统治权”，那么，你的君主政体便又无法成立了，除非你承认所有因继承而享有亚当的统治权的共和国也都是君主国才行，不过这是个非常新颖的做法，它会使世上所有政府都是君主制。

为了让我们的作者得到这个新发现的荣誉——因为我承认并非因我追溯他的原理而第一个发现这一点，并以此强加于他——我应该让读者知道（虽然表面上是那么荒唐）那是他自己这么教导我们的，他在那里机智地说：“世界的一切君主国和共和国，不论君主是人民的至高无上的父亲，或只是这么一个父亲的合法继承人，或因篡夺或由选举而得到王位，不论是数个人或一群人治理这个共和国，任何一个人，或一些人，或所有这些人所拥有的权力，仍然是最高的父亲的唯一权力和自然权力”，我们的作者经常对我们说这种“父亲身份的权力”，就是“君主权”，特别是在他所举出的亚伯位罕的例子的前一页。他说，治理共和国的人们也拥有这种君主权。如果说那些治理共和国的人们真的拥有君主的权力，那么一些共和国也是由君主统治的了。因为，如果统治者所拥有的权力是君主权，则统治者一定是个君主，所有的共和国就都是真正的君主国。那么，在这件事情上我们无需再花更多的工夫，希望世界上的政府应该如何它们就会如何，世界上的政府只能是君主制的政府。毫无疑问，这是我们的作者所发明的最有效的办法，除了君主制以外，它可以把所有政府都排斥于世界之外。

但所有这些仍难证明亚伯拉罕是凭借亚当继承人的身份而当过君主。如果他是凭借继承的权利当上君主，那么与他同一家族的罗得（亚伯拉罕的侄儿）肯定应该是他的臣民，他是家人，应当先于他家中的奴仆具有这种义务。但是，我们看见他们像朋友一样平等地生活在一起，当他们的牧人争执的时候，他俩之间没有人自以为更有权力或地位更高，而是经过协商解决。因此，虽然罗得实际上是亚伯拉罕的侄子，但亚伯拉罕和《圣经》都称罗得是兄弟，这一称号表示友好和平等，而不表示统治和威权。如果我们作者知道亚伯拉罕是亚当的合法继承人，并且是一个君主，那他似乎比亚伯拉罕自己和被他派去为儿子娶亲的仆人知道的还多。因为当仆人为说服那少女及她的伙伴而历数这门亲事的益处的时候，他说："我是亚伯拉罕的仆人，耶和华大大地赐福给我主人，使他昌大，又赐他羊群、牛群、金银、仆婢、骆驼和驴。我主人的妻子撒拉年老的时候，给我主人生了一个儿子，我主人将一切所有的都给了这个儿子。"让我们设想一下，一个恭谨的仆人那样详尽地历数主人的昌大，倘若他知道以撒将会得到王位，他会省略不提么？如果他和他的主人此前已经料到这将关系到娶亲大事的成败，在这样关键的时刻，他会因大意而忘记告诉他们亚伯拉罕是一位君主吗（在当时这是一个公开的称号，亚伯拉罕的邻地就有九位君主）？

但是，这事似乎一直没有被发现，直到两三千年以后，才由我们的作者首次揭示出来，那就让他独享其功吧，只是他一定得当心，要让亚当的一部分土地如同他的所有统治权一样都由这个"继承人"来继承，因为，虽然亚伯拉罕（如果可以相信我们的作者的话）像别的先祖们一样，他"所拥有的应该由他继承的统治权，和创世以来所有君主的绝对支配权一样广大"，但是，他的家产，他的领地，他的田地实在是太少了，因为在他从赫人的子孙那儿买到一块田地和里面的洞穴来埋葬撒拉之前，他连一寸土地也没有。

我们的作者还举出以扫的事例，想和亚伯拉罕的事例一起来证明"亚当统治全世界的权力，依据从他而来的承袭，为先祖们所享有"。以扫的例子比亚伯拉罕的例子更加可笑，"以扫率领着四百个武装的人去与他的兄弟雅各相会"，他因此根据亚当继承人的身份，成为一个君主。那就是说，四百个武装的人，无论是怎么集合起来的，便能够证明带领他们的人是一个君主和亚当的继承人。爱尔兰某些保守党员（不管在别的国家会有些什么），肯定会因我们的作者对他们抱有那样可敬的看法而万分感谢，尤其是当附近没有一个因带领五百个武装而享有更高资格的人站出来反对他们的四百武装的权力时，他们就更得感激涕零了。在这么一个郑重的论战中，采取如此轻率的态度，即使不从更坏的角度说，也实是奇耻大辱。在这里，是把以扫举出来论证亚当的支配权，亚当的绝对统治权和所有别的君主据以传给先祖们而有的权力同样广大。

恰恰在这同一章中，雅各又被举出来算作“凭长子名分而做他的兄弟们的君主”的一例。这样一来，我们就有了两个绝对的君主，他们兄弟俩凭着同样的资格，而且同样都是亚当的继承人，长兄是因为他带领四百武装人员去会他的兄弟而成为亚当的继承人，年幼一些的继承人则凭“长子的名分”而成为亚当的继承人，“以扫根据传于他的权利，拥有亚当的统治全世界的权力，其权力与所有君主的绝对支配权一样广大”，与此同时，“雅各以继承人身份成为主人而具有支配他众兄弟们的权利，所以也支配以扫”。“忍住别笑”吧！罗伯特爵士竟会用这种辩论方法，我承认，我是第一次有幸见识像他这样聪明能干的才子。但不幸的是，他所发现的原理与事物的天性和人类的理智都相抵触，而且与上帝在世界上建立的结构和秩序也不相契合，因此才总是与常识和经验发生矛盾。

在下一节里，他对我们说：这种先祖的权力不单延续至洪水时代，并且延续到这时代之后，“先祖”一词就能够部分地证实这一点。“先祖”一词不仅是部分地证实了世上有一天先祖就有一天先祖权，因为只要有先祖存在，便一定得有先祖权，就像只要有父亲或丈夫，就一定得有父权或夫权一样。但是这不过是玩弄名词的把戏。他想错误地进行暗示的东西，正是必须加以证明的东西，即先祖们所根据的都是从亚当传下来的权利，使之都具有亚当所拥有的统治全世界的权力，亦即假定的属于亚当的广大无边绝对的支配权。如果他确信在世上有这样一个持续传到洪水时代的绝对君权，我很想知道他是根据什么记载断定的——因为我们的作者自诩完全根据《圣经》——我翻遍我的全部《圣经》，连论及这事的一个字也没有发现。要是他的“先祖权”指的是别的什么东西，那就无关于我们现在所讨论的事情了。至于“先祖”这个名词为什么可以“部分地证明”所有那些可以这样称呼的人都有绝对的君权，我承认我理解不了，因此，我认为，在没有搞清楚依据这句话而进行的论辩之前，无需作答。

我们的作者声称：“诺亚的三个儿子拥有了整个世界”，“他们从父亲那儿分得世界，因为他们的后裔遍布整个世界。”诺亚虽没把世界分配给他的儿子们，世界却可能遍布他的子孙后代，因为无需加以分配，“世界”就可以为人类所“充满”。因此，在这里我们的作者根本没能提出一个能证实这种分配的论证。不过就算我承认他证明了，我还要问的是，世界既然被分给了他们，那三个儿子之中亚当的继承人是谁呢？如果亚当的“统治权”，即亚当的“君权”，依照权利只由长子继承，那么，其余两个儿子就只能做他的“臣仆”或“奴隶”。如果按照情理全部传给了兄弟三人，那么同理，便应该传给一切人类。于是，他所谓“继承人是他兄弟们的主人”这个论点，就不可能是对的，而所有的兄弟，及全部人类，便都是平等独立的，每个人都是亚当君权的继承人，所以大家都是君主，彼此没有高低贵贱之分。但是，我们的作者分辩说：“他们的父亲诺亚将世界分配给了他们”，这样一来，就意味着我们的作者承认诺亚比万能的上帝更胜一筹了，因为他认为上帝为了不损害诺亚的长子名分，很难把世界赐给他及他的儿子们。他是这样说的：“诺亚是留在世间的唯一继承人，我们不可能认为上帝会削去他的长子名分，使他与他的儿子们在一切世人中同样地成为唯一的寄住者。”但是，在这里，他却认为诺亚削夺闪的长子身份，把世界分给他和他的兄弟们是合适的。由此可知，这“长子名分”有时是神圣不可侵犯的，有时却又不一定是神圣不可侵犯的，这完全取决于我们作者的喜好。

如果诺亚真的曾把世界分给他的三个儿子，如果他的分配是有效的，那么，神授说便要终结，我们的作者关于亚当继承人的所有议论，以及他建基其上的所有东西便全都要倒塌。君主的天赋权利消失了，因此“统治权的形式和拥有这权力的人”，全都是出于人的“命令”，而不是如我们作者所说的是出自“上帝的旨意”。因为，如果是上帝的意旨规定继承的权利，它便是一种神授的权利，无论是父亲与否，都无权变更它；假如它并非出于神授的权利，那它就肯定是人为的，取决于人类的意愿。在人间的法律尚未如此规定的时候，长子绝不会有比他的兄弟们优越的权利，人类能够随心所欲地将政府交于任何人之手，并能够随心所欲地选择任何形式。

他接着说：“世上大部分最文明的民族都竭力想从诺亚的儿子们或侄儿们那里追溯他们的根源。”大部分最文明的民族有几个呢？都是哪几个呢？我想中国这个伟大和文明的民族以及东南西北的几个民族，他们不大可能在这个问题上纠缠吧。信奉《圣经》的所有民族（我认为，我们的作者所说的“大部分最文明的民族”就是这些民族）必然会从诺亚那儿去追溯他们的根源；至于世界别的民族，他们绝不会想到诺亚的儿子们或侄儿们。但是，即便各国的谱牒官和考古学家（因为一般正是他们才竭力设法追溯民族根源），或所有民族自身都竭力从诺亚的儿子或侄儿那里去追寻他们的根源，那也无关于证明亚当对全世界的统治权按理应由先祖们继承这一论点。各个民族或种族，他们竭力从某些人那儿追寻自己的根源，我相信那是因为他们认为这些人是有名望和荣誉的人，或者有伟大的德行和行为。除了这些以外，他们不顾也不会去想他们是谁的后代，他们只是把这些人看作是一些依靠他们自己的德行使自己拥有相当高的地位，从而可以给后世那些自称是他们后裔的人带来荣耀的人而已。奥古基兹、赫丘利、婆罗门、坦伯连、法拉孟德甚至像朱庇特和萨腾这些名字，古代和近代的许多种族都曾极力从中寻找他们的族源，但是，这就会证明这些人“拥有按理应该由他们继承的亚当的统治权”吗？如果不能，其自身就毫无价值，而仅仅是我们的作者用来欺骗读者们的一种模糊的托辞而已。

所以，他对我们说的关于分配世界的那些话也有着同样的目的。他说：“有人说，那是以抽签的形式来分配的，又有人认为诺亚用十年时间在地中海航行，将世界分成亚细亚、阿非利加和欧罗巴”，将其各自分给他的三个儿子。亚美利加好像是留下来了，谁能夺取它就归谁所有。实在不明白，为什么我们的作者宁肯花那么大的气力来证明诺亚将世界分给他的三个儿子，也不愿放弃他那认为能从某个地方找到证据的连梦都不如的幻想。因为这样一种“分配”，即使能说明什么，也一定会夺去亚当继承人的权利，除非兄弟三人都是亚当的继承人，因此，我们的作者又接着说了如下的话：“虽然这种分配的情况不大明确，但是，完全可以确定的是，分配本身是由诺亚和他儿子的家族实施的，而双亲是这家族的首领和君主。”即便承认他的话正确，并且有助于证明世界上所有权力都只是亚当传下来的支配权，那它也只能证明，儿子们的父亲全部是亚当统治权的继承人。因为，假如那时含和雅弗以及除了长子以外的别的父母们都是他们自己家族的首领和君主，有根据家族分配土地的权利，那么，那些岁数较小的众兄弟，他们也是家族的父亲，又有什么东西可以不让他们享有同样的权利呢？既然含或雅弗没有因为他们的长兄有继承的权利而失去传给他的权利，所以，他们纵然做不成君主，现在的儿子们也可以根据传给他们的同样的权利成为君主。这样的话，我们的作者所谓的君主的自然权力便仅仅是对于自己的子女，根据这种自然权力建立的王国不会大过一个家族。因为“亚当统治世界的权力”，或者如我们的作者所言，按理只传给长子，于是便只有唯一的继承人；或者是按理平等地传给所有的儿子，于是每家的父亲都拥有与诺亚的三个儿子一样的权力。无论你采纳哪一种说法，都会否定世上现存的政府和王国。因为不管是谁有了这个按理应传给他的“自然君权”，都必然出现两种情况：他或者如我们的作者所言，用该隐的方法取得这种权力，做统治他的兄弟们的主人，从而成为全世界唯一的君主；或者是像我们的作者在这里所说的，闪、含及雅弗三兄弟分享这种权力，每人只是他自己一家的君主，所有的家族都各自独立。这样，势必会出现以下两种情况：要么按照嫡嗣的权利全世界形成统一帝国，要么依据“亚当传给家族的父母的统治权”每一个家族都自成一个政府。这是他在这里给我们列举的关于亚当统治权的传承的一切证据所能得出的结论。因为在继续讲他关于传承问题的故事时，他说：

“自诺亚的家族在巴别塔分开之后，我们理所当然地发现君权于世界各地建立的王国。”如果你要发现就请去发现吧！你将帮我们写出新的历史。但是，要使我们相信君主权是按照你的原理在世界上建立的，你一定要先加以论证。因为，我相信没人反对，君权建立于“世界各处的王国”这件事，但是，要说世界上有一些王国，它们的君主“依据从亚当传下来的权利”享有王位，则不仅是无凭无据之言，而且也完全不可能。如果我们的作者只有一个离开巴别塔时发生的事情的假说，没有更好的证据作为基础，就要建立他的君主制，那么，建基于其上的君主制，即使为了联合全部人类，它的尖端高耸入云，那也只是像那个塔一样起着分开人类的作用，只能引起纠纷，除此之外，没有别的用处。

因为他对我们说，被分开的各个民族，是各不相同的一些家族，每个家族都有个父亲做统治者，甚至在发生纠纷的时候，“上帝也谨慎地按照不同的家族分配不同的语言，以保全父亲权力”。在他刚才所引用的《圣经》原文中，能那么清楚地看到，一切民族在那次离散后是由父亲支配，并且“上帝谨慎地保全父亲权力”，除了我们的作者，对任何人来说都绝非易事。《圣经》的原文其实是这样写的：“这就是闪的子孙，各随他们的家族，所住的土地的方言和邦国”，数过含和雅弗的后裔之后，也是这样说的，但在这些记述中，一字未曾提及他们的统治者，政府形式，“父”或“父权”。但是我们的作者在别人连“父权”的影子都还没瞥见的时候，已经眼疾手快地把它侦查出来了，并且确定地对我们说，他们的“统治者就是父亲，而上帝谨慎地保全父亲权力。”原因何在呢？因为那些同一家族的人，说同样的语言，所以在分开的时候，必定聚集在一起。就如同我们可以这样争辩：在汉尼拔的部队中有不同的几个民族，他把语言相同的人集合为一队，父亲是每队的队长，汉尼拔谨慎地保全“父亲权力”；卡罗里那的殖民时期，在那儿的英格兰人、法兰西人、苏格兰人和威尔士人各自聚居在一起，所以在卡罗里那州，“分别按他们的方言、家族和国家”分配他们的土地，所以，“父亲权力”是被人谨慎地保全着；或者还可以说：在美洲的很多地方，每一个小部落就是一个独立的民族，有不同的方言，所以我们可以由此断定“上帝谨慎地保全父亲权力”，或者推断他们的统治者“根据传给他们的权利拥有亚当的统治权”，只要知道他们是分别独立的小社会，有不同的语言，就可以下结论，而不必知道他们的统治者是谁，也不必清楚他们政府的形式如何。

实际上，关于他们的统治者或政府的形式，《圣经》里没有一个字提及，它只是讲述人类怎样逐渐分作各异的语言和民族。所以说，如果《圣经》里没有记述这样的事，却肯定地对我们说“父亲”是他们的“君主”；这么做，并非依据《圣经》的权威来进行争论，而是自以为是地断言在记载中完全没有提及的事是事实，是自己头脑的想象。所以他说的别的话：“他们并非没有领导者和统治者的散乱的人群，随意选择他们所拥护的统治者或政府”，也出自同样的根据。

谁能告诉我，当整个人类仍用一种语言群居于西奈的平原上时，他们是不是全部为一个君主所统治，而这君主也是根据传给他的权利，拥有亚当的统治权呢？若非如此，那么，显而易见，那时就不会有亚当继承人的想法，当时所有人都不知道凭借这个地位而得到的统治权，上帝或人类都没有谨慎地保全亚当的“父亲权力”。如果在那个时候，人类仍是同一个民族，同住在一个地方，共用一种语言，共同修建一个城池，但他们已经明显地知道谁是合法的继承人——因为直到以撒的时代闪还活着，这远在巴别塔分开之后——我认为，他们并非受制于依据亚当的继承人得到的父权君主制政府，非常明显并不存在被人尊敬的“父权”，并没有谁认可来自亚当的继承人的统治权，在亚细亚也不存在闪的帝国，因而也不会有我们的作者所讲的那种诺亚分配世界的故事。关于这一问题，根据我们从《圣经》能够作出的论断，从原文的这个地方好像只能看出，假如他们当时有什么政府组织，那反倒是一个共和政府，而并非绝对君主制；因为《圣经》记载得很清楚：“他们说，我们要修建一座城”——这绝非是一个君主命令修建这座城和塔，它不是出自君主的命令，而是许多自由人民的协议。他们凭自由人的资格为自己修建城市，而不是作为奴隶为他们的君王和主人修建——“免得我们散住在土地上”。因为城修建好后，就可以把自己和家族安置在安稳的住处。作出这种协商和决定的人虽然有权自由分离，但他们乐意集结为一个整体。这种事对于在一个君王治下集结在一起的人们来说，是既无必要也不太可能发生的。如果是像我们的作者所讲的那样，这些人全是一个君主的绝对统治权支配之下的奴隶，他们也不必那样费心耗神地来制止他们自己脱离他的领土范围。我想请教一下，在《圣经》里，这种意思是不是比我们作者所说的“亚当继承人”或“父亲的权力”更明白一些呢？

但是，假如像上帝所说，他们每族有一个君主，有一个依据自然权利的统治者，这个统治者拥有对他们至高无上的绝对权力；如果上帝又允许七十二个“各异的邦国”（我们的作者说是这么多）在他们中间建立起来，分由不同的统治者管辖，并且使他们从旧君主统治的中立即脱离出来，那么“上帝又何必那么操心最高的父亲身份的父权的保存呢？”这是把我们的主观情绪任意强加于上帝的关注之上。如果有人说，上帝谨慎地保全那没有“父亲权力”的人的“父亲权力”，这能说得过去吗？因为，假如他们是绝对君主制下的臣民，而上帝却又削夺了自然君主的真正的“最高的父亲身份”，他们还能有什么权力呢？如果说，上帝为了保全“父亲权力”，让许多新的政府和统治者出现，而这些政府和统治者并非全都拥有“父的权力”，这么说不是也有理吗？反过来，假如有人说，上帝使一个拥有“父亲权力”的政府分裂，并让他的几个臣民分占，上帝在谨慎地破坏“父亲的权力”，这样说不同样是很有道理的吗？一个君主国分裂，背叛它的臣民分割了它，在这个时候，假如君主制的政府说上帝让一个稳定的帝国分裂为好几个小国，说明他是在慎重地保全着君主的权力，这种话不是跟我们的作者有着相同的论证方法吗？假如有人说，只要是上帝意旨要保全的，上帝就会当作是一件事物谨慎地保全，因此也会被人类看作是必要和有益的而予以尊重，这是种特别的说法，谁也不会认为应该效仿。但是，我相信下列说法也是既不恰当也不真实的：比方说闪（因为那时他还在世），应有支配巴别城那一个部族的“父亲权力”，或来自“父亲身份”的权利，但是，紧接着，虽然闪仍然在世，其他七十二个人却对分裂成那么多政权的同一个部族也都根据“父亲的权力”，或 “父亲身份”的权利而拥有统治权。要么这七十二个父亲在发生混乱以前就已经是实际上的统治者，他们早已不是一族，但是上帝自己说他们是一个民族；要么他们是一个共和国，但那样的话君主国在哪里呢？要么就是这七十二个父亲有“父亲权力”，但自己却不知道。真是太奇怪了！号称是人类政府的唯一基础的“父亲权力”，所有人类竟都不知道！更奇怪的是，口音的改变竟会突然告诉他们这件事，让这七十二个父亲在一瞬间明白了他们有“父亲权力”，别人也懂得了应该服从他们的父权，并且每个人都能辨认出哪个是他所应服从的特定的“父权”！一个人，如果他能够从《圣经》中思考出这种论证来，就也可以从里面弄出来最适于他的幻想或欲望的乌托邦模型，被这样处理过的“父亲身份”，可以为一个想得到全世界的君权的君主和他的臣民同时辩护，因为他们都是不同家族的父亲，都有权摆脱对他们的全部束缚，并将他们的帝国划分成许多小国，自立为君主。尚未决定到底是当时还在世的闪，还是那七十二个新王——他们在闪的领土上建立七十二个王国，并有权统治他的臣民——享有父权，父权究竟在他们谁的手中，就始终是一个谜。因为，我们的作者对我们说，那一个君主和那七十二个新王都享有“父的”（最高的）权力，他援引它们作为证据，来证明那些人确实“依靠传给他们的权利，拥有与所有君主至高无上的绝对支配权一样广阔的亚当的统治权”。至少下面这一点是无法回避的：假如“上帝慎重地保全新建立的七十二个王国的父亲权力”，那他必定会同样谨慎地削夺作为亚当继承人的全部根据，因为真正的继承人（假如上帝真的确认过这样的继承权）肯定会为人所知，而闪仍健在，他们仍属于同一个民族，那么至少有七十一个民族不会是亚当的继承人，但上帝却如此谨慎地去保全他们。

宁录是他所提出的拥有这种先祖权的又一个例子。但是我不知道，是出于什么原因，我们的作者好像有点不那么喜欢他，说他“非正义地扩展他的帝国，以暴力侵害别的家族的主人的权力”。在他有关巴别城的分散的记述中，这里所说的“家族的主人”被称为“家族之父”。反正我们知道他们是谁，他怎样称呼都无关紧要。总而言之，父亲权力落到他们手上，只有通过下述两种方式：或因他们是亚当的继承人，这样，不该有七十二个，甚至不能同时超过一个；或因他们是子女们的生身父亲，那么，所有的父亲根据同样的权利拥有支配自己儿女的“父权”，其权力应与那七十二个父亲的一样广大，他们是他们自己后裔的独立的君主。这是他对“家族的主人”的解释，在作出了这样的解释之后，他又对君主制的渊源作了很精到的叙述：“在此意义上，他堪称君主制的缔造者”，即非正义地用暴力侵害别的家族的主人支配他们子女的权利，而这种父亲权力，假如是根据自然权利由他们享有（不然那七十二个父亲凭什么得到这权力呢），没有他们自己的许可，谁也不能把它夺走。那么，请我们的作者及其同盟者想一想，这个问题和别的君主们有什么关系，根据他在那一段话中的结论，它是不是要把那些将支配权扩展到他们家族以外的人的君权，或者变作暴君制和篡权制，或者变为家族父亲的选举权与认可权，这种家族父亲的认可权同人民的认可权区别不大。

在下一部分里，他所举的例子，比如以东十二公，亚伯拉罕时期亚洲一隅的九个王，在迦南被约舒亚消灭的三十一个王，以及他为论证这些王都有统治权和那时每个城都有一个君王所持的论据，全都成为与他针锋相对的证据，这些证据恰恰证明了并非亚当传下来的“统治权”使他们做了君主。因为，假如他们以此资格而得到王位，那么结果只有两个，或是只有一个王支配他们全体，或是每一个家族的父亲，都是一个像他们一样的君主，同样有要求王位的资格。如果以扫的所有儿子，不管大小，每个都有“父权的权利”，于他们父亲身后，都做了统治的君主，他们的儿子于他们身后，也享有一样的权利，由此推衍，直到千秋万代。这样一来，父亲的全部自然权力会受到限制，它只能统治他们自己生养的儿女和他们的后代；父亲的权力与每个家长的死亡一起终止，为儿子承袭父权开道，让他们去分别支配他们各自的后代。通过这种方式，父亲身份的权力诚然会被保全下来，并且是大家都能接受的，但是它丝毫无助于达到我们作者的目的。他给我们的那些例子中，没有一个能证实，他们拥有的任何权力是根据他们作为亚当的父权的继承人或自己本身的资格而取得的父权资格。原因在于，既然亚当的“父权”是统治全人类的，那它每次只能交给一个人，而后这个人只能再交给他自己的真正继承人，因此，以这种权利为根据，世界上一个时代只能有一个王。假如根据的不是来自亚当的父权，那么这种资格就必定只是由于他们自己是父亲，因此他们只能统治自己的后代，此外，不能再支配别的人。如果属于亚伯拉罕后代的以东十二公，与亚伯拉罕邻近的九王，雅各和以扫，还有迦南的三十一王，被亚多尼伯锡克所杀死的七十二个王，来到贝纳德的三十二个王，在托洛亚城打仗的希腊七十个王，他们都是我们的作者所认可的统治君主，那么，显而易见，这些君主的权力全都是源于“父权身份”之外的其他某种根源，因为他们中间有些人的权力范围超越了他们自己的后代。而这一点证实了他们不可能全部都是亚当的继承人。一个人依据“父的身份”的权利而要求得到权力，我相信只有在两种情况下才是可被接受的或是可能的，即：要么是因为他是亚当的继承人，要么是因为他是祖辈，有权支配他自己所生的儿孙。我们的作者的观点是，亚当“对全世界的统治权按理应传给先祖们”。在他所列举的一大串君主中，即使他只能够证明，仅有一个是根据上面两种资格中的一种资格获得的权力，剩下的全部都与他论证的观点不但没有关联，而且直接矛盾，我想我或许会都赞同他的看法的。

我们的作者对我们说，“直到被埃及统治的时代之前，先祖政治持续存在于亚伯拉罕、以撒和雅各的身上”。他又对我们说：“关于这个父权政府，我们可以按照明显的足迹去追寻，一直追寻到进入埃及的以色列人那里为止，从那时起，在埃及，最高父权统治的实施就被打断了，原因在于他们已经被一个更强大的君主征服了。”我们的作者想象中的父权政府的足迹，即跨越了二千二百九十年的由亚当传下来的，如同我们所见到的那样根据父权施行的绝对君主权的足迹，根本就不存在。因为在全部的那段时间内，他不能提供任何一个例证，证明有任何一个人是根据“父亲身份”的权利来取得或实施君权的，或证明有任何一个当君主的人是亚当的继承人。他的全部证据等于是说，并且只能是说，那个时代，人间有父亲、祖先和君王；但是父亲和祖先是否拥有绝对专断的权力，那些君王凭什么资格占有他们的君权，这种权力有多大，《圣经》一字都不曾提及。这清楚地表明，根据“父亲身份”的权利，他们从未也不能要求拥有统治权和王位的资格。

“最高的祖先统治权的施行中断的原因在于他们已经臣服于一个更强大的君王”，这句话不能证实什么，只能证明我以前所怀疑的观点，即，“祖先统治权”是一种错误的看法，据我们作者的想法，它并不可以表明（他以此来暗示的）“父的”和“王的”权力，因为他设想中的这种绝对君权，是归亚当所有的。

因为，假如“祖先权”就是“绝对君权”，在埃及有一个君王，而以色列人在他的君权治下时，他怎能说“祖先统治权在埃及已经被打断了”呢？假如在埃及统治的并非是“祖先权”的“绝对君权”，而是另外的什么东西，他又为何要花那么些精力来论述一个并非问题而又与他的目的不相关的权力呢？假如“祖先权”就是“君权”，以色列人在埃及时，“祖先的”统治权的施行就并未被打断。的确，那时君权的实施不是经由神选的亚伯拉罕的子孙之手，在那之前，我知道也同样没有。若非我们的作者以为仅有这个神选的亚伯拉罕的世系才有权继承亚当的统治权，那这与他前面所谓的“由亚当传下来的君权”的中断有什么关系呢？再者，他所列举的巴别城口音变动时父亲权力保全在他们身上的七十二个王，以扫以及以东十二王的例证，有什么益处呢？为什么将他们与亚伯拉罕和犹大并举，作为真正的“父权政治”实施的证据呢？假如不管在什么时候，只要雅各的后代手中没有了最高君权，人类的“祖先统治权力”的施行就会中断，我想让埃及法老或别的什么人掌握君权或许能满足他的需要。但是他讨论的目的何在，在任何地方，我们都很难发现。特别是在此处，他提到“最高父权在埃及的施实”时，他想达到什么样的目的，或者这话如何能够证明亚当的统治权传给了先祖们或是别的人，都是暧昧难测的。

我曾经以为，他是从《圣经》里给我们找到了例证，来证明君主政府是从亚当传承下来并以父权为基础的，而不是拿一篇犹太人的历史给我们看，何况这些犹太人形成民族进而有了君主，还是很多年以后的事情，《圣经》里也从未说过这些君主是亚当的继承人，或他们是拥有父权时，依据父权而当上君主的。我曾经以为，他讲了这么多有关《圣经》的事，他一定会从里面举出一系列的君主，这些君主全都很明显地享有亚当父权的资格，并作为他的继承人，对他们的臣民享有并施行父权统治，并以此表明这是真正的父权政府，没想到他不但不证实先祖们是君主，而且也不证实君主或先祖是亚当的继承人，就算是冒牌的继承人也好。他只是证实了先祖们都是绝对君主，先祖和君主的权力仅是父权，并且这种权力是从亚当传下来的。我要说的是，全部这些命题都可以根据菲迪南多·索托有关西印度的一群小王的混乱记述，或根据任一种北美洲的近代历史，或根据我们的作者从荷马引来的希腊七十个王的故事而得到证实，而且这种证实的效果绝不亚于我们的作者从《圣经》里找出的那一大堆君主们所证实的效果。

我认为他最好避谈荷马和他的特洛伊战争，因为对于真理或君主制的强烈热情已经让他对哲学家和诗人们产生了如此强烈的愤怒，以至于他在序言中对我们说：“在今天，有那么多的人爱跟在哲学家和诗人们的看法后面跑，企图从中找到一种能够给他们带来一些自由权利的政府起源学说，使基督教遭受玷污，并把无神论带进来。”异教徒的哲学家和诗人们，如亚里士多德和荷马，只要他们能提供任何一些好像还可以适合作者需要的东西，我们这位热诚的基督教政治学家都不会拒绝。随他的便吧！我不得不看到一些作者们，他们（显然）不是为了真理而写作，只是热诚地为了利益和党派而把基督教的神圣赋予他们自己的计划，把无神论强加于那些不仔细思考的人，迫使那些人接受他们自己的学说，盲目地吞食他们的一派胡言。

不过，还是让我们回到他的《圣经》上的历史吧。我们的作者继续对我们说：“以色列人脱离压迫回去之后，上帝特别关心他们，特选摩西和约舒亚先后做君主来治理他们，取代至高无上的父亲的地位。”如果以色列人“摆脱埃及人的统治回去”是可信的，他们必定回归自由状态，这句话一定暗示了这层意思，即他们在被压迫之前和摆脱之后都是自由的，除非我们的作者认为，换个主人或一个奴隶从一只奴隶船被带到另一只奴隶船，就是“脱离压迫回去”。假如说他们“脱离压迫回去”了，那么，显而易见的是，无论我们的作者在序言中如何否认，在那个时代，一个儿子、一个臣民和一个奴隶之间肯定是有区别的；不管是在被埃及人压迫之前的祖先们或者是之后的以色列统治者，都不曾“视他们的儿子或臣民为他们的财物”，如同对待“其他财物”一样，用绝对支配权来对待他们的儿子或臣民。

很明显，流便为给雅各作担保，献出了他的两个儿子，犹大最后为了使便雅悯安全逃离埃及，做了担保物。假如雅各支配他的家族成员，和支配他的牛或驴一样，也就是像主人对待自己的财物一样，上面说的两件事情就全然是空话，是多余的，仅仅是个笑谈。举个简单的例子，它就像一个人从他主人的羊群中拿出两只羊，以一只作担保，保证他一定会把第二只还回去一样。

在他们摆脱了这种压迫之后又如何呢？“上帝因为特别关心以色列人。”在他的书里，他竟破天荒地让上帝关心起人民来，真是不容易，因为在其他地方，当他谈到人类时，好像上帝根本不在乎他们中的任何一员，而只关心他们的君王。在他看来，人间其他的人民，人类社会，只是许许多多的牲畜，供他们的君王役使、利用和寻欢作乐。

为了证明上帝关心父亲权力和亚当的继承人，我们的作者找到了一个精明的证据：“上帝特选摩西和约舒亚先后做君主来统治”。这里，作为上帝对他自己的人民的关心，他为他的臣民特选了那些君王，而那二人全都绝无做君王的资格。利未族的摩西，以法莲族的约舒亚，都没有父亲身份。但我们的作者认为，他们是最高的父亲身份的替代者。假如上帝曾经在某个地方，如同他选择摩西和约舒亚一样，明确地宣布他选择这样的父亲做管理者，我们就可以相信，摩西和约舒亚是“替代他们的地位的”。可是，这还是个有争论的问题，如果不能更好地证明这一点，上帝选择摩西做他的人民的管理者，就不能证实统治权归亚当的继承人或归“父亲身份”所有，这和上帝挑选利未族中的亚伦做祭司，并不能证实祭司一职归亚当的继承人或“父亲身份”所有一样。因为，即使祭司和管理者两个职位都没被安排在亚当的继承人或父亲身份之上，上帝也能够特选亚伦做以色列的祭司，摩西做以色列的管理者。

我们的作者继续说：“相同的是，在挑选他们以后不久，上帝又设立了裁判官，负责在危险之时保卫他的人民。”这证实政府建基于父亲权力之上，和从前相同，这种权力是由亚当传于他的继承人的，只是在这里，我们的作者好像承认，那时作为人民的统治者的裁判官们，只是一些英勇的人，人民拥戴他们做将军，好在危难之时保卫他们。难道必须以父权为统治权的根据，上帝才能安置这些人员吗？

可是，我们的作者这样说，在上帝给以色列选立君主的时候，他重新确立了父权制政府世代继承制这一古老而又原始的权利。

上帝是如何重新建立这种权利的呢？是用某种法律，即一种明文的命令吗？我们看不到这种事，那么，我们作者的看法就是，在上帝为他们选立君王时及为他们立君的过程中，就“重新建立了这种权利”，等等。作者所谓的在事实的基础上重建对父权统治的世代继承权，就是认可一个人拥有他的祖先曾经拥有的和他自己依据继承权也有资格享有的权利。因为，首先，假如这个政府是别的政府，而不是他的祖先以前拥有过的政府，那就不能是继承一种“古老的权利”，而是得到一种崭新的权利。假如一个君王，除了把他的家族早已被夺走的遗产赏给一个人之外，还把他的祖先从未占有过的产业也赏给他，这样，所谓“重建世代继承的权利”，就只能针对他们的祖先曾经占有过的财产，而对于别的产业则不能这样说。因此，假如以色列的列位君主所有的权力，比以撒或雅各所拥有的权力要多，那就不是在他们身上“重建”某种权利的继承权，而是把新的权力交给他们，你称呼它“父权”或别的什么都可以。以撒和雅各是否也有与以色列诸王同样的权力，请大家从上面讲过的话出发去加以思考，我相信没有谁会发现亚伯拉罕、以撒或雅各拥有任何君权。

其次，除非一个人，凭借其真正的继承权，以及真正的下一代继承人的资格而得到这种权力，否则对任何东西都不可能有什么“原始的与古老的世袭权利的重建”，一个新的家族中发生的事情能是重建吗？或者，没有继承权，并且如果世代传承延续着的话，他又绝无可能取得这种权利的借口，把王位传给一个没有继承权的人，这能是一种古老的继承权的重建吗？扫罗，上帝赐给以色列人的第一个君主，来自便雅悯族。“古老的和原始的世代继承权”是在他身上“重建”的吗？第二个君主大卫，是犹大的后代雅各第三子耶西最小的儿子，在他身上，或者是在他的王位继承人幼子所罗门的身上，“重建了对父权政府的古老而原始的世代继承权”吗？是重建在统治十族的耶罗波安的身上，还是在在位六年而与王族血统毫无关系的亚他利雅的身上呢？假如“父权政府的世代继承这种古老而原始的权利”重建于上面提及的任何一个人或他们的后代身上，那么，“父权政府世代继承的古老而原始的权利”，不管是长兄幼弟都可拥有，只要是个活人，在他身上就可重建这种权利。因为，所有幼弟们和长兄们，依据“世代继承的古老的和原始的权利”，都可以得到这种权利，每个活人，都可根据世代继承权而得到这种权利，罗伯特爵士，甚至任何人，均无一例外。我们的作者重建的对“父权”或“君权”政府的世代承袭权，是为着保卫君权和王位继承权，这是多么勇敢的权利，假如每个人都可能拥有这项权利，那么，还是让世间诸君想想这会是一种什么样的权利吧。

但我们的作者继续说：“每当上帝挑选某个特定的人做君主的时候，他的打算是让这个人的子孙也从中受益，尽管王位的授予只提及父亲，但这种获益已充分地包含于父亲身上。”可是这也无助于继承问题，原因在于，即便照我们的作者所言，授权的恩惠会下传给享受这种权利的人的子孙，但这不是指继承权，为什么呢？因为，如果上帝，一般地赐给某人及他的子孙以任何东西，则拥有此种权利的人不会是特定的某一个子孙，他家族之中的每个人都拥有同等的权利。假如我们的作者所指的是嗣子，我相信，如果能适合他的需要，我们的作者和任何人一样，都愿意使用这个词。但是，在大卫之后为王的所罗门，和在大卫之后统治十个支派的耶罗波安相同，虽然均非其嗣子，但却是他的后裔，因此我们的作者有理由回避谈论上帝预定的嗣子的继承，因为这个说法在继承上不能实现，我们的作者也不能反对这一点，因此他的继承权理论便不战而降，就像他从未谈论过一样。因为，假如上帝把君权赐予一个人及其子孙，就像他把迦南的土地授予亚伯拉罕和他的子孙，那不就成了他们大家都有权利，大家都有份儿了吗？当然，你也可以说，根据上帝把迦南的土地赐予亚伯拉罕和他的子孙的授予，迦南的土地只归他的子孙中的一人所有，所有其他的子孙都被排除在外，就像说根据上帝把统治权赐予某人和“他的子孙”的授予，只有他子孙中的某个人完全享有这个统治权，其他所有的人都被排除在外一样。

但我们的作者要如何证明，每次上帝挑选某一个特定的人做君主的时候，他就规定了子孙们（我假定他说的是他的子孙们）也一定能得到这种权利呢？他在同一节里说：“上帝特别关心以色列人，特选摩西和约舒亚作为君主来统治”，他这么快就忘记了摩西和约舒亚吗？这么快就忘记了上帝所设立的士师们吗？这些君长既然已经有了“最高的父亲的身份”的权威，不是也应因此拥有了和君主一样的权力吗？既然他们是上帝所特选的，他们的后代不应该像大卫和所罗门的后代那样得到那个特选的利益吗？假如他们拥有的父权是从上帝那儿直接拿到的，为何他们的“子孙”没得到这种被赐的利益而继承这项权力呢？或者，假如他们是凭亚当的嗣子的身份得到这种权力的，既然他们不能是相互继承，为什么他们自己的嗣子不能在他们身后根据传于他们的权利拥有这项权力呢？摩西、约舒亚和士师们与大卫和以色列诸王是否拥有相同的，并且是有着同一来源的权力呢？一个人所有的权力是不是一定不能为另一个人所有呢？假如这种权力并非“父权”，上帝自己的人民就要被那些没有“父权”的人统治，而且那些统治者没这权力也能治理得很好。假如这种权力是“父权”，行使这一权力的人是上帝特选的，那么，我们的作者所说的下述这项规定就毫无用处了，这项规定是：“当每次上帝特选一个人做最高的统治者的时候（因为我觉得君主这个称号并没有什么神力，不是称号，而是权力造成了这种区别），他预先规定这个人的子孙后代也拥有这种权利”。因为，自以色列人出走埃及到大卫时代的四百年间，任何一个儿子只是在父亲死后和各个士师共同继承他的统治权，对以色列人进行审判，子孙们的权力一直没有“那样完全地被归于父亲身上”。如果，为避免这一点就说上帝总是挑选继位者的人选，把“父亲权力”转赐给他，而不叫他的子孙继承，那么，这明显与《士师记》中耶弗他故事所描述的情况不同，因为那个故事说，耶弗他与人民订立契约，人民就拥戴他做士师来管理他们。

这样，我们的作者说：“每次当上帝挑选一个特殊的人”来执行“父亲权力”，假如这不是指做君主，（我很想知道一个君主和一个行使“父权”的人之间的区别），那么他预先规定这个人的子孙也得到这种利益这句话，就等于没说。因为，我们发现士师所有的权力都随他们的逝去而终结，并没有传给他们的子孙。假如士师没有“父亲权力”，到底谁有“父亲权力”，就是说统治以色列人的权力和最高权力，我恐怕要麻烦我们的作者，或任何一位信奉他的学说的人来告诉我们。我猜想，他们必得承认，上帝的选民，在并不知道或从未想到过这个“父亲权力”，并可能没有建立过任何君主政府的情况下，作为一个民族已经持续存在了数百年了。

要想弄清楚这一点，只要读一下《士师记》结尾三章所述的利未人的故事，以及以色列人因为利未人和便雅悯人交战的故事就可以了。如果我们发现，利未人向人民要求复仇时，都是以色列各支派与他们的公会商讨、决议并指挥当时的行动的，那么我们的结论只有两种可能：要么上帝在亲定的选民中并不是很慎重地保存“父亲权力”，要么在没有君主制政府的地方，“父亲权力”仍然可以得到保存，二者必居其一。如是后者，那么即使“父亲权力”得到了很有力的证明，也不能由此断言君主制政府之必要；如是前者，那就是：上帝规定“父亲权力”对于人类的儿子是那么神圣不可侵犯，舍此就不能有权力或政府；但在他亲定的选民中，甚至当他在为他们建立一个政府，并在为某些国家和人们之间的关系而制定规则时，这个伟大的根本点，这个在其余一切事情中最重大和最必要的问题，竟会非常奇怪并令人难以置信地被掩藏和忽视了四百年之久。

在我结束这个问题之前，我必须要问一下，我们的作者是怎样知道“当每次上帝挑选一个特定的人做君主的时候，他规定这个人的子孙也得到这种权利”？上帝是以自然法则或启示来说明的吗？依据此法则，他也应该说明，这个人的“子孙”中哪一个有权根据继承而得王位，也就是要说明哪一个是他的继承人，否则，他的“子孙”们就会去分裂或争抢统治权了，这两种情况同样都很荒谬，并且会破坏这种赐给“子孙”的利益。当有人拿出证据，证明上帝的宣布里有这种意图时，我们有义务相信上帝确有此意，但是在没有提供证据之前，我们的作者有责任对我们出示一些较好的例证，然后我们才有尊他为上帝意旨的可靠代言人的义务。

我们的作者说：“虽然在他赐予王位时仅提到父亲的名字，子孙已完全地包含在父亲身上”，但是，当上帝把迦南的土地赏给亚伯拉罕时，认为应该把“他的子孙”也包括在内，同理，祭司一职也是授予“亚伦及其子孙”的。上帝不只把君位赐予大卫，还赐予他的子孙。我们的作者无论怎样对我们保证说：“当上帝挑选一个人做君主时，他预先规定这人的子孙也得到这种权利”，我们却发现，他把王位赐予扫罗，却并未提到在他身后他的子孙将如何继承君位，不仅如此，君位也永远不属于他的子孙。在挑选一个人做君主时，上帝就规定他的子孙也得到这种权利，而在挑选一个人做以色列的士师时，却无此规定，这是为什么？我很愿意知道个中的原因。为何上帝把“父亲权力”赐予一位君主时，就包括他的“子孙”，而把同样的赐予一个士师时，就不包括他的“子孙”呢？是不是根据继承权，“父亲权力”只应该传给某个人的子孙而不应该传给另外一个人的子孙呢？我们的作者实在有必要说明这种差别的原因。如果对于二者的所赐之物与赐予方式是一样的，赐予之物都是“父亲权力”，赐予方式都是上帝对人物的选择，但最后的结果却有分别，那这种分别就决不仅仅在于名称了。因为，既然我们的作者说过“上帝设立士师”，我认为他就绝不会承认他们是由人民推选的。

但是，既然我们的作者那么自信地断定上帝谨慎地保全“父亲身份”，并自许他所论证的一切都来自《圣经》的权威，我们就可以预料那个民族，它的法律、制度与历史大都包括在《圣经》里，它会提供给我们最明显的例子，以证实上帝所表示的对于在那个民族中保全父权的关心。因为大家都承认，上帝特别关心这个民族。那么，让我们考察一下，自犹太人开始形成一个民族之后，这种“父亲权力”或统治权在他们中间是怎样的一种状态。我们的作者坦言，从他们进入埃及到他们离开埃及的统治回来的二百多年间，完全不存在这种权力。从那时直到上帝给以色列人立王的大约四百年里，我们的作者也只是很简略地叙述了一下这个问题。实际上，在那段时间中，犹太人之中确实也找不到父权或君权政治的任何蛛丝马迹。但是我们的作者却说：“上帝重建了父权政府的古老而重要的嫡系继承权。”

我们已经知道何谓当时建立的“父权政府的嫡系继承权”。我现在只是要思考一下，这种情况持续了多长时间，直到他们被囚禁，大约有五百年；自那时起直至被罗马人消灭又是六百多年。这六百多年间这个“古老而重要的父权政府的嫡系继承权”又一次失去。自此以后，他们虽然没有了这种权力，但他们仍然是生活在上帝赐给的土地上的一个民族。由此可见，在作为上帝的选民的一千七百五十年间，他们仅有不到三分之一的时间中保有世袭君主制政府。不管是我们认为的从渊源上说，它是来自大卫、扫罗、亚伯拉罕等人，或者按照我们作者的理论来说是从唯一真正的根源，即亚当处传袭而来的，在这一段时间里，都从未有过“父权政府的痕迹，也未曾重新建立那古老而重要的对于父权政府的嫡系继承权”。

下 篇

第一章 引言

在上篇里，已经阐明了下述观点：

第一，亚当并不像有些人所主张的那样，由于父亲身份的自然权利或者上帝的赐予，享有对他的子女的权威和对世界的支配权。

第二，就算他享有这种权力，他的继承人也不能继承这种权力。

第三，就算他的继承人们能继承这种权力，但因为没有自然法或者上帝的成文法规定一切可能出现的情况下的合法继承人是谁，所以无法确定继承权，自然也就无法确定统治权由谁掌握。

第四，就算继承人已被确定，但早已无从查考谁是亚当的长子嫡系，人类各种族和世间各个家族中，没有一个人敢在其他人之上而自称是长子嫡系，从而具有继承的权利。

我认为所有这些前提已经阐明，因此当前世界上的统治者要想从“所有权力都来自于亚当的个人统治权和父权”的理论中得到任何好处，或取得任何权威，都是根本不可能的。因此，如果一个人认为世界上的所有政府都只能是暴力和强权的产物，人们生活在一起不是根据其他的法则，而只是根据强者实行的野兽法则，因此奠定了永久混乱、暴动、祸患、叛变和骚乱（这些都是赞同那一假设的人们大声疾呼以示反对的）的基础，但又提不出充分的理由，那么他就必须寻求另外一种关于政治权力的起源、政府的产生及确立和鉴别谁享有这种权力的方法，而不是罗伯特·菲尔麦爵士所教导我们的那些东西。

为了这个目的，我认为提出我所采纳的政治权力的观点，应该是恰当的。我认为君主对臣民的权力区别于父亲对儿女的权力、主人对仆役的权力、贵族对奴隶的权力及丈夫对妻子的权力。这些不同的权力有时集于一人之身，在这些不同的关系之中对他进行考察，有助于我们把这些权力清楚地区别开来，从而说明一国之君、一家之主和一船之长之间的不同。

所以，我认为政治权力是这样一种权力：为保护和规定财产而制定包括死刑和所有其他较轻处分的法律的权利；使用共同体力量去保卫国家不受外来侵害和执行这些法律的权利；所有这些，都只是为了公众利益。

第二章　论自然状态

为了找寻政治权力的根源并准确掌握政治权力，我们就需要考察人类生存的本然状态。那是一种完美的自由状态，他们在自然法的法则之内，根据他们看来适当的方式，决定他们的行为及安排他们的人身事务和财产，不需要得到任何人的允诺或依靠任何人的意愿。

此乃一种公平状态。在此状态下，所有权力包括管治权都是相互的，没有一个人能够比别人享有更多的权力。同一等级和同一种族的人们生来就公平地享有自然所提供的所有毫无差别的有利条件，发挥相同的自身能力，不存在控制或从属，他们应人人平等，除非他们全体的主人和长官凭借某种方式表示其意志，把一人置于其他人之上，并以明确的委任方式赋予他无可置疑的主权和统治权，没有什么是比这一点更加显而易见的。

睿智的胡克尔认为，自然之于人类的这种平等是明显而又毋庸置疑的，以致他把它作为人类互爱义务的根基，并认为人们彼此之间应有的种种义务就是在此基础上建立的，由此总结出仁爱和正义的重要准则。他的原话是这样说的：

“必须使用同一种尺度看待平等的事物，相同的自然动机使人们明白有和爱己同样的爱人的责任。倘若我想获得益处，甚而想从每个人手中得到所有人想得到的那样多，那么只有我自己设法满足他人无疑地同样出于本性相同而产生的任何类似的要求，我怎么可以期望满足我的所有要求呢？如果给予人们的东西与这种要求不一致，必定会使他们在各方面都不满意，就像我遇到这种情况也不会高兴一样。倘若我为此伤害他人，那么我只能等待着接受惩罚，因为我没有理由可以要求别人对我比我对他们给予更多的关爱。所以，假如我要求本性与我一致的人们尽可能地爱我，我就肩负一种同样的对他们表达充分爱心的自然义务。从这种我们和与我们相同的他们之间的平等关系之中，自然理性引申出了一些指导生活的规则和教义，这些规则和教义是无人不知的。”（《宗教政治》第一卷）　　然而，尽管这是一种自由的状态，但它不是一种放任自流的状态。在此种状态之下，人虽然有无限自由来安排他的财产或人身，但是他并不具有这样的自由——将他所占有的任何生物和其自身加以毁灭，除非一些比单纯地保存它更高贵的理由要求他这样做。自然状态受一种自然法的支配，这种自然法则每一个人都应遵守。理性，即自然法，训导着愿意服从理性的整个人类：人们都是生而独立和平等的，任何人不得侵害他人的健康、生命、财产或自由。因为人们都是无穷智慧和无所不能的造物主创造出来的，都是至高无上的主宰的仆人，他们遵从他的指令到这个世界上来，忙于他的事业，他们就是他的财产和创造物。他们存活多久决定于他而不由他们彼此之间做主；我们被赋予相同的能力，在同一个自然社会中共享全部资源，因而就不能设想我们之间存在怎样的从属关系，令我们有权互相毁灭，似乎我们生来就是互相利用的，就像我们利用低等动物一样。每一个人，因为他必须保存自己，不能擅自变更自己的地位，所以出于同样的原因，他在没有什么东西妨碍他保存自身时，他就有义务尽他最大努力保存其余的人类，除非是对一个罪犯的惩罚，否则他不可以损害或劫夺另一个人的生命以及所有对保存另一个人的生命、自由、健康、肢体或物品有帮助的事物。

为了保证每一个人不侵犯他人的权力和不相互伤害，就要把以维护和平及保卫整个人类为目的的自然法交付于每一个人之手，使其在那种状态下去执行自然法，使每一个人在制止违反自然法的情况下，都有权惩罚违背自然法的人。自然法和人类的其他所有法律一样，如果在自然状态中没有人拥有执行它的权力，用以保护无辜和抑制犯罪，那么自然法就徒具虚名了。如果有人在自然状态下可以对他人所犯的所有罪恶加以惩罚，那么每个人都是可以这样做的。因为，根据自然法，在那种绝对平等的状态下，不会有人高于别人或享有管辖别人的权力，所以所有人都必须有权去做任何人在执行自然法的时候所能做的事情。

在自然状态下，一个人就这样获得了支配另一个人的权力。然而当他逮住一个罪犯时，却并没有绝对或任意的权力，他不能依据感情冲动或狂放的意志惩治他，而只能依据冷静的理性和良心所示意给他的，在纠正和禁止的范围内，根据他的罪行进行惩处。因为，这两点（即纠正和禁止）是人们可以合法地伤害——我们叫作惩罚另一个人的唯一理由。在触犯自然法时，犯罪者表明他是在按照另外的规则生活，而不是按照理性和公道的规则生活，后者是上帝为了人类的相互安全所制定的人类行为的尺度，因此谁无视和破坏了保障人类不受侵害和暴力侵犯的规则，谁就是威胁人类的罪犯。这是对整个人类的侵犯，也是对自然法所规定的整个人类和平与安全的侵犯，因而，每一个人在这一点上，根据他所具有的保障一般人类的权力，就可以制止，或在必要时，毁灭那些有害于他们的东西，因此就可以把一定的不幸遭遇施加于触犯自然法的人身上，使其对他自己的所作所为感到后悔，威慑他不敢再犯，进而使其他人通过他的榜样不敢再犯同样的错误。在这种情况下、这个基础上，每一个人都有权惩罚罪犯和成为自然法的执行人。

对于有些人来说，这好像是一种很怪异的学说，对此我并不怀疑。但是在他们对此加以指责之前，我希望他们为我作出解释：根据何种权力，任何君王或国家可以以死刑或其他惩罚处罚一个在他们国家犯了某种罪行的外国人。显而易见，他们通过立法机关公布决定才取得效力的法律，并不涉及任何一个外国人。它们不是针对他而制订的，就算是针对他而制订的，他也没有必须遵守的义务。对本国臣民具有法律效应的立法权，对他没有什么效力。那些人们，他们在英、法、荷享有制定法律的大权，但对一个印第安人，和对世界上别的人一样，他们是没有权威的。由此可见，倘若根据自然法，每一个人，虽然根据他的清醒的判断，认为有必要对触犯自然法的行为加以惩罚，但他并不享有这种权力，我不能理解，任何社会的行政长官何以能处罚属于另一国家的外国人，因为就他来说，他们享有的权力并不比任何一个根据自然法对于另一个人可以享有的权力更多。

违法和不符合正当理性规则的行为构成了罪行，一个人由此那样地堕落，宣布自己抛弃了人性的原则，成为一个有害的人，除了这些，通常他还做出了侵害某一个人的行为，或者某一个人由于他的犯罪而受到损失。在此种情况下，受到损害的人，除与别人共同具有处罚权以外，还具有要求犯罪人赔偿损失的特殊权力。其余任何人，只要认为这种做法是正义的，他就也可以与受害者一起，协助受害者向犯罪人索取相应的损害赔偿。

上述两种权力，一种是每个人都享有的为了制止类似罪行而惩罚犯罪行为的权力，另一种是受到损害的一方的要求赔偿的权力，这两种有区别的权力导致不同的结果，即法官由于掌握共同的惩罚权，他常常能够在公众的福利要求不执行法律的情况下，依据自己的职权对犯罪行为免予惩罚，但却无法做到追使受到损害的任何私人放弃他应得的损害赔偿。被害人有权以自己的名义提出要求，除了他自己没人能代替他放弃这种权力。被害人出于自卫，有权占有罪犯的物品或使其为自己服务，每一个人，根据人所具有的保卫全人类的权力，以及为了达到这个目的他能做出任何合理行动的权力，都有权惩罚罪行，以防止罪行的再次发生，上述二者之间没有什么区别。所以，每个自然状态中的人，都有权处死一个杀人凶手，借以杀一儆百，威慑他人不可再做出同样不可补偿的损害行为，这样做也是为了保障人们不受罪犯的侵犯。这个罪犯丧失了理性——上帝赐予人类的共同准则——对另一个人施加不义暴力和残杀，以与全人类对抗，因而可以将其视为狮子或老虎等人类不能与之共存和不能有安全保障的野兽加以消灭。“凡使人流血的，人也必叫他流血”，这一重要的自然法则就建立于这个基础之上。该隐确信，每一个人都有权消灭这种罪犯，因此在他杀死兄弟后喊道：“每一个碰见我的人必定要杀我。”这是早就如此明白而又深入人心的。

在自然状态下，出于同样的理由，一个人可以惩罚轻微触犯自然法的情况。或许有人会问，是否要以死论处呢？我回答，每一种犯罪要在这种程度上加以处罚，处罚之程度足以使罪犯觉得犯罪并不值得，使他后悔，且警告别人不犯同样的罪行。每一种在自然状态下可能发生的罪行，在一个国家中，也可以如同在自然状态中那样，加以同等的惩罚。在这里，我不打算谈论自然法的细节及其惩罚标准，虽然如此，但是这种法显然是存在的，并且对于有理性的人和自然法的研究人员来说，它像各国的成文法一样通俗易懂。它是浅显的，与合乎理性的东西一样更加浅显，甚至可能比那些成文法更加浅显一些，而不像人们因追求不好的事物和隐秘的利益而置于文字中的幻想和错综复杂的思虑。各国大部分国内法确实就是这样，国家法律只有建立在自然法之上时才是公正的，也必须根据自然法对这些法律进行规定和解释。

对于认为在自然状态下，每个人都享有执行自然法的权力这一奇怪的学说，我相信一定会有人提出反对意见：一个人在与自己有关的事件中作为裁判人是不合理的，自私之心会使人们偏袒他们自己及其朋友；另外，不良天性、感情冲动和报复之心，会使他们过分地惩罚别人，因此只会造成混乱和秩序破坏。因而上帝需要用政府来限制人类的自私之心和暴力行为。我也承认，公民政府是对于自然状态不便情况的正当救治。人们在与自己有关的案件中作为裁判者，其弊害的确很大，因为我们不难设想，一个那样不义地祸害兄弟的人是不会因为正义而责罚自己的。可是，我希望那些表示异议的人们牢记：专制君主不过也是常人；如果说这种自然状态是无法忍受的，为了补救由于人们充当与自己案件有关的裁判者而必然产生的弊端而设置政府，那么我想要知道，在这种政府里，倘若一个统治众人的人可以自由地充当自己案件的裁判者，可以随意处置其所有臣民，任何人没有丝毫自由去质问或控制那些凭个人感觉办事的人，而不论是理性、谬误或情感支配了他的所作所为，臣民们都必须无条件服从，那么它是一种什么样的政府？这种政府比自然状态能好多少呢？自然状态要比这种政府好得多，在那里，人们没有必要服从别人的不正当意志；倘若裁判者在他自己或其他案件里作了误判，为了其他人的利益，他就要对此负责。

常常有人提出这么一个重大的反对观点：这种自然状态中的人，当前在哪里存在？或曾在哪里存在过呢？对此，现在这样来回答就可以了：既然全世界独立政府的所有统治者和君王都处于自然状态之中，那么十分明显，世界上过去或未来都不会不存在处于那种状态中的人。我所指称的是独立社会的所有统治者，不管他们是或不是别人的同盟者。因为，并不是每个契约都有作用能够终止人们的自然状态，只有这种契约，人们借此相约而加入同一社会，从而构成一个国家，才会有这样的作用。其他一些协议和合约，人类相互之间也可以订立，但他们仍然处于自然状态之中。就像加西拉梭在其秘鲁历史中所指出的，两个人在荒芜的岛屿上，或一个瑞士人与一个印第安人在美洲丛林中，尽管他们彼此之间完全处于自然状态之中，但是他们订立的交换协议和契约，对于他们双方都具有约束力。因为诚实和守信是属于人作为人的品质，而不是人作为社会成员的品质。有一些人说，从来就没有人处于自然状态之中，对于这些人，我要征引睿智的胡克尔在《宗教政治》第一卷第十节中的权威论述，他在那里说：“对人类说来，前面提及的法则（即自然法），即使他们作为某些人出现时，也有绝对约束力，虽然他们从来没有什么固定的组织，相互之间也从来没有严格的协定，约定什么该做或什么不该做。但是，我们生来所要求的生活——适于人尊严的生活——所必需的物资，我们无法独立地由自己充分供应，因此，为了弥补我们在单独生活时必然出现的缺点和不利条件，我们必然要去和他人一起居住，共同生活，这是人们联合起来、最初成为政治社会一员的原因。”但是，我还进一步断言，所有的人天然地存在于这种状态之下，在他们赞同成为某种政治社会的成员以前一直如此。笔者相信本文后面的部分会把这点阐述得十分清楚。

第三章　论战争状态

战争状态是一种毁灭和敌对的状态。所以，用语言或行为宣明的对于另一个人生命的图谋，这种图谋不是一时的冲动，而是稳定的、明确的。它就把他带入向其宣布这种图谋的人的战争状态。如此一来，他的生命就处于对方或协同对方进行防御和支持其斗争的任何人的权力之下，而有丧生的危险。我有权毁灭那以毁灭来威胁我的东西，这是合理而且正当的。因为，根据基本的自然法，人应尽可能地自卫，当全体不能保卫时，无辜者的安全就应首先加以保卫。一个人有权消灭向他宣战或对他的生命持有敌意的人，这理由就如同他可以杀死一只豺狼或狮子一样。因为上述那样的人不在共同理性法则的约束之下，只尚强力与暴力，而不遵守任何其他法则，所以可以被视为猛兽，人一旦落入那些被视为危险和有害的动物的爪牙之中，就必定会被毁灭。

所以，如果谁试图将另一个人置于自己的绝对权力之下，谁就与那人处于相峙状态，这实际上是对对方的生命有所企图的一种表示。因为我有理由得出这样的结论：但凡没有我的同意将我置于其权力之下的人，在其得到我以后，会任意处置我，在他想毁灭我时，也可能恣意毁灭我。除非通过强力迫使我处于对我的自由权力不利的处境，即把我变成奴隶，任何一个人都不能期望把我置于他的绝对权力之下。自我保存的唯一保障，就是远离这种强力的压制。那些想要剥夺我的作为自卫屏障的自由的人，理性要求我把他们视为危害我生存的敌人。所以凡是企图奴役我的人，他便使自己与我处于战争状态。自然状态中，一个想夺去属于那个状态中任何人的自由的人，必定被视为企图夺去其他所有东西，而自由就是其余一切的基础。同理，在社会状态中，一个试图剥夺那个社会或国家人们的自由的人，也必定被视为有剥夺他们的其他一切的企图，并被视为与他们处于战争状态。

这一点使一个人可以在不犯法的情况下杀死一个小偷，虽然小偷并没有伤害他，也没有表示对他的生命的任何企图，而只是使用强力置他于自己的权力之下，以便夺取他的金钱或他所喜欢的东西。因为不论他的借口是什么，小偷没有权力使用强力将我置于他的控制之下，所以我不可能认为，那个想要剥夺我的自由的人，在把我置于他的掌控之后，不会剥夺我的其他任何东西。因此我可以合法地视他为与我同处于战争状态的人，换句话说，如果有可能，我就杀死他。无论谁造成战争状态并且充当这种状态中的侵犯者，他就把自己置于这种危险的处境之中。

这里，我们知道了自然状态和战争状态的显著不同，虽然有些人把它们混淆了。它们之间的不同判若云泥，如同和平、友善、互助和安全的状态与敌对、恶意、暴力和互相残杀的状态那样互相区别。人们遵照理性支配而在一起生活，处于一种完全的自然状态之中，没有有权对他们进行裁决的人间的共同尊长。但是，使用暴力或表示对另一个人的人身的企图，而那里又没有人间的共同尊长可以求援，这就是战争状态。而正是这样的无处可诉给人一种向一个侵犯者宣战的权力，虽然这个侵犯者是社会的一员或是同一国家的子民。因此，虽然我不能因为一个小偷窃取了我的全部财产而伤害他，我只能诉诸法律，但是，一旦他开始抢我的马匹或衣物的时候，我就可以将其杀死。因为，为保卫我而制定的法律，在其不能制止当时的暴力以保障我的生命安全，而生命一旦失去就无法弥补，法律允许我自卫，给进行战争的权力、杀死侵犯者的自由，因为侵犯者使我没有时间通过我们共同的裁决者或法律的判决来救助一个将是无法弥补的损害。不存在具有权力的共同裁决者，人们都处于自然状态；超越权力把暴力施加到别人身上，不论有无共同裁决者，都会造成一种战争状态。

但是实际的暴力一旦停止，处在社会中的人们相互间的战争状态便随之结束，双方都同样服从法律的公正判决，因为那时可以通过法律要求对过去的伤害加以救济，也能够防止将来的危害。但是，因为没有成文法及裁决者的权威可以诉请，就像在自然状态中那样，战争状态一旦开始便不断持续，无辜一方只要有可能的话，始终享有消灭另一方的权力，直到侵略者提出和平的建议并愿意根据那些条款媾和时为止，这些条款可以赔偿其所导致的任何损害，保障无辜一方今后的安全。非但如此，即使可以诉诸法律和确定的裁决者，但如果公然的枉法行为和对法律的故意曲解，使法律的救济作用遭到破坏，不能用来保护或赔偿某些人或某一集团所作的暴行或所导致的损害，那么很难想象除了战争状态以外还有什么别的可能。因为，在运用暴力和导致了伤害的一方，虽然它是由受权执行法律的人所为，不论用上了什么样的法律名义、借口或形式加以粉饰，但它依旧是暴力和伤害。法律的目的是通过对受法律支配的所有人公正地运用法律，来保护和救济无辜者。无论怎样，只要没有善意地实际做到这一点，战争就会降临到受害者身上，他们因为无法在人间得到补救，于是就只有唯一的向上天诉请救济的办法。

人类组成社会和摆脱自然状态的一个重要原因是避免这种战争状态（在那里，除了诉诸上天，没有其他诉请求救的手段，在没有任何权威能在争论者之间进行裁决的地方，任何一个细小的纠纷都会如此终结）。因为如果人间有可以向其诉请救济的一种权威、一种权力，纠纷就能够由那个权力来裁决，那么战争状态就不可能继续存在。假设当初存在一个这样的法庭、一个上级裁决权，借以来决定耶弗他和亚扪人之间的权力，那么他们就绝不会进入战争状态；但是我们看到他最终不得不诉诸上天。他说“愿审判人的耶和华，今天在以色列人和亚扪人中间，裁断是非”（《旧约·士师记》第十一章，二十七节），然后提出控诉，凭借他的诉请，他率领士兵参与了战斗。所以在这类纠纷中，假如要问谁是裁决者，这并非意味着谁应裁决这一纠纷。众所周知，耶弗他在此告诉我们的是，“审判人的耶和华”应当裁判。倘若人间没有裁决者，那么只能诉诸伟大的上帝。因此那个问题并非意味着谁应当做出裁断——是不是另外的人使他自己与我处于战争状态以及我可不可以像耶弗他那样诉诸上天。对此，只有我自己的良心才能够判断，只因在最后的审判日，我要对所有人的最高裁决者负责。

第四章 论奴役

不受世上任何上级权力的束缚，不在他人的意志或立法权之下，而只以自然法为其行动的准则即是人的自然自由。人处在一定的社会之中，他的自由就是只受经由人们同意在国内所建立的立法权，而不受其他任何立法权的左右；只受立法机关根据其所受委托制定的法律的约束，而不受任何意志的统治或任何法律的约束。因此，自由不是罗伯特·菲尔麦爵士告诉我们的那种东西，即“每个人喜欢怎么做就怎么做，想怎么生活就怎么生活，而不受任何法律束缚的那种自由”。处于政府管辖之下的人们，其自由应以长时间起作用的规则作为生活的准则，它对社会的所有成员共同起作用，它是由社会所设立的立法机关制定的。在规则没有对之加以限制的所有事情上，我有根据自我的意志去行事的自由，而绝不服从于他人变幻莫测的、不可预知的和专断的意志。这正如自然的自由是只受自然法的约束而不受其他任何约束一样。

这种没有绝对的、随意的权力束缚的自由，是那样紧密地关联于一个人的自我保护，除非他的自卫手段和生命都随之一同丧失，否则他绝不能失去这种自由。因为，一个人既然没有能力重创自我生命，那么，就不能通过契约或他自己的口头认可把自己交给任何人去奴役，也不能使自己置身于他人绝对的、任意的权力之下，使其任意地剥夺自己的生命。没有人能把比自己的所有还要多的权力给予他人；一个不能剥夺自己生命的人，不能把支配自己生命的权力给别人。当然，当一个人因为某种行为而获罪致死的时候，他把生命丧失给的那个人，就可以（当他已掌握他时）推迟夺取他生命的时间，利用他做奴隶来为自己服务，这样的做法对他并没有损害。因为，在任何时候，当他觉得奴役的痛苦已超过了生命的价值时，他有以死反抗其主人意志的权力。

这就是最彻底的奴役状况，它可被视为合法征服者和被征服者之间战争状态的持续。因为，倘若契约一旦进入他们之间，他们经过协议使一方掌握一定的权力，同时另一方必须服从，那么，战争和奴役状态同他们契约的有效期限将一并终止。因为，正如前面所指出的，没有人能用协定的方式把自身所没有的东西，也就是支配自己生命的权力交给其他人。

“我”，在犹太人中，以及在其他民族中，我们看到，的确存在着出卖自身的情况，但是，显而易见，这不是为了充当奴隶，而只是为了服劳役。因为显然，被出卖的人并没有处在一种绝对的、任意的专制权力之下。不管什么时候，主人都没有权力杀害他，而在某些时候，他必须给他自由，解除对他的奴役。这种奴仆的主人根本不具有随意处置他们的生命的权力，他不能任意伤害他，哪怕损伤他一只眼睛或一颗牙齿，也要让他获得自由（《旧约·出埃及记》第二十一章）。

第五章 论财产

自然理性教给我们，人一出生就具有生存的权力，因此可以享用肉食、饮料以及自然所提供的维持其生存的其他物品。上帝的谕示告诉我们，上帝把世间的东西给予亚当、诺亚和他的儿子们。不管我们从自然理性还是从上帝的谕示加以考虑，这都是显而易见的，犹如大卫王所说（《旧约·诗篇》第一百十五篇，第十六节），上帝“把地给了人类的子孙”，使人类共同拥有。但是，假设是如此的话，似乎非常无法理解的是：怎么可以让任何人对任何东西享有财产权呢？我自己不认为如下的回答是令人满意的：假如根据上帝把世界给予亚当及其后人并为他们所共有这一假设，很难理解财产权，那么，根据上帝把世界给予亚当和他的继承者而没有给予亚当的其他后人这一假设，除了整个宇宙唯一的王之外，谁也不可能享有任何财产。不过我将努力阐明，在上帝赋予人类而为人类所共同拥有的财产中，在没有全体世人的明确协议下，人们怎样把其中的某些部分变成他们自己的财产。

上帝不仅把世界给予人类让他们共同拥有，还把理性给予他们，使他们以此利用那些东西而获得生活和便利的最大好处。土地及地上的所有东西，都是为维持人类生存及其舒适生活而给予人类的。所有自然生长的果实和土地养活的动物，因是自然而然地生长的，所以它们是人类的共有之物，无人具有排斥他人最初对这些东西中的任何一种东西的私人所有权，因为这些东西是处于自然状态中的东西。然而，既然这些东西是供人类使用的，就必然有一种方式，在其被利用之前，这样或那样地分配它们，才能对某一个人有用处或好处。未开化的印第安人不懂得圈用土地，仍然是土地的共同居住者，维持他生存的鹿肉或果实必须首先成为他自己的所有物，因为是他的，即他的一部分，而他人不能再对这些东西具有任何权力，之后才能对维持其生命有益。

虽然大地和所有低等动物共同属于所有人类，但是每个人对他自己的身体所享有的权力只属于他自己，其他人对此没有任何权力。我们也可说，他的身体所参与的劳动和他的双手所从事的工作自然而然地归属于他。因此，无论什么东西，只要他使其脱离自然所提供的和其原初状态，他就已经加进了他的劳动，即在此基础上加入了能使他对某些东西具有拥有权的东西，由此使它们成为他的财产。既然是他使这件东西脱离了自然所赋予它的寻常状态，那么在此基础上就由他的劳动加上了一些东西，正是这一点排斥了别人对这件东西具有的共同权力。因为，劳动是劳动者天经地义的拥有物，除他自己之外，不能再有任何人对这一被加进他所有物的东西享有权力，至少，在还有大量同样好的东西为其他人所共有时，情况就是这样。

一个人把在橡树下捡到的橡子，或者在林中的果树上摘下的苹果作为营养自己的食物，他就当然地已把它们占为己有了。没有人会否认，食物是完全应该由他消费使用的。那么我想知道的是，这些东西从什么时候起属于他呢？是在消化的时候？是在吃它们的时候？是在蒸煮的时候？是在把它们带回家的时候？还是在捡到它们的时候呢？显而易见，如果没有最初的采集使它们成为他的东西，那么，就没有任何其他可能的情况了。使它们与公共的东西之间产生区别的是劳动，劳动在万物之母的自然已造就的那些事物上增加了一些东西，因此使它们成为他私人所具有的东西。有谁能说，由于没有得到全人类的同意使橡子或苹果成为他的所有物，因而他对这些通过捡到它们而加以占用的东西无法享有权力呢？这样把全体共有的东西划归己用的行为是否算盗窃行为呢？倘若这样的同意真有必要，那么，即便上帝把如此丰富的东西给予了人类，恐怕人类也早已饿死了。在以契约保持的共有关系中，我们看到，从共有物中取出任何一部分，使它脱离本来所处的状态，由此产生了财产权。如果没有这一点，共有之物就毫无意义了。从共有之物中拿出这一或那一部分，并不需要取得所有共有者的明确认可。因此，我的马所吃的料草，我的仆人所割的草皮以及我在同他人共同享有开采权的地方挖掘的矿石，不需要任何人的转让或允许，都成为我的财产。我的劳动使它们脱离原来的自然状态，从而确定了我对于它们的财产所有权。

如果必须通过获得每一个共有者的明确同意的方式，人们才能把共有物中的任何部分划归私用，那么孩子和仆人们就无法割用其父亲或主人的肉，因为它是为他们共同准备而没有具体指定各人应得的部分的。虽然泉源的流水是大家共有的，但有谁能怀疑盛在水壶里的水是只属于打水人的呢？一个东西还在自然那里时，它是共有的，是同样地属于所有人的，但当他的劳动把它从自然那里汲取来，他就可以把它划归私用。

所以，这个理性的法则使印第安人所猎到的鹿归他自己所有。虽然在没有加进劳动之前是大家所共同拥有的东西，但是，一旦有人对它施加劳动，它就成为他的财物了。在那些被视为人类文明中的一部分人当中，他们已经制定而且增订了确定财产权的一些法律，但是，这一关于从原来共有的东西中开始产生财产权的最原初的自然法，仍适用于很多地方。据此，在那宽广的仍为人类所共有的海洋中，任何人所捕获的鱼，或者，任何人在这里采集的龙涎香，因为劳动使它脱离了原来自然赋予它的共同状态，它就成为对此付出辛劳的人的财产。甚至在我们中间，一只任何人在围猎时追赶的野兔，就会被认为是他的所有物。因为，作为野兽，它仍被认为是共有的，没有人可以对它私自占有，但是，无论什么人，只要对它们付出了如此多的劳动，比如去发现和追赶它，他就使它脱离原来的那种共有的自然状态，从而成为他的一种私有财产。

倘若采集橡子或大地里生长的其他果实等等，就等于对这些东西具有了所有权，那么，任何人都可以根据其意愿随便占取，或许有人会反对上述观点。对此，我的答复是：并非如此。同一自然法，用这种方式给予我们财产权，但同时也对此类财产进行了限制。“上帝厚赐百物供我们享受”（《新约·提摩太前书》第六章，第十七节）是为神的谕示所证实的理性之音。那么上帝是在怎样的限度下给予我们财产的呢？以供我们享用为度。谁能在一件东西坏败之前尽可能地将它用于生活的任何便利，谁就可以用他的劳动在这个限度内对这件东西确定其财产权。无论任何超过这个限度的东西，都不再是他的分内应得，就是归别人所有的东西。上帝所创造的东西，没有一样是让人们糟蹋或毁坏的。因此，可以考虑一下，在过去很长一个时期内，世界上的自然物资十分富饶，而消费者很少，一个人通过勤劳所能获得的、对它进行独占而不让他人分享的那部分物资（特别是由理性限定的可以供他使用的那部分范围之内的物资）数量很小，因此，关于如此确定的财产就可能很少有纠纷或争执的余地。

但是，构成财产的主要物质现在已不再是大地上的果实和依靠土地而生存的野兽，而是包括和带有其他所有东西的土地本身，我认为，显而易见，土地所有权的取得和前者是一样的。一个人能耕作、播种、改良、栽培多少土地和能消费多少土地生产产品的多少，也就是其财产的多少。这就像是他凭借其劳动从公共东西的范围内取得的那样。每一个人都对公共的东西具有同等的权力，因此如果没有得到他的全体共有者，即整个人类的许可，他就不能占有它们，更不能圈用土地，这样的说法再正确，也不能使他的权力丧失效力。上帝将世界给予整个人类时，也责成人们要参与劳动，同时人的贫乏境况也要求他们这样做。上帝和人的理性要他开垦土地，也就是说，把属于他的东西，他的劳动，施加到土地之上，即为了生活的利益去改良土地。他服从了上帝的指示去开垦、耕耘和播种土地的任何部分，他就把原来属于他的某种东西施加其上，这种所有物是其他人无权要求的东西，倘若强行夺取，必将造成损害。

这种靠改良任何一块土地而将这块土地占有，对他人没有任何损害，因为还剩余足够多的同样好的土地，它们比尚未取得土地的人所能利用的还要多。因此，事实上某个人为自己圈用土地，并没有使留给别人的土地有任何减少。因为，一个人只要留下足够供给别人利用的土地，就与毫无所取没什么不同。没有谁会因为别人喝了很多水，而觉得自己受到任何损失，因为他还有整整一条同样的河水可供他解渴之用。而就土地和水来说，在两者均完全够用的地方，道理是完全一样的。

上帝把世界赐给人类，使人类所共有，但是，既然上帝把世界赐给人类是为了他们的利益，为了让他们尽可能从它那里取得生活的最大便利，那就不能假定上帝的想法是要让世界永远保持公共所有而不让人加以耕作。他是把世界赐给勤于劳作和有理性的人们使用的（而劳动使人取得了对它的权力），不是给予喜欢争吵和喜欢纷争之徒，让他们胡作非为和大肆抢夺的。一个人，如果还拥有剩下可以改良的、与已被占用的土地同样好的土地，那他就没有什么可抱怨的，也不应该干预别人已经通过劳动加以改进的东西。假如他这样做了，那么，不难得出，他就是想从人家的劳动中捞取好处，这是他所不具有的权力。他想要得到的，并不是上帝共同给予他和其他人的可以在其上进行劳动的土地，这些土地，在其他人占用一些之后，仍然还有同样好的土地，而且比他知道在其上做些什么或通过他的勤劳所能从土地上获得的还要多。

的确，在英国或任何其他国家共同的土地上，那里有很多在其统治之下的人民，他们拥有金钱，从事商业，倘若没有取得全体共有者的同意，没有人可以进行圈用或私自占用。因为，根据契约，也就是不可侵犯的国家的法律，这是留给公有的。虽然这种土地对于某些人而言是公有的，但是，对于整个人类而言，却并不如此。它只是这个教区或这个国家的公有财产。况且，通过这样的圈用后所剩余的土地，对于其余的共有者来说与原先全部土地的情况有所不同，因为那时他们所有人全都可以共同使用所有土地。而人们刚刚聚居在世界广袤的土地上的时候，情况与此完全不同。那时人们所遵从的法律，不如说是旨在鼓励进行占用的法律。上帝指示他劳动，他自身的需要迫使他不得不从事劳动。只要是他通过劳动而确定的东西，那就是他的财产，在他划定的界限内，人们不能将其夺走。因此，我们发现，开垦或耕种土地，和对它具有占有权，是联系在一起的。一个是另一个的依据。因此，上帝通过指示人们开垦土地，而给予人们占用其所开垦的土地的权力。需要劳动和进行劳动的资料，也就是人类生活的条件，必然导致私人财产的出现。

自然恰当地设立财产的范围，这是自然根据人类的劳动和生活所需的范围设立的。没有任何个人的劳动能够开垦或将一切土地据为己有，他享用的最多也只能是其中的一小部分。因此，对所有人来说，都不可能以这样的方式侵犯另一个人的权力，或为自己争得一些土地而损及他的邻人，因为他的邻人（在别人已取出他的部分之后）尚且还有可以利用的土地，它与被占用以前同样好而且同样多。在世界的原初状态，荒野上的人们一旦离群就很难生活，他所遇到的这种危险，要远远大于因缺少进行种植的土地而带来的不便。这一范围确实把每个人的私有财产限制在合适的比例之内，这样，就使他在可能占有自己财产的同时，不会对其他任何人造成什么损害。这个同样的范围仍然是可以采用的，即使现在似乎世界上已有人满之虞，但它也没有对任何人造成损害。设想一下，在亚当或诺亚的子孙们最初在世界上繁衍人口时，一个人或一个家族所处的情况：让他在美洲内陆的空旷荒野上进行种植。我们将会看到，根据我们所制定的范围，他能够使他自己占用的土地不会太大，甚至在今天，尽管人类的种族已经将他们自身扩展到世界的每个地方，并且的确无限地超过了最初的微小数目，但这仍然不会对其余的人类造成损害，或者给予他们抱怨的理由，令他们认为人们的这种侵占使他们自己受到了损害。非但如此，而且，如果不是劳动，土地的扩展就只有微不足道的价值。而且我曾经听说，在西班牙就有下述确实存在的事情，即一个人可以被允许在他没有其他权力的土地上耕耘、播种和收获，而不被别人干涉，只要他是对土地进行利用就行。非但如此，居住者反而认为他们从他那里得到了好处，因为他在还没有被开垦而依然荒芜的土地上付出的辛劳增加了他们所需的粮食。但是无论如何这一点还不是我所要强调的。我敢斗胆肯定：如果没有发明货币，如果人们没有以默许的方式同意赋予土地以某种价值，形成了（在同意的基础上）较多地占有和对土地的权力，那么这一所有权的法则，即每一个人能够占有多少他所能够利用土地的法则，将仍然在世界上起着作用，任何人都不会感到有什么困难，因为世界上还有足够多的土地满足成倍居民的需要。对于货币所造成的财产和权力的情况，我将一步步更充分地加以阐述。

下述情况是肯定的：在开始的时候，金钱和对于土地的较大的权力，出现于人们要求超过他的需要的欲望改变了事物的实际价值之前，事物的这种实际价值是由这些事物对人类生活的作用所决定的。或者人们已经同意让一小块不会耗损又不会腐败的黄色金属等值于一块肉或一堆粮食，人们由于他们的劳动，虽然有占有他所能充分利用的自然界的东西的权力，但是他所占用的数量甚微，不会对其他人造成损害。因为那里仍然还有同样丰富的东西，留给愿意花费同样劳动的人们。对此，我再次补充一下，一个用自己的劳动占用土地的人，不是减少而是增加了人类的共同积累。因为被圈用和垦殖的一英亩土地所出产的供人类生活的产品，比一英亩同样肥沃而共有者任其处于抛荒状态的土地（特别保守地说）要多十倍的收获。因此，他，那个圈用土地的人，从十英亩土地上所获得的生活必需品，比从一百英亩未开垦的处女地所得到的更丰富，甚至可以说反倒是他给了人类九十英亩土地，因为正由于他的劳动，十英亩土地现在出产了至少相当于一百英亩土地所出产的产品。在此，我把经过改良的土地的产量限定得很低，仅仅只把它的产品与未经改良的土地的产品的比率定为十比一，而实际上这一比率应更接近于一百比一。我因此提出这样一个问题，在处于自然状态的美洲丛林和未开发的荒地上，从未进行过任何改良、栽培或耕种，那里的一千英亩土地，是不是像得文郡的同样肥沃但栽培得不错的十英亩土地一样，给贫民的生活所需提供同样多的产品呢?

在没有私自占用土地以前，一个人，他尽其所能地多采集野果，尽其所能地多杀戮、捕猎或驯养野兽，并那样地把他的辛勤劳作施加于任何自然产品的自发状态，用任何一种方式去改变它们所处的自然状态，他就因而取得了对它们的所有权。但是，倘若它们在他手里被毁坏，而没有适当利用，或者假使在他没有消费之前他就使果实腐烂或者鹿肉腐坏，那么，他就违反了自然的共同法则，并因而受到惩罚：他侵占了其邻人应当分有的部分，因为他超过了对它们的使用和它们可能供应他的生活需要的限度，他没有权力有这些东西。

同样的限度对于土地的占有也是适用的。不管什么东西，只要是经过耕种、收获的东西，他把它们储存起来，并在其腐坏之前加以利用，那是他的特权；他圈入、驯养和利用的无论什么牲畜和产品也都是他的。但是，假如在他圈用范围内的草在地上白白烂掉，或他所种植的果实因未被采摘和储存而烂掉，那么尽管他已圈用这块土地，但它仍然被看作荒废的，可以被其他任何人所占有。所以在一开始，该隐可以把他所能耕种的一切土地为他所有，还可以为亚伯留下足够的土地放牧羊群；那时，几英亩土地就足够他们俩占用了。但由于家庭成员的增多，劳动又扩大了他们的牧群，他们的占有随着他们的需要而不断增大。但是，直到他们联合起来、一起定居并建立城市之前，他们所占用的土地都是共有的，在那块土地上，没有什么确定的财产权。后来，在赞同的基础上，他们就开始划定每人占地的界限，商定他们和他们的邻人之间的界限，并通过他们自己内定的法律，确定本社会人们的财产权。因为，我们看到，人们在最初居住的那些地区，因此可能也是那时人们繁衍生息的最好的地方，一直到亚伯兰时代，人们还是与他们的牛羊群一起自由游牧，那些牛羊就是他们的财产；而亚伯兰是一个人作为异乡人在他乡游牧的地方。显然，至少那里大部分土地是公有的，居民们对此并不重视，也没有在他们所利用的部分之外要求财产权。然而，当某个地方不足以供他们一起放牧、饲养羊群时，他们在协商的基础上，就像亚伯兰和罗得那样（《旧约·创世记》第十三章，第五节），相互分开并扩大他们的牧场，到最适宜他们的地方去。以扫离开其父亲和兄弟，到西珥山去创家立业也是出于同样的原因（《旧约·创世记》第三十六章，第六节）。

因此，没有必要假设亚当对全世界所有的人具有排斥他人的个人所有权和财产权的权力，这种权力是不能证明的，任何人的财产权也是不能从中引出的；而只能假定世界本来是供人类子孙共有的。只要做出这种假定，我们就可以看到，为了他们个人的用途，劳动如何使人们对世界的若干小块土地具有明确的产权，在这里，这种权力是毋庸置疑的，也没有任何争执的余地。

劳动的财产权应该可以战胜土地的共有状态，这个观点在仔细思考探讨之前是那样奇怪，但实际上，它并非那样怪异。因为，正是劳动真正意义上把不同的价值赋予了每一件东西。请每个人思考一下一英亩种植烟叶或甘蔗、播种小麦或大麦的土地与一英亩共有的、未经任何开发的土地之间的区别，就会明白，价值的最大部分是通过劳动的改进作用获得的。我觉得，在可供生活所需的土地产品中，十分之九是劳动的成果，这仍然只是个十分保守的估计。而且，倘若我们正确地估计作为供我们使用的东西，计算有关它们的各项费用，在它们之中，什么是来自自然的东西，什么是劳动得来的东西，我们就会看到，在绝大多数的东西中，百分之九十九都得自于劳动。

没有任何东西能对这一点作比美洲几个部落的情况更为明显的例证。这些部落有丰富的土地，但生活的享受却十分贫乏。对他们来说，如同对任何其他民族一样，自然充分地为他们提供了大量的物资，即能生产丰富的供衣食所需之产品的肥沃土地，但是因为不用劳动去改进土地，他们所享受的必需品还不到我们的百分之一。在那里，一个拥有大面积肥沃土地的酋长，在衣食住方面比英国的一个粗工要差得多。

为了进一步讲清楚这一点，让我们考察一下一些日常生活用品，通过追溯它们成为我们使用之物的一些进程，看一看它们的价值中，有多少来自于人类的劳动。面包、酒和布是日常需求量很多的东西。但是，如果劳动不为我们提供这类更为有用的物品，那么我们就只能以橡子、水和树叶或动物的皮毛，作为我们的面包、饮料和衣服。因为，不管怎样，面包的价值比橡子高，酒的价值比水高，布匹或丝绸的价值比树叶、皮毛或苔藓高，这些完全都是靠劳动和勤劳获得的。一类是完全靠自然供给我们的物资，另一类是凭借我们的汗水和劳动为我们自己赚取的衣食。倘若人们估算一下，后者的价值在多大程度上超过了前者，那么，他就会发现这样的情况：我们在世界上所享受东西价值中的绝大部分被劳动所造成的价值占去了。而生产这些物资的土地几乎不占有价值的任何部分，或顶多只能说占有极小的部分，小到我们甚至可以把自然状态中未经放牧、垦殖或栽培的土地称作荒地，实际上也是真正的荒地，我们可以从中得到的好处几乎等于零。

这一点说明，人口众多远胜于领土广阔，改良土地和合理地利用土地是重要的统治艺术。一个君王如果英明过人，用建立起来的自由法律来保护和鼓励臣民的正当勤劳，防止权力的压制和党派意志的编狭，就会很快地对他的邻国构成强大的压力。但是，本问题容后再论。

现在还是回到我们的主题。

这里一英亩年产二十蒲式耳小麦的土地和在美洲的另一英亩土地，如果用一样的耕作方法，可以取得相同的收获，它们自然固有的价值当然相同。但是人类在这块土地上一年的收益是五英镑，而在美洲的那块土地上一个印第安人所得的一切利益，如果在这里估价售卖的话，则很可能不值一文；至少，我可以诚恳地说，不到千分之一。是劳动把绝大部分价值施加于土地之上，没有劳动就几乎不存在任何价值。通过劳动，我们才最大程度地得到土地出产的一切有益的东西。只因一英亩小麦出产的麦秸、麸皮和面包，其价值高于一英亩同样肥沃但是荒芜的土地所出产的物质的价值，而所有这些价值都是因劳动而得。耕地者花费的力气、收割者和打麦者的辛劳和面包师的汗水，不但要计入我们所吃的面包里，而且从播种到制成面包的过程中所必需的一切东西，如那些饲养耕牛，采掘、冶炼铁和矿石，砍伐以及准备木材来制作犁、磨盘、烤炉等工具的人们的劳动，都是必须计入的劳动，要承认它们在价值中的作用。自然和土地所提供的只是本身几乎毫无价值的资料。如果我们要追根问底，在供我们享用以前，要列出每一块面包需要勤劳供给并利用的东西，那将是一张怪异的物品清单，如铁、树木、皮革、树皮、木材、砖、石头、煤、石灰、布、染料、沥青、焦油、桅杆、绳索以及所有在船上必需的物资（因为船只运来了工人在工作的每个环节所使用的一切物品），诸如此类，举不胜举，然而这份清单可算得是极为冗长了。

从上述的一切，能够明白地看出，即便自然的物资是人所共有的，但是，人（因为是自己的主人，是自己和自己活动或劳动的所有者），其本身还具有财产的基础。一旦发明和技术改善了各种生活条件时，构成他用以维持自己生存或享受的物质中有大部分东西，完全为他本人所有，并不与他人共享。

因此，在开始的时候，任何一个人，在任何地方，愿意把劳动施加于本来共有的东西之上，劳动就把财产权给予了他。在很长的时期内，绝大多数东西仍然是共有的，这一部分直到现在还是比人类所能利用的要多得多。在最初的时候，绝大部分情况下，人类只希望得到尚未加工的、自然提供给他们的必需品。而后在世界的某些地方（那里因为人口和牲畜的增多和货币的使用），土地变得不足，一定价值就因此产生了，一些社会确定了他们自己的边界，又通过它们内部的法律确定了该社会的私人财产，因此，以契约和协议的方式确定了通过劳动和汗水所获得的财产。有些国家和王国之间结成的盟约，或明确或默许地放弃了对于为对方所占有的土地的所有要求和权力，从而形成了共同协议，放弃了它们对那些国家原有的自然公有的权力，在全世界的个别部分和地区，文字协议就明确了它们之间的财产权。但是，那里还有大量未开垦的土地留存（那里的居住者尚未同意与其他的人类一起使用他们的共同的货币），这些荒地比居于其上的人们所能开垦或利用的仍然要多，它们仍然是共同所有的。不过这在已同意使用货币的那一部分人类中间是不大可能发生的。

对人类生活有实际作用的东西中的绝大部分东西，和在世界初期共同拥有世界的人们希望得到的生存必需品——如现在的美洲人所找寻的那样——大都是不耐用的东西，如果不被利用，不被消费掉，便会自然腐烂毁掉。金、银、钻石，因为人们出于喜好或协议，赋予它们以一种高于其实际用处和生活所需价值的价值。如前所述，自然提供给人们的那些好东西，每一个人都有权使用多少就拥有多少，对于所有的人因其劳动所影响的东西，他拥有完全的财产权。所有那些因受他的勤劳影响，而被改变了自然赋予的原初状态的东西，则全都归他所有。采集了一百蒲式耳橡子或苹果的人，他就对这些东西具有了财产权；一经被他采集，它们就成了他的财产。但是他必须注意的是，他要在其腐坏以前使用它们，不然的话，他的所取就超过了他应得的部分，成了对他人的掠夺。比他能使用的东西要多的窖藏，实是一种愚蠢的行为，而非一种实在的行为。如果他把一部分赠送给他人，让它不至于在他的占有下白白地毁坏掉，这也可以说是他利用了那些东西；或者，如果他拿一星期后就会腐烂的梅子，去换能贮存一年供他食用的干果，就不能说他糟蹋过什么东西；只要东西不在他的手里白白地毁坏掉，他就没有毁坏共有财物，也没有毁坏他人所有的东西的任何部分。或者，如果他愿意用他的干果换取一块他喜欢的金属，用他的绵羊换取一些贝壳，或用羊毛换取一块闪闪发光的卵石或钻石，由他永久收藏，那么，他就没有侵犯他人的权力。这些坚固持久的东西，他愿意积聚多少都没有关系。是否超过他的正当财产的范围，不取决于他占有了多少，而取决于是不是有某些东西在他手里白白地坏掉。

货币的使用就是这样开始的，货币是一些人们可以保存而不会损坏的能够耐久的东西，在彼此赞同的基础上，他们用它来交换实际有用但容易毁坏的生活必需品。

不同程度的勤劳使人们获得了不同数量的财产，从而，货币的发明给人们提供了进一步积累和扩大财产的机会。因为，如果有一个海岛，它与世界其他地区没有任何可能的商业往来，岛上只有一百户人家，但是，这里有羊、马、奶牛以及其他对人类有用的动物，富有营养的水果，以及能够生产出足够千百倍于现有人口所食用的粮食的土地。但是所有岛上的东西，或是因为普通或是因为脆弱易损，没有任何东西能够当作货币使用。那里的所有人在家庭所需和用于消费的丰足供应之外，无论就他们勤劳所生产的东西而言，还是就与他人交换同样易于损坏但却有用的物品而言，都没有什么理由要扩大他的财产。无论在什么地方，只要那里没有既耐久又稀少并且又很贵重的东西值得积累，人们几乎就不会扩大他们所占有的土地，即便土地是如此肥沃，人们也可以如此自由地取得土地。因为，我想要知道，一个人在美洲内陆的中部拥有一万英亩或十万英亩的优等土地，他耕种得很好，也拥有很多牛羊，但他不能同世界的其他地方进行贸易，出卖产品以换取货币，假如是这样的话，那么，他会如何评价这块土地呢？他的回答可能会是：占用这种土地并不合算。我们将看到，他会放弃多余的部分，将其重新归还给自然的旷野，而保留任何一块能够供应他自己及其家属的生活用品的土地。

所以，在最初的时候，整个世界都像美洲，而且是像很久以前的美洲。因为，所有地方都不知道有货币这种东西存在。任何一个人，只要从他邻人中间发现某种东西具有货币的作用和价值，你就会发现此人便立即开始扩大他的地产。

然而，因为金银较之衣食车马，对于人类生活的用处并不算大，它的价值不过是来自人们的同意，而且这种价值的大部分还是由劳动的尺度所决定的，所以，显而易见，人们已经同意可以不平均和不相等地占有土地。通过默许和自愿，他们找到一种方法，让一个人完全可以占有其产量远远超过他个人消费量的土地，这一方法就是用剩余产品交换能够窖藏并且不会给任何人造成损害的金银；这些金属在占有者手中不会毁损或败坏。人们能够超出社会的范围，不需要契约，便使物品在不平等的私产中得以分配，是因为赋予了金银以一种价值并默认货币的流通而完成的。而政府则通过法律规定财产权，由成文宪法正式确定土地的占有权。

由此，我认为，可以不费吹灰之力地一眼看出，劳动最初是怎样在自然共有物中确立起财产权，以及消费财产为了满足我们的需要这一点又是怎样限制了财产权的；因此就没有理由对财产权发生纠纷，对于允许占有多少财产权也是无可置疑的。权力与生活需要是平行的；因为一个人对他能施加劳动的所有东西享有权力，因此他也不愿为超过他所需的东西付出劳力。这没有为财产权的争论留下任何空间，也没有造成对他人权力的侵犯。一个人据为己有的那部分是显而易见的，而过多地为自己占取，或所取多于所需，是既无用处也不诚实的。

第六章　论父权

在这种性质的专论中，对已通用于世的某些字眼和概念吹毛求疵，可能会被人斥为强辞夺理，然而，如果旧名词易于让人陷于错误，那么，提出一些新名词来也许不会被认为是大谬不然吧。“父权”一词也许便是如此。它好像是把父母对子女的权力完全归之于父亲，似乎母亲是没有任何权力的。然而，倘若我们向理性或启示请教一下，我们就会明白，她也有同样的权力。这一点使人们有理由追问，是否称作亲权更为恰当？不管自然和传宗接代的权力要求儿女承担什么义务，这种义务必然是要他们对生他们的双方共同承担的。因此，我们看到，上帝的明文法要求儿女无条件地服从父母，处处都把父母不加区别地并举。如“应孝敬父母”（《旧约·出埃及记》第二十章，第十二节）；“凡咒骂父母的”（《旧约·利未记》第二十章，第九节）；“你们每人都应当孝敬父母”（《旧约·利未记》第十九章，第三节）；“你们做儿女的，要在主里听从父母”（《新约·以弗所书》第六章，第一节），等等，这是《旧约》和《新约》的语气。

假设原来只是很好地考虑这一点，而没有对问题的实质作深入的研究，或许就不致使人们在双亲的权力问题上犯他们所犯过的大错。在父权的名义下，父亲似乎独占了这一父母亲的权力，可能这并不怎么生硬地带有绝对统治权和王权的意味，但如果这一假定对儿女的绝对权力被称为亲权，那么原来的名称听起来就会十分刺耳，从而显得十分荒谬，你就会发现那种权力也是属于母亲的。因为对于那些根据他们所谓父亲身份而竭力主张绝对权力和权威的人们来说，母亲也有份儿的，事实会让他们很不受用。这样他们所主张的君主政体就会失去极好的根据，因为按照名词本身，他们所依据的作为只由某一人统治的基础的基本权威，并不只属于一人，而是为二人所共有。不过，这个名词问题以后再论吧。

前面我虽然说过（第二章），所有的人生而平等，但不能理解为我指的是各种各样的平等：年龄或品行可以给一些人带来正当的优先地位。杰出的才能和某些特长能够使另一些人出类拔萃。出生可以使一些人，关系或利益可以使另一些人，尊敬那些出于自然、恩惠或其他原因应当得到尊敬的人们。所有这些都与这样一种平等相一致，即所有的人们现在所处的和管辖或统治的主从关系。我所要谈的也是这种平等，即不服从于任何他人的意志或权威而对其天然的自由所享有的平等权力。

我不否认，尽管孩子生来就应该享受这种平等，但是他们并不是生来就处于完全的平等之中。在他们出生及此后的一段时间里，他们的父母有权对他们进行统治和管束，但这只是暂时的。这种对他们的支配，就像是他们在脆弱的婴儿时期用来包裹和保护他们的襁褓。随着他们的成长，年龄和理性将不受制于这些限制，直到他们最终成为一个可以自由处理一切的人时，才算是彻底地摆脱了这些限制。

亚当被创造成一个完整的人，他的身心具有充足的力量和理智，因此他一开始存在之时，就能自己维护自己，并遵照上帝所赐予他的理性法则来支配自己的行动。他的子孙后代在这个世界上繁衍，他们生来都是脆弱无能，无知无识的婴儿。然而，他们身心不成熟的缺陷一直持续到长大成年才能消失。为了弥补这种缺陷，根据自然法，亚当与夏娃和他们之后的所有父母都负有一种责任，即保护、抚育和教育他们所生子女的责任。子女的出生，不是作为他们自己的作品，而是他们自己的创造者、全能之神的作品，为了他们的子女他们要向他负责。

理性的法律，即支配亚当的法律，同时也是支配其所有后代的同一种法律。但他的后人是通过别的途径来到这个世界上的，与他完全不同，而他是自然地出生在这个世界上的，因此，他的后代蒙昧无知，不会运用理性，他们不会马上受那个法律的制约。一个并非向他公布的法律，那个人就不受它的制约，如果这个法律是仅由理性公布或颁发的，那么，在他还不会使用理性时，他就不能受这个法律的制约。亚当的子女并非一出生就被这个理性法律所约束，因此，他们暂时还不是自由的。法律的真正意义，与其说是限制，还不如说是指导，使一个自由而明智的人去追求其正当的利益。这样的法律，它作出的规定不会超出受其制约的人们的一般福利之外。如果说没有法律他们会更加幸福，那么，法律作为一件无用之物就会自行消失；它只是因为使我们免于堕入泥坑和悬崖而获得了限制这一不好的声名。因此，无论它可能被人们怎样误解，法律的目的并非取消或限制自由，而是保护和扩大自由。因为，在所有能够接受法律的人类环境中，在没有法律的地方，也就没有自由。所谓自由，就是不受来自其他人的束缚和暴力，在没有法律的地方，就不会有这种自由。但是，正如人们所述，自由不是每一个人都为所欲为的那种自由（如果其他任何人的一时高兴就可以支配一个人，谁能自由呢），而是在他所受法律许可范围内随心所欲地处理或安排他的人身活动、金钱和他的所有财产的那种自由，在那里，他不受其他人意志的任意支配，他只是自由地支配自己的意志。

因此，父母对其子女所享有的权力，产生于他们应尽的义务，在儿童尚未长成的时间里，他们有义务管教他们。子女所需要的和父母应做的，是培养子女的心智，用理性取代子女的无知，从而父母在解除其辛劳之前，要对他们无知的未成年期间的行动加以管理。因为，上帝已然把一种指导其行动的悟性赐予了人类，也就赐予了他一种意志自由，一种行动自由，他在其所受约束的法律范围内正当地享有它们。但是，在这样一个人生阶段，他不具有悟性来指导他的意志，他也没有自己可以遵之而行的意志。一个为他运用智力的人，也要为他行使意志，他必须规定其意志并调节其行动。但是如果儿子达到了那种使他的父亲成为一个自由人的境界，那么他也成为一个自由的人。

一个人要置身于法律的约束之下，无论是自然法还是国家法，上述一点适用于一个人所受约束的一切法律。一个人是受自然法的约束吗？什么东西才能够使他摆脱那个法律呢？在自然法的范围内，什么东西才可以使他根据其意志自由地处置他的财产呢？对于这些问题，我的答复是：这是一种成熟的境界，在此境界中，他被视为能够理解这个法律，因此他就可以把他的行动限制在那个法律的范围之内。如果他达到了这一境界，人们就会认为他已理解法律对他的指导达到了怎样的程度，他已经理解他应用他的自由到多大的程度，而因此取得了自由。但在此前，必须有人对他加以指导，这个人是一个被认为知道法律所允许的自由程度的人。假如这种理性状态，这样一种责任年龄，使一个人自由，同样地也可以让他的儿子自由。一个人是不是要受英国法律的约束？是什么东西使他可以不受那个法律的束缚？那是在法律允许的范围内，他根据自己的意志决定他的行动和处置财产的那种自由吗？这是一种理解那个法律的能力。那个法律假定为21岁，在有些情况下则更早一些。如果这使父亲自由，它也应该使儿子自由。在此前，法律不允许儿子有意志，他要接受父亲或监护人意志的指导，他们为他使用理智。如果父亲死亡而又未委托一个代理人来接替，如果他没有安排一个导师在他儿子未成年和没有悟性之前进行管教，法律则将要对此负责。在一个人达到自由的状态，能用他的悟性指导他的意志之前，必须有人支配他的意志来管理他。但是这个阶段以后，父亲之于儿子正如导师之于成年之后的徒弟，他们都同等地自由了，他们同样受同一法律的制约，无论他们是处于自然状态而受自然法的约束，或受一个已成立的政府的成文法的约束，父亲已不再具有任何权力来管辖儿子的生命、自由或财产。

然而，如果因为超越自然规律而可能发现些许缺陷，以致有人无法达到这样一种理性的程度，即被认为能够了解法律，并因此能在这种规则下生活的程度，他就不能成为一个自由的人，也不能让他根据自己的意志恣意而为（因为他不了解自己的意志应该有限制，他没有悟性作为他意志的正当指导者）。在他自己的悟性不胜此任的时间里，他还要继续接受他人的监管。因此精神病患者和智力障碍者从来不能脱离父母的管束。胡克尔在《宗教政治》第一卷第七节中说："一个孩子，他还没有达到能正确运用理性来指导自己的年龄；一个智力障碍者，由于自然的缺陷而从来不会正确运用理性来指导自己；还有第三，一个精神病患者现在还不会运用正确的理性来指导自己，他们只能用他们导师那指导自己行动的理性来指导自己，为自己谋求福利。"所有这些，似乎不外乎是一种责任，上帝和自然把它交给人类和其他生物，让他们保护其后代，直到他们能够自立为止。这很难被看作是父母享有王权的一个例证。

我们生而自由，同时生而具有理性。但这并不等于我们就能实际运用这两者：年龄带来自由，也随之带来了理性。我们可以从中发现，自然的自由和服从父母是一致的，二者根据的是同一个原则。一个儿童依靠他父亲的权力与理智而自由，在他具备了自己的理智之前，他父亲的理智将一直影响着他。一个成年人的自由，和一个尚未达到那个年龄的儿童对他父母的服从，二者是那样一致，却又是那样地迥乎不同，甚至拿父权说来论证君主制的最盲目的人们，也不得忽视这一不同；最顽固的人也不得否认它们有着一致性。因为，倘若他们的学说完全正确，如果亚当的合法继承人现在已经知道，并且根据这一资格被推立为君主，被赋予罗伯特·菲尔麦爵士所说的所有绝对的无限权力。如果他在继承者一出世就死去了，这个孩子，纵使他如何自由、如何至高无上，在年龄和教育给予他理性和能力来管理自己和他人之前，他就一定不听从其母亲和保姆、导师和监护人的指导吗？他生活的需要、他身体的健康和他心灵的培育，都决定了他要受别人而非自己意志的指导，然而，有人会认为，此种限制与服从并不符合或剥夺了他有权享受的那种自由或主权，或将他的王国丧失给在他未成年时管教他的那些人吗？对他的这种管教，只是让他更好和更早地具备行使其自由或主权的能力。倘使有人问我，我的儿子什么时候可以达到自由的年龄？我会回答说，那就是他的君主可以亲政的年龄。睿智的胡克尔在《宗教政治》第一卷第六节中说："然而，一个人在什么时候才可以被认为是已经达到了这样的可以运用理性的地步，足以使他能够了解那些他必须用来指导自己行动的法律，关于这一点用感觉来辨认要比用技术和学问来决定容易得多。"

国家自身认识到，而且也承认，人们要到某一时期才能开始如同自由人一样地行动，因此，直到那时以前，不要求他们宣誓效忠服从，或对他所在国家的政府表示其他公开的承认或服从。

因此，人的自由，以及根据自己的意志而行动的自由，其基础是他具有理性，理性能指导他理解支配他行动的法律，并让他明白他应该在何种程度上听从自己的自由意志。在他具备理性来指导自己行动之前任由他享有无限制的自由，并不是给了他本性自由的特权，而是把他投入到了野兽之中，使他在等同于野兽的不幸状态之中，大大低于人所处的状态。这就是授权父母管理未成年子女的根据所在。上帝指示他们去管教自己的子女，把适当的慈爱和关切赋予他们，以此调节他们管教子女的这一权力。在子女被这一权力约束的期限之内，他为了有利于子女，就按照他的智慧所计划的那样，行使这一权力。

但是，通过什么理由可以把父母对子女的关照推论成父亲的一种绝对的、专横的统治呢？父亲这项权力，只能是以他认为最有效的管教方式，来使他们的身体健康有力、使他们的心灵纯正奋发、使他的子女具备一些很好的东西，成为对他们自己和对别人最有用的人。如果这个条件有必要，也可以让他们在自己有能力时为自己的生存而工作。然而，对于这项权力，母亲也和父亲一样拥有。

非但如此，这个权力并非由于任何自然的特权才属于父亲，而只是由于他是其子女的监护人，如果他不再管教子女，那么他对他们的权力也就随之消失。这一权力是随着对他们的抚育而来的，是与之不可分割的互相联系的，而且它如同属于一个儿童的生身父亲一样也属于一个被遗弃儿童的义父。如果一个男人只有单纯的生育行为，对子女不加照顾，如果他只是因为生育行为而享有父亲的名义和权威，那么，他就不具有任何对自己子女的权力。在世界上的某些地区，一个妇女同时有几个丈夫，或在美洲某些地区，经常发生夫妻分离的情形，子女都留给母亲，跟着母亲，完全由母亲抚养，在那些地区，父权又将怎样呢？假如父亲在子女年幼时死亡，难道他们在未成年时不是自然而然地要同样处处顺从他们的母亲，如同对他们的父亲（倘若他活着的话）一样？是不是有人会说，母亲对于她的子女有一种立法权，她可以制定有永久服从义务的条款，用以规定与他们财产相关的所有事情，并限制他们一辈子的自由呢？或者说，为了执行这些条款，她可以行使死刑呢？这是法官的正当权力，而父亲是连这种权力的影子也没有的。他支配子女的权力只是暂时的，不能包括他们的生命及财产。这不过是对于他们未成年时的孱弱和缺陷的一种帮助，为他们成长所必需的一种约束。虽然在子女没有冻饿之患时，父亲可以随意安排自己的财产，但是他的权力不能推广到子女的生命或他们用自己的劳动或由他人的赠予所获得的财物，而当他们成年并具有公民权时，这种权力也不能推广到他们的自由。在这个地方，父亲的主权停止了，此后，他再也不能干涉他的子女的自由，就像他不能处理其他人的自由一样。所谓父亲的权力，绝不是一种永恒不变的统治权，一个男人可以摆脱它的束缚，因为神权准许他离开父母而和妻子住在一起。

然而，尽管有一个时期子女不用服从父亲的意志和命令，就像父亲自己不用服从别人的意志一样，他们每一个人不再接受其他的限制，而只共同接受同一种限制，那如果不是自然法，就是他们国家的国内法律，二者必居其一。这种不受其他限制的自由，没有让儿子免除对自己父母应有的礼敬，那是建立于上帝和自然的法则之上的。上帝把人世间的父母作为替他繁衍人类种族伟大计划的工具和他们子女生活的依赖，同时让父母承担养育其子女的义务，上帝也因此要子女承担永久礼敬父母的义务。这包括：内心的尊敬，一切形于颜色的表情表达出来的敬爱，限制子女，使其不可做任何有可能损害、冒犯、惊扰或危害自己父母的幸福或生命的事情，要他们对于给予他们生命和生活之乐的父母尽到一切应尽的责任，即保护、解救、援助和安慰的责任。一切国家、一切自由都不能解除子女的这种义务。但是，这远远不是给予父母一种可以命令他们子女的权力，或是一种制定法律并随意处置他们的生命或自由的权力。一方面的事情是应该尊崇、礼敬、感激和帮助；另一方面的事情是要求一种绝对的服从乃至屈从，二者根本不同。一个在位的国君，也要对他的母亲加以礼敬，这是他应该做到的，但这并不有损于他的权威，也没有让他受制于她。

未成年人的服从使父亲享有一种临时统治权，它是随其子女的成年而终止的；子女应尽的礼敬，使他们的父母有永久的权力以受到尊重、礼敬、赡养和孝顺，这一点是和父亲的照管、开销及对他们的教育所付出精力的多少相对应的。即使子女成年也不会宣告它们的结束，它们伴随一个人的一生，在他一生中的方方面面和任何情况下都不会失去。对上述两种权力，也就是父亲在子女未成年时有权加以管教和终身应受尊礼的权力混淆不清，就是产生关于这个问题的绝大部分错误的根源。更确切地说，管教子女的权力倒不如说是子女的特殊利益和父母的责任，而不是父权的什么特权。教养子女是父母为了子女的利益而应尽的义务，责无旁贷，甚至任何事情都不能使他们对之加以解除。虽然父亲同时还有命令和处罚他们的权力，但是上帝把人们对子女的深厚感情融入到人性的原则之中，几乎不必担心父母会过于严厉地行使他们的这种权力。所谓的过分几乎不是在严苛方面，自然的强烈倾向会引向相反的方面。因此当全能的上帝要表示他在处理以色列人的宽容时，他对他们说，虽然他管教他们，但是他管教他们就像一个父亲管教他的儿子一样（《旧约 · 申命记》第八章，第五节），也就是说，用慈爱的心肠加以管教，他只对他们进行绝对有益的管教，而不对他们进行更为严厉的约束，倘若加以纵容反而显得不够慈爱。这就是要求子女服从的那种权力，使父母不致更加殚精竭虑或徒劳无功。

在另一方面，礼敬和赡养是作为子女应该报答他们所受利益的感恩之举，是子女的必要责任和父母应享的特有待遇。这是为了报答父母的恩惠，如同另一种是为了子女的利益一样。不过教育作为父母的责任似乎具有特别大的权力，因为孩童时期的无知和缺陷需要得到管束和纠正。这种统治权的行使是有目共睹的，这是一种管理的权力。包含在“礼敬”一词中的责任，并不要求那样多的服从，但这种义务对成年子女的要求要高于对年幼子女的要求。因为，谁能认为“孩子们，要孝顺你们的父母”这一诫命要求已有子女的人对他父亲所表示的服从，要与他年幼的子女应该对他自己所表示的服从完全相同呢？假如一个父亲，他出于狂妄的权威感而把一个成年人当孩子对待，那么这样一个人会根据这句箴言而认为必须服从他父亲的所有命令吗？

因此，父权，或者更确切地说，责任的首要部分，即教育，是属于父亲的，到某一个时候，这部分权力便会终止。教育的事务结束时，这部分权力也就自然失效，在此之前，它也是可以转让的。因为，一个人可以把教诲儿子的事务委托给别人。如果他把儿子交给别人去当学徒，在那个时期内，他就除去了儿子对自己和他母亲很大一部分的服从义务。然而父权的另一部分，即子女的尊敬义务，仍然完全属于他们，这是永不消失的。这种义务绝对是对父亲与母亲两个人的，即使是父亲的权威，也无法剥夺母亲的这种权力，没有任何一个人能够免除一个儿子礼敬其生身之母的义务。然而，这两部分父权都和制定法律，以及执行这些法律的权力，即对财产、自由、身体和生命进行处罚的权力是完全不一样的。命令子女的权力随着他们的成年便行结束。在此之后，一个儿子，虽然总要尽到尊崇和礼敬、赡养和保护其父母的义务，以及与感恩心理有关的能够促使每一个人尽到的所有义务，以此报答他与生俱来得到的最大好处，但是，所有这些并没有把君王的节杖或君主的命令权交于父亲之手。父亲对儿子的财产或行动不具备支配权，在所有事情上，他也没有任何权力用他自己的意志来限制其子女的意志，尽管在许多事情上，他的意志可能变成他儿子的意志，那对他自己及其家庭并无多大不便之处。

一个人或者应该尊重和礼敬长辈或贤者、保护其子女或朋友、救济和帮助受苦受难的人并感谢给他恩惠的人，在那样一种程度上，他即使尽其所有和尽其所能也不足对其加以偿付。然而这一切也无法使那些有待他克尽义务的人享有特权，享有可对他制订法律的权力。显而易见，这一切并非只是由于父亲的名义，也并非如前所述的受恩于母亲的缘故，而是由于对父母应负的这些义务和对子女提出的要求之间，随着扶养、关爱、呵护和花费的不同而有差别，在两个孩子之间，这些照顾经常是厚此薄彼的。

这就是说，为什么在社会之中而自身作为社会成员的父母，对他们的子女保持着要求子女服从自己的一种权力，并且与自然状态中的人们的权力一样多。倘若说所有政治权力仅仅只是父权，两者在实质上是相同的，那就不可能如此了。因为假如真是这样，那么所有的父权就都属于君主，臣民当然就无法享有。然而政治权力和父权这两者是迥然有别的，它们建立在不同的基础之上，各自有着自己不同的目标，任何一个作为父亲的臣民，对于他的子女具有的父权，与君主对于他自己的子女所具有的父权一样，不多也不少。而每一个有父母的君主，对其父母应尽的孝敬和服从的义务，与他最低贱的臣民对于他们的父母应尽的孝敬和服从义务也是同样多的。所以，父权无法包括一个君主或官长对他臣民的那种统治权的任意部分或任何程度。

父母教养子女的责任及子女孝敬父母的义务，包含着一方享有的全权和另一方的必须服从，这对他们双方来说都是正常的，虽然如此，但是父亲一般还具有另一种权力，让他的子女无法不服从他。虽然他和别人都同样具有这种权力，但是，因为这种权力几乎总是在父亲们的私人家庭里实施，在别处极少有这样的例子，也很少有人注意到它，所以现在就被看成了父权的一部分。这种权力就是人们经常把他们的财产送给他们最喜爱的人的权力。父亲的家私是子女们所期待和想要继承的，通常根据各个国家的法律和习俗，按一定的比例加以分配，但父亲通常具有这样一种权力，即根据这个或那个子女的所作所为是不是迎合了自己的意志和脾气而不平均地加以分配。

这对于使子女服从自己起着非常大的约束力。因为对土地的享用必定伴随着对这块土地所属的国家政府的服从，所以通常就认为父亲能够强制其后人听命于自己所臣服的政府，把他的子女也置于其契约之中。事实上，这只是附加于土地的一项必要条件，在那个政府之下的地产继承，只有那些愿意接受这个条件的人才能得到，因此，这不是什么自然的约束也不是什么自然的义务，而是自愿的服从。因为，每一个人的子女生来和他自己乃至他的任何祖先同等自由。如果他置身于这种自由状态，他就可以自由选择他所愿意加入的社会、选择他所愿意隶属的国家。但是，如果他们想继承其祖先的遗产，他们就必须在其祖先所接受的相同的条件下得到遗产，从而受到这一产业所附带的任一条件的制约。即便子女已经成年，父亲也可以用这种权力迫使他们服从于他，一般地使他们隶属于这个或那个政治权力。即便如此，然而所有这些不是以父亲的任何特殊权力为依据，而是靠他们所持有的赏赐来使其实现的，是对这种服从的一种酬答。这并不比一个法国人对一个英国人所拥有的权力更大，假如后者要想得到前者的一笔财产，当然不会丝毫放松对他本人的服从。不论是在法国或是在英国，当财产传给他时，如果他想具有这笔资产，他就必须根据该土地所在国家对于土地占有所规定的附带条件而得到它。

因而可以得出如下结论：父亲仅仅只在其子女的未成年时期对其行使命令权，并且仅限于那个期间管教的方便；在他们的一生之中，子女对他们的父母必须尽到尊敬、孝顺和拉丁人所谓的“孝道”以及对他们应尽的一切保护和赡养的义务。虽然如此，但是，这并非是赋予了父亲统治的权力，即制订法律和处罚其子女的权力，虽然这一切都不能使他有权统治其儿子的资产或行动，但是显而易见，可以设想，在世界的最初时期以及现在的某些地区，人口稀少，以致使一些家庭可以分散到无主的地区，他们可以迁徙到或定居到还没有人烟的地方，在这种情形下，家庭中的父亲很容易成为家庭中的君主。从其儿女的孩童时代起，他就是一个统治者。由于没有某种统治权，共同生活就有一些困难，当子女长成时，很可能在他们明白或默认的基础之上，把统治权交给父亲。这个统治权不过是持续下去，而并无改变。实际上，要实现这一点，只需要允许父亲在其家庭中行使每个自由人自然享有的自然法的执行权，假如他们依然停留在那里，根据这种允许，父亲就被给予了一种君主的权力。但是，显而易见，这种权力不是以任何父权为基础的，而仅仅只是建基于子女同意的基础之上的。所以不会有人怀疑，如果某个外人偶然或因为某事来到他的家中，杀死了他的一个子女，或者干了其他某些坏事，他就可以将他定罪处死，或者如同惩罚他的任意一个子女那样对他加以惩罚。显然，对于一个并非是他的孩子的人，他这样做不可能是基于父权，而是根据他作为一个人而应享有的自然法的执行权。但在他家里，只有他一个人可以做这样的处罚，在那里他的子女出于敬重，把高于家庭其他成员的尊严和权威给予他，从而使他行使这一权力。

所以，子女们依据默认和不可避免的允诺使父亲具有权威，并行使统治权是容易和自然而然的。在孩提时代，他们已经习惯于向他提出他们小小的争执，并服从他的管教；在他们成人以后，谁更合适来统治他们呢？他们微不足道的财产和小小的占有欲很少会引起极大的争执。假如出现争执，除了像他这样把他们抚养成人并对他们都有爱心的人之外，哪里还能找到更适合的公正人呢？毫不奇怪，他们对未成年和成年并不加以区别，倘若他们没有摆脱被保护者身份的意愿，他们就不会期待21岁或任何其他年龄——那个可以让他们自由处理自己和财产的年龄。在未成年时期，他们所处的那种统治局面对他们来说仍然是保护多于限制的；在父亲的统治下，他们的安宁、自由和财产能够得到更可靠的保障。

这样，有些家庭子女的生身父亲无意中也成为政治上的君主。而倘若他们恰巧长寿，或留下了好几代有能力的合格的继承人，或出于其他原因，他们就根据机会或某些情况的促成，为各种组织形式和形态的世袭的王国或选举的王国奠定了基础。然而，如果认为君主是因为他们作为父亲的身份而享有君权的，因为统治权事实上大都是由父亲行使并由此认为足以证明父亲们享有政治权力中的自然权力，则我所要说的是，假如这一论证正确，那么，它也将同样有力地证明，所有的君主，并且只有君主，应当成为祭司，因为在一开始，一家的父亲就是一家的祭司同时又是一家的统治者，这是一个同样可以肯定的事实。

第七章　论政治的社会或公民的社会

上帝把人造成这样一种生物，在上帝的判断中，单独生活对他们没有什么好处，上帝使他们在需要、便利和爱好的迫切要求下，被迫加入社会，并依靠上帝赐予的理智和语言来继续社会生活和享受社会生活。最原始的社会出现在夫妇之间，这是父母与子女之间的社会的源头；后来又加上了主仆之间的社会。即便所有这些可以而且一般也的确会聚集在一起，组成一个家庭，家庭中的主人或主妇实行着适合于家庭的某种统治，但是，大家通过下文就可以发现，假如我们对每种社会的不同目的、关系和范围进行认真思考的话，那么，这些社会，无论个别地或联合在一起，都不足以形成政治社会。

夫妻社会是在男女之间自愿结合的基础上结成的。虽然它主要是包括为其主要目的即生殖所必需的那种对彼此身体的共有与权力，但它还包括互相扶养和帮助以及对于利益的共享，这不仅是巩固他们的相互照顾和亲密感情所必要的，而且也是他们共同的子女所必要的，因为他们的子女有得到他们养育的权力，直至能够自立为止。

男女间结合的目的既然不仅是生殖和种族的延续，那么男女间的这种结合，即使在生产之后，还应该在有必要养育扶持儿女的期间继续维持，这是因为儿童理应得到亲生父母的培育抚养，直至他们可以自立生存为止。我们看到，大智大慧的创世主为他亲手完成的创造物所制定的这条规则，是为低等动物所完全遵从的。在那些以草为食的胎生动物中，雌雄之间的结合在交配后就不再继续保持，因为母乳在幼兽自己能吃草以前已足以维持其营养，雄兽只是传种，此后就不再过问雌兽或幼兽，也无法对它们的抚养有所贡献。但对于猛兽来说，雌雄的结合就相对长久些，因为雌兽仅靠自己捕获的食物并不足以维持它自己并养活其为数众多的幼兽，而捕食其他动物较之以草为食是更费力更危险的生活方式，这样雄兽就必须帮助雌兽以扶养它们的共同家庭。因为在幼兽能够自己捕食以前，只能靠其父母的共同照顾才能生存。在所有的鸟类中也是同样的情况（除了某些家禽，由于饲料充足，雄的不必喂养照顾幼禽），幼禽在巢内需要喂食，雌雄继续相伴直到幼禽能够飞翔和自行觅食为止。

我想这或许就是为什么人类的男女结合比其他动物的结合较为长久的主要原因（假如不是唯一的理由的话）。这是由于当女人所生的孩子还没有脱离得自于父母的帮助和扶持，还无法自己生存和所有事情都要向他的父母寻求帮助的时候，女子就可能再次怀孕，重新生下一个孩子。这样，父亲既有责任照顾扶持他的子女，也有义务与同一个妇女继续维持夫妇社会，其时间要比其他动物更长，因为其他动物在下一个生育的季节到来之前，它们的幼崽已能自谋生路，至此两性的结合就自然解散了。直到在一年一度的季节里婚姻之神再次召唤它们另选新偶的时候为止，因此它们是完全自由的。在此人们不得不盛赞创世主的伟大智慧，他赋予人以一种既能为将来准备又能应付目前需要的先见和能力，使夫妇社会有必要比其他动物的两性结合时间更为长久，从而鼓励他们彼此勤劳，使他们的利益更加紧密地结合，以便为他们共有的儿女提供给养并进行储藏，假如夫妻社会随意地结合或者很轻易地宣告解散，那就会对他们共同的儿女造成极大的危害。

然而，尽管对人类的这些种种约束使夫妇关系比其他动物更加牢固和持久，但人们却有理由发问：何以这种保障生育和教育并考虑到继承的合约，不能像其他自愿的契约那样，或在同意的基础上，或在某一时间，或根据某些条件而使它终止呢？因为从事情的性质与目的看来，这并不应一直是终身的——笔者指的是这样一些契约，它们不受任何规定了所有此类合约为永久性的成文法的约束。

但是，虽然夫妻只有同一种共同关系，但由于各有不同的解释，他们有时也难免会有不一样的意志。因此使最后的决定即统治有所归属而成为必要，这就理所当然地落到了相对能干和有力的男子身上了。但这只局限于与他们的共同利益和财产相关的事情，妻子依然完全和自由地保留着在契约中规定她享有的特权事项，至少她所给予丈夫的支配自己生命的权力并不比她所享有的支配丈夫的生命权力更多。丈夫的权力远远比不上一个专制君主的权力，妻子在大多数情况下，在自然权力或他们的契约所允许的范围内，有和他离散的自由，不管那个契约是他们在自然状态下订立的，还是基于他们所处的国家的习俗或法律而订立的。但子女在分离时是应归属于父方还是母方，则取决于这种契约的规定。

婚姻所要达到的所有目标是在政府管辖下也是在自然状态中取得的，政府官员无权剥夺夫妻的任何一方为实现那些目标（即生儿育女以及在他们共同生活时相互支持和帮助）而必需的权利或权力，他仅能在夫妻双方之间对这些事情发生争执时进行裁决。若非如此，假如绝对主权和生杀之柄自然属于丈夫，而为夫妻双方之间所必需的话，则在不允许丈夫具有这种绝对权威的所有国家内，便不会有婚姻存在。然而，因为婚姻的目的并非需要丈夫拥有这种权力，因此夫妻社会的条件也就不让他拥有这种权力，对于婚姻这是根本不必要的。夫妻社会在不存在这种权力的状况下也能存在并可能达到它的目的。对于共有财产、处置财产的权力、互助和支持以及其他任何属于夫妻社会的事情，则可在结成夫妻社会的契约的基础上有所不同或有所调整，只要合乎生育和扶养孩子直到他们能自力谋生为止的精神便可。所有对结成某种社会的目的没有必要的，它对于这种社会也就没有必要。

至于父母和儿女之间的社会，以及分属于双方的权利和权力，笔者在前文已详加探讨，此处毋庸赘述。笔者认为它显然与政治社会大不相同。

主人和奴仆的名称是与历史一样古老，但是得到这些名称的人的条件却迥然不同。一个自由人向另一人出卖一定时期内的劳役以换取工钱，从而使自己变成另一人的奴仆。虽然这种行为往往使他生活于主人的家庭内，受一般纪律的束缚，但这给予主人的不过是暂时支配他的权力，而且不超过契约里所规定的范围。但还有另外一种仆人，人们用一个特殊的名称称他们为奴隶，他们是在一次正义的争战中被俘的俘虏，根据自然权力他们要受到他们主人的绝对统辖权和专断权力的支配。正如笔者曾谈及的，既然这些人已经放弃了生命权，从而也就放弃了自由，丧失了他们的财产（在奴隶状态中不可能拥有任何财产），处在那种状况中他们就不能被认为是政治社会的某一部分，因为政治社会的首要目标是维护财产。

因此我们可以对一个家庭的主人，包括在一个家庭的对内统治下结合在一起的妻子、子女、仆人和奴隶的所有从属关系进行研究。虽然这种家庭在其秩序、职务和人数方面类似一个微型国家，但在它的组织、权力和目的方面却是大不相同的。或者，假如必须把它看成一个君主政体，把家长看成是其中的专制君主的话，则君主专制政体将仅仅只有一种极不稳定的短暂的权力。因为如前所述，就时期和范围来讲，很明显一家之主对于家中各人只有明确而又各不相同的有限权力。他除对奴隶外（无论家庭中有没有奴隶，家庭依然是家庭，他作为家长的权力还是一样大），对于家庭中的所有成员不具有生杀予夺的立法大权；而且一家的女主人也同样可以具有他具有的权力。对于家庭的每一位成员他只具有极其有限的权力，因而他就不能对全家享有绝对的权力。然而一个家庭或人类的任何其他社会究竟如何不同于真正的政治社会，我们在考察政治社会本身如何构成时将会看得很清楚。

前面已经论及，既然人们生来就享有彻底自由的权力，而且与世界上其他人或大多数人一样，不受限制地享有自然法的所有权力和利益，他就自然地享有一种权利，不仅可以保有他的所有物（这包括他的生命、自由和财产）不受他人的损坏及侵犯，并且可以对他认为其他人罪有应得的违法行为进行裁决和惩罚，甚至当他认为罪行严重而有必要时处以极刑。然而，假如政治社会本身没有保护占有物的权力，用以处罚该社会中所有人的犯罪行为，它便既不成其为政治社会，也无法继续存在。真正的和唯一的政治社会乃是在该社会中，所有成员都放弃了这种自然权力，把凡是不排斥他可以向社会所建立的法律请求保护的事宜交给社会处理。从而每个成员的所有私人判决都被废除，社会成了裁决者，通过明确不变的法规来公正与公平地对待所有当事人。由那些经社会授权以执法的人来裁决该社会成员之间可能出现的关于所有权的一切争执，并用法律规定的刑罚来惩处成员在社会所犯的罪行。这样，区别谁是否共同处在一个政治社会中就很容易了。只要许多人结合成为一个团体，具有共同制订的法律和可以向其申诉的、有权判决他们之间的纠纷和惩罚罪犯的司法机关，他们就全部都处在了公民社会中。然而那些不具有这种共同申诉（这里指在人世间而言）的人们，仍然处在自然状态中，因为既然没有其他的裁决者，各人自己就是自己的裁决者和执行人，这种情况是纯粹的自然状态，这点我在前面已经说明了。

因此不难看出国家有权对社会成员之间所犯的不同的罪行规定相应的处罚（这便是制订法律的权力），也有权处罚该社会以外的任何人对该社会的任何成员所造成的任何损害（这就是关于战争与和平的权力）。所有这些都是为了尽可能地保护该社会所有成员的财产。可是，虽然因加入了政治社会而成为某一国家成员的人因此失去了他为执行其私人判决而处罚违犯自然法的行为的权力，但因为他已经将他能向官员申诉的所有案件的犯罪判决交给了立法机关，他也就给了国家一种权力，也就是当国家需要时，使用他的力量去执行国家的判决。这些实际上也就是他自己的判决，是由本人或者代表他的人作出的判决。公民社会的立法权以及执行权就是这样起源的。这种权力必须依据长期有效的法律来决定应如何处罚在国家内发生的犯罪行为，同时也根据当时的实际情况作出的临时判断来决定应如何对外来的侵害进行惩罚。在有必要时，这两方面均可以使用全体成员的所有力量。

因此，不管在什么地方，也无论有多少人如此结合成一个社会，只要每个人放弃其自然法的执行权而把它交给大众，那么在那里，也只有在那里才能形成一个政治的或者说公民的社会。它所形成的情况是：处于自然状态中的一定数量的人们，进入社会从而组成一个民族、一个国家，它置于一个有最高统治权的统治之下，或者所有人自己加入并参加一个早已成立的政府。因而，他便授权社会，或者授权给社会的立法机关（这同授权给社会的性质相同），依据社会公共福利的需要为他制订法律，而他本人对于这些法律的执行也有（如同它们是自己的判决一样）尽力协助的义务。这个人间的裁决者有权裁判一切争端和救济国内的任何成员可能受到的伤害，这个裁决者就是立法机关或立法机关所任命的官员，由于这种裁决者的出现，人们便脱离了自然状态从而进入了国家状态。而无论在什么地方，不管一定数量的人们如何结合起来，假如没有这种可以向其申诉的裁判权力，他们就仍处于自然状态。

因而显而易见，尽管有人以为君主专制政体是世界上唯一的政体，它与公民社会其实是不相容的，因此它绝对不可能是公民政府的一种形式。因为公民社会的目的本来是为了避免和补救自然状态的各种不恰当之处，而这些不当之处是因为每个人是自己案件的裁决者而必然产生的，从而才规定一个明确的权威，当该社会的任何一个成员受到任何损害或出现任何争执时，可以向它申诉，而该社会的所有成员也必须服从它。当人们没有这样的权威可供申诉并由其决定他们之间的争执时，这些人仍置身于自然状态里。因此每一个专制君主对他统治下的臣民来说，也同样是处在自然状态里的。

一旦有人被认为独揽所有立法与执行之权，那就不存在裁决者；损失及不幸如果是由君主或其政令所造成的，就没有办法向公正无私和有权裁决的人提出申诉，以期通过他的裁决从而得到他的救济和解决。所以，这样一个人，不管他是什么称号（沙皇、大君或叫什么都可以），他统治下的人们，和其他的人类一样，都是处在自然状态里。倘若任何两个人处于这样的境况之中，既没有长时间有效的法规，也没有人间的可以向其申诉的共同裁决人来决定他们之间的争执，那么他们仍然是处在自然状态及其各种不便之中的。相对于一个专制君主的臣民或者干脆说是奴隶来说，仅仅只有这点可悲的差别：在一般的自然状态中，他享有判断自己的权力并努力维护它的自由；可是如今呢，当他的财产受到君主的意志和政令的侵害时，他不仅不具有处在社会中的人们享有的那种申诉权，而且，就如同他已被从理性动物的共同状态中贬落下去一般，被剥夺了裁判或保卫其权力的自由，从而遭受各种灾难和不幸，而这些灾难和不幸很有可能是因为一个既处在不受限制的自然状态而又因受人逢迎吹拍而品德堕落同时又掌握着权力的人造成的。

如果有谁认为绝对权力能使人们的气质更纯洁，能够使人性的劣根性得以纠正，那么他只要翻阅一下当代或其他任何时期的历史，就会明白事实恰恰相反。在美洲丛林中胡作非为的人，在王位上大概也好不了多少。当他身居王位时，也许会找一些学说或宗教来为他施加于臣民的所有行为辩护，而刀剑可以立刻让任何敢于批评他的人们三缄其口。当这种君主政体发展得十分完备时，君主专制下的保护将会是怎样的情形？它将会使君主成为他们国家中什么样的家长？使公民社会的幸福与安全达到何种程度？只要我们研究一下近来锡兰的情况就会明白了。

固然，在专制君主国或者在世界上其他政府的统治下，臣民有权向法律和法官们提出申诉，要求他们裁决臣民之间可能发生的一切争执，阻止所有暴行。这是人们一致认为很有必要的，并且认定，但凡想要剥夺此种权力的人，就应当被视为全社会和人类的公敌。但这是否是由于对社会和人类的真爱和人们彼此之间本应具有的善心，却依然值得怀疑。这无非是每一个爱好权力、贪图私利或自恃强大的人可能而且一定会自然而然地做出的行为，以便使那些只是为了他的享乐和利益而劳动和做苦工的牲畜不要互相伤害或残杀。之所以他们能够得到这样的照顾，并不是由于主人对他们有如何的爱心，而是为了爱他自己以及他们给他带来的利益。倘若有人问：在此状态之下，有什么安全或保障可以防止这个专制统治者的暴行和压迫，这个问题本身就不能被容忍。人们很快就会告诉你，侈言安全就是死有余辜。他们不得不承认，在臣民之间，为了他们相互的安宁与安全，必须有措施、法律和法官。但就统治者而言，他应该是绝对的，是超过所有情况之上的，因为他有权力做出更多害人之举，并且这样做是合法的。假如你要问：如何才能防御最强有力者必然会做出的暴行或危害，这便立刻成为谋反和叛变的呼吁。就像是当人们脱离自然状态而进入社会时，他们赞同除一个人外，其余人都应当遵从法律，但那一个人仍然可以保留自然状态中的全部自由，而这种自由因为他掌握的权力而有所扩大，并且由于免受惩罚而变得肆无忌惮。这就如同认为人们竟如此愚蠢，他们一心躲避狸猫或狐狸可能的骚扰，却甘愿被狮子吞食，而且还认为这样是安全的。

然而，无论巧舌如簧者如何要弄人们的理智，他也无法蒙蔽人们的感觉。当他们发现有人无论处于何种地位，也不受他们所属的公民社会的约束，而他们可能对于由他造成的伤害无法在人间得以申诉时，他们就认为对此人来说，他们是处在自然状态中，因为他们发现他就是处于这种状态；并且只要有可能他们会尽快设法在公民社会中享有安全及保障，而安全与保障是起初建立公民社会的目标，也是他们参加公民社会的目标。因而，虽然最开始（对此下文再予详论）可能存在一个品质优良的人，在别人中间享有威望，大家崇敬他的美德与善良，几乎把他当作一种自然的权威，因而包括仲裁他们之间争执的权力的主要统治权便通过一种默认的赞同而归他掌握，除掉他们对他的公正和智慧的确信之外，再没有任何其他保证。然而，随着时间的流逝，因初民时代的漫不经心和缺乏远见卓识的幼稚心理所造成的各种习惯便带上了权威和（某些人力图使我们相信的）神圣的性质，与此同时也出现了另一类型的继承者。至此，人民感到他们的财产在该政府的统治之下并不像从前那样有保障（殊不知政府除了保护财产之外，并无其他目的），所以假如他们不把立法权交给人们的集合体（可称之为参议院、议会等等），就无法感到安全和安心，也无法认为自己是处在公民社会中。在此办法下，每个人和其他最微贱的人都平等地受那些他自己作为其中一部分的立法机关所制定的法律的制约。法律一旦制定，任何人也不能凭他个人的权威逃避法律的制裁，也不能以优越地位为借口，放任自己或下属胡作非为而要求免受法律的制裁。公民社会中的任何人都无权免受它的法律的制裁。因为，假如哪个人可以为所欲为，人们对他所做出的任何有害行动在人间无法通过申诉从而得到赔偿或保障，笔者试问，此人是不是还完全处在自然状态中，因而不能成为那个公民社会的一员。除非有人说自然状态和公民社会是同一回事，而笔者却还未曾遇到过那种竟会下这种肯定的断言的人，真是个唯恐天下不乱的狂妄之徒。

第八章　论政治社会的起源

如前所述，人类是生而自由、平等和独立的，假如没有他本人的允许，就不能使任何人脱离这种状态，而受另一个人政治权力的约束。任何人放弃他的自然自由且接受公民社会的各种限制的唯一途径，是为了谋求相互之间的舒适、安全与和平的生活而与别人协商进行联合从而组成一个共同体，能够心安理得地享受其财产，同时他们也有了更大的保障，并能防止共同体之外的任何来犯之敌。无论人数多少，都可以如此，因为这不会给其他人的自由造成任何损害，其他人仍然同原来一样保持其自然状态中的自由。如果一些人同意如此建立一个共同体或政府，他们因此立刻结合组成一个国家，在这样的国家之中，大多数人都有权替另外的人作出行动和决定。

之所以这样，是因为某些人在个人同意的基础上组成一个共同体。在这个时候，他们因此使这一共同体成为一个整体，从而有权作为一个整体而行动，做到这一点必须得到大多数人的赞同和决定。需要知道，随便一个共同体既然只能依据每个成员的赞同才能付诸行动，而作为一个整体它又必须行动一致，这就必然要使得整体的行动遵循较大力量的意向。所谓较大的力量，就是大多数人的同意。若非如此，它就无法作为一个整体、一个共同体而继续行动或存在，根据组成它的每个人的同意，一个整体正是应该这样形成的。因此，每个人都必须根据这一同意而被大多数人所约束。从而，我们知道由成文法授权的某些议会，其行动的法定人数并没有在成文法上得以规定，在这种情况下，依据自然和理性的规则，具有全体权力的大多数，从而大多数的行为被看作是全体的行为，因此也就自然而然具有了决定权。

任何一个人与其他人同意组成一个国家，这个国家受政府管辖，这时，对该社会的每一成员而言，他使自己负有服从大多数的决定和取决于大多数的义务；不然他和别人为组成一个社会而签订的那个原始契约也就没有了任何意义，假如他依然像之前在自然状态中一样自由，同时不受其他任何约束，而只受自然状态中的限制，这契约就不能称之为契约了。因为，既然如此，那还怎么能被称之为契约呢？倘若他只接受自己觉得合适的和事实上已经表示同意的法令，除此之外，不再接受这个社会的一切法令的约束，那就不能说是承担什么新的义务。如此，他享有的自由就如同契约签订之前一样大，抑或与自然状态中的任何人所享有的自由同样大，因为对于社会的任何行为来说，他能够在自己认为合适时才遵从和同意。

如果不在理性上承认大多数的赞同是全体的行为，并且约束着每一个人，那么，只有所有人的赞同才算是整个全体的行为。然而，假如我们想到一定会有许多人因有病或有事不能出席公共集会，哪怕其人数远远少于一个国家成员的总数，那么要得到一种这样的同意似乎是不可想象的。另外，在所有人的集合体中，意见不同和利害冲突总是不可避免的。假如要在这样的条件下步入社会，那就只如同伽图进戏院一样，刚刚进场就出去了。这样的组织甚至将会使强大的利维坦的生命不及最弱小的生物，使它在出生之日即告夭亡。除非我们承认理性动物要求组成社会只是为了让它们解体，否则这是不可想象的。因为倘若大多数不能为别人作出决定，他们就无法作为一个整体进行行动，结果只有迅速重新解体。

因此，所有脱离自然状态，结合成一个共同体的人，如果他们没有明确商定把为结合成共同体这一目的所必需的所有权力交给大于多数的任何人数，就必须认为他们交给了该共同体的大多数。只要全体同意结合成一个政治社会，就能实现这一点，而这种同意，当然可以作为加入或建立一个国家的个人之间已经存在的或应该存在的协议。因而，正是那些能够服从大多数而结合并组成此种社会的自由人的同意，开始组织并事实上组成任何政治社会。这样，并且只有这样，才会或才能建立世界上任意一个合法政府。

对此，有人提出两种反对的观点。

其一，这样的例子在历史上并不存在：一群相互独立又相互平等的人聚集在一起，以这种方法创建和组成一个政府。

其二，在权力上人们这样做是不允许的，因为，既然所有人都是生而处在政府统治之下，他们就必须受那个政府的制约，从而无法自由地建立一个新政府。

对于第一种相反的观点，可以作如下回答：历史记载中很少有关于人们群居在自然状态中的记述，这没有什么值得大惊小怪的。只要自然状态的各方面不便之处和人们喜欢合群而尚未合群的状况一旦聚集起若干数目的人，并且如果他们想要继续共同居住的话，他们便会立即结合从而组构成一个社会。如果说因为我们极少听到人们处在自然状态的情况，因而无法断定他们曾处于该状态之中，则我们也可以认为：由于很少听到萨尔曼那塞尔或塞克西斯的部队在长大成人和入编部队之前的所有情形，就断定他们根本不曾经历过儿童时期。无论在什么地方，政府都是先于记载而存在的，而文字的使用，都是开始于这样一个过程之后，即一个民族经过长期不断的公民社会，拥有了其他更必要的技术为他们提供安全、便利和富足的生活。到那时他们才能开始追述开创者的历史，当他们回忆这段历史时，他们才追根溯源。因为国家也如同个人一样，一般而言对于自己的出生和幼年情况不甚了解。倘若他们了解若干关于自己的起源的材料，这也是靠参考别人偶然记载并保存下来的材料而得到的。除了上帝亲自干预的犹太民族（他们根本不同意父亲的管辖权），世界上任一国家的起源都明显如我所述，或者至少有着这方面的明显迹象。

倘若有谁否认相互自由和独立、没有自然的贵贱之分或从属之分的人们聚集在一起创建了罗马和威尼斯，那么，我们就不得不认为在其假设与明显的事实相悖时他暴露了希望否定事实的荒谬想法。我们不妨引用一下阿科斯塔的话，他告诉我们，在以前，美洲的很多地方根本没有政府。他说："根据有力而又显而易见的推测，那些人（指秘鲁的土著）在一个相当长的时期内，既没有国王，也没有国家，他们过着一种军事化的生活，同今天的佛罗里达人、巴西的吉里夸纳人和世界上的许多其他民族一样，都没有确定的国王，只是在遇到和平或战争的关键时刻，他们才随意选出他们的首领。"（《印第安人的自然和道德历史》第一卷，第二十五章）。假如说，那里的所有人都是生而属于其父亲或家长的，则前面也已证明，孩子隶属于父亲并不意味着父亲可以剥夺孩子加入一个他认为合适的政治社会的自由。不管怎样，无疑这些人事实上是自由的。如今，虽然有些政治家要把某种优越地位给予他们中的某些人，但是他们自己却并不做这样的要求。事实上，在同意的基础上他们是人人平等的，直到他们在同样同意的基础上为自己选出了统治者为止。因此，他们的政治社会都是从自愿的结合和人们自由地选择其统治者和政府形式的相互协议发展而来的。

对于查士丁的记载我们应当承认：随着巴兰杜斯一起离开斯巴达的那些

曾经是独立的自由的人，他们曾经在自己同意的基础上建立了一个政府并以此对他们进行统治。这样，从自由的以及处于自然状态中的民族的历史中，我已经举出了若干例子，他们因为居住在一起而联合起来，从而创立了一个国家。假如说能够以缺少此类事例这一点作为论据，借以证明政府不是并且不能这样开始，那么，我认为，倡导父权帝国的人们最好还是放弃此类观点而不要用它反对自然的自由才好。因为，如果他们也能像我那样从历史中举出那样多的例子，证明政府源自于父权（虽然，说到底这种只是用曾经有过的事来证明应当有的事的论证并不足以令人信服），那么，我认为，在这个问题上对他们作些让步不会有什么危险。可是，如果就此能允许我给他们提点什么建议，那么，最好他们不要过分寻找事实上他们正在寻找的所谓政府的起源，以免他们会发现，在大多数政府的基础中，有些东西对于他们所提倡的方案和所主张的那种权力是很不利的。

可以得出如下结论：我们的论证显然是有道理的，人类是生而自由的，历史也用事实证明，世界上所有在和平中建立的政府，均以上述基础作为开端，并根据人民的赞同而创建。所以，对于最开始建立政府的权力何在，或者最初时人类的意见或实践是什么，都没有什么可以怀疑的。

我不得不承认，假如顺着历史的线索尽可能地追溯国家的起源，我们通常会发现，它们总是在一个人的统辖之下。我也相信，当一个家族成员众多，能够自给自足，能够继续聚集而不与别人杂居（这种情况在地广人稀的地方常常发生）时，政府往往源自父亲。因为，既然父亲根据自然法享有与其他所有人相同的权力，也就是如果他认为适当便可以对任何违反自然法的罪行加以处罚，因此就可以处罚其犯有过错的子女，即便他们已经长大成人，即便已经脱离了他们的监护期。这些子女通常也会心甘情愿地接受他们的处罚，他们全体会与他一起惩处犯罪者，这样就授给他以处罚任何犯罪的权力，使他成为所有那些仍然和他的家族结合在一起的人们事实上的立法者和统治者。他是最合适的被信任者；父爱使他们的财产和利益在他的照料下获得保障；他们从幼年起养成了对他服从的习惯，这种习惯使他们服从他比服从任何其他人更容易。在聚居在一起的人们当中，因为政府无法回避，所以如果他们要有一个人来统治，除非因为疏忽、残忍或者别的什么身心缺陷使他对这种地位不适合，否则还有谁能比他们共同的父亲更合适呢？但是，如果父亲已死，他的继承人因为尚未成年，缺乏智慧、勇气或别的什么品质而不宜进行统治，或者若干个家族聚集在一起，同意继续聚居，在这个时候，他们就要运用其自然自由，选出他们认为最能干的和可能最善于统治的人担任统治者，这是毫无疑义的。与此相一致，我们发现，那些尚未被秘鲁和墨西哥两大帝国武力征服和扩张统治影响的美洲人，他们仍然享有其自然自由。虽然，在另一方面，他们往往拥立其先王的后嗣，可是，一旦发现他软弱无能，他们就会选择别的最坚毅和最勇敢的人作为统治者。

因此可以得出，我们考察最早的记载给我们提供的有关聚居的材料和各民族的历史时，往往发现政府处于一个人的统治之下。即便如此，也并不能推翻我所提出的观点，那就是：政治社会创立的根据是那些要加入和建立一个社会的个人的同意；当他们如此组成一个整体时，他们就可以创建他们认为合理的政府模式。然而，既然此类情形会被某些人加以误解，从而认为政府本来应当就是君主制和属于父亲的，那我们不妨在此探讨一下，何以最初人们通常采用了这种政府的模式。有些国家在最开始建立时，或许父亲的优越地位在最初阶段使得权力得以交给某一个人。然而显而易见，这种把权力集于一人的政府模式能够延续的原因，并非由于对父权有什么敬意或尊崇，因为凡是君主制的小国，即几乎所有君主国，在其起源后的一段时间内，常常（至少有时）是任命的。

首先，在最初时，父亲对儿女幼年时期的统治，使他们对他的支配早已习惯，又使他们懂得，如果这种对他们的统治是在关爱、谆谆教诲、和蔼与仁慈的情形下进行，那么，这种统治则足以使他们获得和保护人们想从社会中得到的所有政治幸福。于是他们就会自然而然地选择那种政府形式，因为他们从很小的时候就已经习惯于这种政治形式，并且凭着经验，感到它既方便又安全。

另外，我们可以这样讲，对人们来说，君主制是最简单易行的，原因在于，关于政府的各种形式，当时的经验没有给他们提供任何启示，他们也没有受到帝国的野心或强暴的教训，让他们明白要防止特权的侵害或专制的骚扰。这些特权和专制权力都是延续下来的君主政体经常主张并对人民施行的。因此，对于当时他们没有绞尽脑汁想方设法限制那些给予他权力以支配他们的人的任何专横，让不同的人分别掌握政府权力以平衡政府的权力是丝毫不奇怪的。他们没有经历过暴君的压迫，时代的氛围以及他们的不足成为贪婪或野心对象的财产与生活方式，也使他们没有任何理由担忧或防范，所以，他们采取了我所说的这种最为简单明了的也最适合他们当时状态和状况的政体，是丝毫不用奇怪的。他们当时的情况是，需要防御外侮更甚于需要法律的多样性。简单而匮乏的生活方式下的平等，使他们把欲望限制在各人微量的财产圈子内，因此争执很少发生，不需要太多的法律进行裁决。同时，侵害行为和犯罪者寥寥无几，从而也不需要各种各样的官吏监督法律程序或执行司法。他们齐心合力加入社会，这只能说明他们相互之间有一些情谊，他们彼此信任，相互间的猜忌显然要比对外人的猜忌小得多，因此，他们首要注意和考虑的是如何抵御外侮、保障自身。他们处于一个最能达到该目的的政体之中，推举最贤能和最勇猛善战的人领导他们作战，指挥他们去攻击敌人，集中在这一点上成为他们的统治者是再自然不过的事。

美洲地广人稀，缺乏人力和财力，这使大家没有扩大土地占有的欲望，也不会为了扩大土地的疆域而征战，它依然是亚洲和欧洲原始时代的一种模型。由此，我们看到，美洲印第安人的国王仅仅是其军队的统帅。虽然他们在战争中具有绝对指挥权，但在境内及在平时，他们行使的统治权很小，他们的主权也十分有限。和与战的决定权一般属于人民或议会，而战争本身不允许多方领导，所以指挥的权力自然而然就要归国王一人掌握。

拿以色列民族本身来说，他们的士师和早期国王的主要任务基本就是担任战时统帅和他们军队的指挥者（他们出入时均率先示范，即出征和归来时都在队伍前面，由此可以看出这一点）。在耶弗他的故事中这一点说得很清楚。亚扪人出兵攻打以色列，基列族很恐惧，派人请耶弗他回来。耶弗他是被他们赶出本族的原为基列族的私生子。这个时候，他们与他订立合约，倘若他同意帮助他们抵抗亚扪人，就把他拥立为统治者。《圣经》里这样记载这件事情说："百姓就立耶弗他为领袖、为元帅"（《旧约·士师记》第十一章，第十一节），在我们看来，这就意味着立他作士师。所以《圣经》又说，"他作以色列的士师"（《旧约·士师记》第十二章，第七节），也就是说他担任了他们长达六年之久的统帅。又如，当约坦指责示剑人对作过他们的士师和统治者的基甸背信弃义时，他对他们说："我父亲曾经冒着生命危险为你们征战，把你们从米甸人的手中解救出来"（《旧约·士师记》第九章，第十七节）。除了谈及他曾担任将领之外，并未谈及别的。诚然，在他的历史中，或其他任何士师的历史中，所能见到的全部东西就是这些。虽然亚比米勒被认为是国王，但他最多不过是示剑人的将领。以色列的人民由于痛恨撒母耳之子的罪恶行径，想要立一个国王，"犹如列国一样，有统治他们的王，统领他们，为他们征战”（《旧约·撒母耳记上》第八章，第二十节），这时上帝同意了他们的请求，对撒母耳说：“我一定会让一个人来你这里，你要膏他做我民以色列的君主，他一定会解救我民从非利士人的手中解脱”（《君主论》第九章，第十六节）。仿佛国王仅有的职责就是统率其军队，为保卫人民而战。所以，当扫罗登位时，撒母耳在扫罗的头上倒了一瓶膏油，并对他说：“耶和华膏他作他产业的君”（《君主论》第十章，第一节）。因此当以色列各族在米斯巴隆重推选并欢呼扫罗成为国王时，那些反对他为国王的人也只用这样的话来抗议：“这人如何能救我们呢？”（《君主论》第十章，第二十七节）好像他们的真实意图是说：“这人做我们的王不合适，他没有足够的策略和才干足以在战争中佑护我们。”后来，上帝决定把统治权移交给大卫，这时说过如下的话：“如今你的王位一定不会长久，耶和华已经找到一个合他心意的人，把他立为百姓的王”（见《君主论》第十三章，第十四节）。似乎作君王的所有权力不过是做他们的将领。因而，那些依然效忠于扫罗家族而抗议大卫登位的以色列各族，以顺服为条件来到希伯仑那里，除了其他原因，他们对他说，他们不得不服从他，就如同服从他们的国王一样，因为在扫罗时代，实际上他已成为他们的国王，因而现今他们没有理由不推崇他为国王。他们说：“扫罗以前担任我们的君王之时，是你率领以色列人出生入死，耶和华也曾许诺你说，你要牧养我的以色列人民，做以色列的君王”（《旧约·撒母耳记下》第五章，第二节）。

所以，一个家族慢慢发展成为一个国家，由长子继承父亲的权威，每个在此种环境中长成的人都对父亲的权威适应并顺从。这种统治的顺利进行和不偏不倚，不会对任何人产生伤害，他们均顺从地表示赞同，一直到在漫长时间的考验下仿佛已经把它确立下来，同时让继承权以法律的形式得以确定；也可能是若干个家族的后代们，适逢巧遇的机会、住得很近或由于事务的来往而聚集起来，结成社会。不管是哪种情况，因为人们作战时必得有一位能征善战的将领带他们抗击敌人，并且幼稚和诚实让人们在这艰苦而有道德的时代互相深深信赖（世界上能够存续下来的政府在最初时差不多都是如此），所以国家的创立者们常常把统治权归于一个人之手，除了事情的本质和政府的目的所需，其他任何具体的限制或束缚都丝毫没有。不管是何种情况使最初的统治权归于一人，都可以如此不加怀疑地说，把它交给某一个人，其理由是出于公众的福利与安全的考虑；在最初建国时，统治者使用统治权往往都是为此目的。如果他们不这样做，年轻的社会将无法存在。倘若没有这种保姆式的父亲的关心和对公共福利的公平谨慎安排，任何政府都会由于它们幼年时代的柔弱而遭毁灭，而君主与人民不久也将不复存在。

在虚荣的勃勃野心、罪恶的强占欲和不正世风腐蚀人心、使得权威和荣誉的含义被曲解之前，黄金时代所具美德更多，统治者比较正直，臣民不太顽劣。在那时，一方面不存在压制人民的不断扩张的特权，另一方面也没有为减消或限制官员的权力而产生任何争执，统治者和人民之间没有关于统治者或政府问题的任何争斗与矛盾。但是到了后世，统治者受到野心与奢侈的蛊惑，便企图保持和增加自己的权威，而不去做人们把权力给予他之时要求他做的事，而阿谀奉承又使君主觉得自己的利益和他人民的利益迥然不同。如此一来，人们认为有必要更谨慎地探究政权的起源及权力，并想出一些限制专权和防止权力滥用的办法。当初他们把这种权力交付给另一个人，目的就在于使他为他们自己谋取福利，但是现在，他们却发现他在滥用这权力损害他们的利益。

可以得出，很有可能生来自由的人们根据自己的意愿，对自己父亲的统治表示顺从，或者家族不同的人结合在一起组成一个政府，他们通常选出一人掌握统治权，并甘愿受其统治，由于原本以为权力在他的诚挚和精明的掌握下会十分安全，因而他们没有用明确的条件对他的权力进行限制或控制。虽然他们从未想到君权神授之说，但在近代神学向我们阐明以前，人们对这种东西丝毫不知；他们也从来没有允许父权可以享有一种统治权，或者构成一切政权的基础。可见已有足够的证据表明：从历史的角度来看，我们完全可以断定以人民的同意为基础乃是政权的一切和平的起源。我所以说它是和平的，原因在于，下面我将谈论征服问题，有些人认为它是政府创建的一种途径。

对于我所阐述的政府起源的另一种相反观点，我认为是这样的，即：

所有的人都天生处在这样一个或那样一个政府之下，假如这样的话，则任何人都没有办法自由地联合起来建立一个新政府，或具备条件创建一个法律认可的政府。

假如这个论点正确，则我要请问，世界上怎么会有如此多合法的君主国呢？因为，倘若有人能够依据这个假说向我证明：有那么一个人，在这个世界的某个时代，自由地创建一个合法的君主政体，那么，我不得不向他指出：有十个其他的自由人，任意地结合建立一个君主政体，或者任何其他形式的新政府。自不待言，假如一个生而受他人统治的人被允许具有这样的自由，甚至具有建立另一个新王国去支配他人的权力，那么，任意一个生而被他人统治的人也同样拥有这种自由，变成其他政府的统治者或者属民。所以，根据他们自己的这个原则，只能有两个结论：或者是人们无论出生情况怎样生而自由，或者是整个世界仅仅只有一个合法的君王与一个合法的政府。这样一来，他们就没有必要再说什么了，而单单只需要向我们说明两者之中正确的一个就可以了。当他们说明以后，我绝对相信整个人类都会毫不犹豫地同意并遵从他的意见。

对这个观点加以证明使他们困于他们加以反对的那些人所陷入的一样的困境，这就足够驳斥他们的反对意见，即便如此，但是我还想尽力对该观点的破绽稍稍作进一步的阐述。

他们说："所有人生来都处于政府之下，因此他们不能自由创建一个新政府。所有人生来就成为他的父亲或君主的属民，因而他永远受到顺从与效忠的束缚。"显而易见，人类从来没有认可或思考过任何这种与生俱来的自然的臣服状态，还没有经过他们的同意就使他们受这个或那个人的统治，并对这些人及其后代臣服。

原因在于，不管在圣史或俗史中都没有比这更习以为常的事例，即人们从他们一生下来就受到的管辖权和在其中成长的家族或社会中解脱出来，不再对他们表示服从，并在其他地方创建新的政府。这一点，导致了历史初期无数小国的出现，而且只要当时的地方足够多，小国的数目就会不断增加，直到强大或侥幸的国家吞并了弱小的国家为止。然而，那些大国又分裂成很多小国。所有这一切都可作为父权统治权的反证，它明确地表明，不是父亲自然权力的世代承继构成了最初的政府，因为，根据这种论点，不可能出现那么多小王国。当时，假如人们不能自由地摆脱家族以及无论什么性质政府的管束，根据自认为适当的形式建立不同的国家和任何其他政府，那么，统治全世界的就必然只能是一个君主国了。

自古至今，世界的实践就是这样。对于那些生在具有既定法律和固定政体的历史悠久的国家中的人们来说，与那些生活在丛林之中与没有拘束的野人共处的人们相比较，当前的人类自由没有受到更多的限制。因为，那些人们要我们相信我们生而在某一政府之下，自然而然就是它的臣民，不再拥有任何权力或借口说明自己具有自然状态的自由的观点，也不能提出任何别的理由（除了我们已经反驳过的父权的理由以外），他们用来作为论点的根据不过是：我们的父亲或我们的祖先放弃了他们的自然自由，他们自己及其后代因此永远被其服从的政府所控制。无论是谁，都有义务履行他自己曾经所作的任何约定或诺言，但不可以用任何契约约束他的子女或他的后代。其原因在于，儿子一旦成年，他的自由就完全与他的父亲一样，父亲的任何行为都无法剥夺儿子的自由，就像他无法剥夺任何其他人的自由一样。作为国家的一个臣民他拥有土地，自然而然就能够在这块土地上附加某些条件，作为儿子如果希望继承他父亲的财产，他就会被父亲所迫而作那个国家的臣民，因为既然那些地产是父亲的财产，父亲就能任意处置或附加条件。

对于这一点，人们往往会对此问题产生误解：国家不允许任何分裂其领土的部分或除去人民以外的任何其他人占有它们，儿子就只能顺从地接受其父亲所置身的同样条件，即成为该社会的成员，才能顺利地占有其父的财产。于是如同那个国家的所有其他臣民一样，马上使自己隶属于那个他发现早已建成的政府。可见，使一向处于政府之下的自由人成为国家成员的正是他自己的同意。并非大家一致表示了这种同意，而是各个不同的人在成年时分别表示了这种同意。由于这一点，人们不注意这一存在的事实，而认为根本没有这种同意或者根本没有必要表示，从而断言他们自然是臣民，就好像他们生来就自然是人一样。

但是，显而易见的是，政府本身并不这样理解这个问题。政府具有对父亲的权力，但它不因此要求对儿子也具有权力；同样的道理，政府也不因为父亲是它的臣民从而把父亲的子女同样作为它的臣民。假如存在一个英国的臣民，他在法国和一个英国妇女生育了一个孩子，那么这个孩子应该是哪一国的臣民呢？他不是英国国王的臣民，因为他必须得到英国的承认才能有权当英国臣民。他也不是法国国王的臣民，因为如果他是的话，那么，他的英国臣民的父亲，怎么可能随便将他带走和任意管教他呢？不管是谁，如果他离开一个国家或对它作战，那么，仅仅由于他在这个国家出生时他的父母是外国人这一原因，就把他定为叛逆者或逃亡者吗？显然，不管是根据政府自己的实践，还是根据正当理性的法则，一个孩子并非生来就成为那个国家或政府的一个臣民。当他未成年时，他接受父亲的教养并顺从父亲的权威，一旦成年，他就成为一个自由人，可以根据自己的意愿使自己归属于哪个政府，加入哪个国家。原因在于，假如一个出生于法国的英国人的儿子有这样做的自由，那么很明显，尽管他的父亲是英国的臣民，但这一点也并不能对他产生任何限制，他的祖先所订立的任何契约也都无法对他有所约束。既然如此，无论他的儿子生在别的什么地方，那么，依照同样的理由，不是具有同样的自由吗？不管孩子在什么地方出生，父亲自然享有的对自己的儿女进行支配的权力都是相同的，自然的义务关系不受王国和国家具体疆界的限制和约束。

如上所述，所有人自然都是自由的，除非他自己同意，否则，任何东西都无法使他受世俗权力的约束和控制。既然如此，那么，我们不妨设想，一个人愿意受某一政府法律的束缚充分表示了什么东西。这大致可分为明确的同意和默认的同意两种，它与我们所要探究的问题是紧密相关的。毫无疑问，只有明确表示愿意加入某一社会，才能使一个人成为这个社会的正式成员，从而成为这个政府的属民。然而，问题的关键在于，什么样的举动才能被看成是默认的同意，以及这种同意究竟有多大的约束力量，也就是说，如果一个人从来没有作出任何表示，那么到底怎样才能认为他已经同意并且接受某一政府的控制。对此我可以如此说，一旦一个人占有任何土地或任何政府领地的任何一部分，他就因此而表示了他的默许，从而在他享用土地的期间，与属于该政府的任何其他人一样，必须服从该政府的所有法律。这无关乎他所占有的是属于他及其子孙后代的土地，还是仅仅只住一周的地方，或者不过是在路途上自由旅行。实际上，只要他置身于该政府的领土之内，即构成了某种程度的默认。

为了对此有更好的理解，我们可以认为每一个人一开始加入一个国家的时候，他的这种把自己加入这个国家的行为，就等于是把自己已有的或将要取得的那些不为别的政府所有的财产一起带进这个共同体，并使它们为该共同体所有。不管什么人，与其他人一起加入社会都是为了使自己的财产权得以保障和规定，既然如此，如果他又认为其土地的财产权应该由社会的法律加以规定，从而可以不必受他作为土地所有者而身为其臣民的那个政府的统治权的管辖和约束，这简直是自相矛盾。所以，但凡把本来是自由的自身加入任何国家的人，由于这种同一的行为，他也就把本来是自由的财产带入了该国家，只要该国家继续存在，他的财产及他自己就一直受这个国家的统治与支配。因此，此后任何一个人，他若以承继、购买、许可或其他方式使用并入该国并受其管制的土地的任何一部分，就必须在接受政府对该土地的支配权的条件下才能对土地加以占有，即对该土地有统治权的那个国家的政府表示服从，就像所有其他臣民对这个政府的服从一样。

可是，政府只具有土地的直接管辖权，只是在占有者（指他实际上自己加入该社会之前）在这块土地上居住并使用它时，这种管辖权才能涉及他本人。既然如此，那么，所有的人根据这种对土地的使用而承担的受政府约束的义务，就和此种使用相始终。在只对政府表示这种默许的土地所有者，以馈赠、出售或其他方式脱离其使用的土地时，他可根据自己的意愿加入别的国家，或与别人商议，在“无人之处”，在他们所能发现、找到的荒芜或尚未被占据的世界上的任何地方，建立一个新的国家。而那些人，他们以明确的赞同、明白的声明，表示他愿意归属于某一国家，他永久和必然地并且不可变更地成为这个国家的臣民，再也不能恢复自然状态的自由，除非他隶属的政府遭受什么灾难而趋于解体，或由于一些公共行为使他无法继续担任该国的一个成员。

然而，对一个国家的法律表示服从，在法律之下享受权利与保护，过着平静安定的生活，并不足以让一个人成为该社会的成员。对于那些处于非战争状态中的人们来说，当他们来到政府所管辖的领土范围之内，来到政府的法律效力所管束的范围之内时，这不过是理所应当给予他们的地方保护，以及他们对这个政府自然而然所应尽的礼敬。不过，虽然他继续留在那里，且必须对那里的法律和当地政府表示服从，但这并不会使他成为该社会的一个成员或者说成为该国家的一个永久臣民，就好比一个人为了寻求方便而临时寄居于另一个人的家里，但他并非隶属于那个人一样。因此，我们发现，那些一辈子生活在另一个政府下，享受其权利和保护的外国人，虽然在良心上他们不得不像所有其他公民一样服从其管理，但却并不由此使自己成为这个国家的臣民或成员。除非以明文约定或者正式的承诺和契约，从而明确加入一个国家，除此之外，不存在任何其他方式，可以使其余人成为隶属该国的臣民及成员。这就是我所理解的有关政治社会的起源，以及使任何人成为任何国家一个成员的同意。

第九章　论政治社会与政府之目的

在自然状态中，倘若人们像上面所说的那样自由，倘若他是他自己和他的财产的绝对主人，倘若他与最尊贵的人平等而不受任何人支配，那么，他为什么甘愿放弃他所享有的自由呢？他为什么心甘情愿地舍弃这个王国，而使自己接受其他权力的统治和掌控呢？对此，完全可以如此回答：在自然状态中，他虽然具有该权利，但是他所享有的这样的权利常常会被别人侵犯，极不稳定。人们都与他一样自立为王，每个人都与他一样平等，同时大部分人却不恪守公道、遵从正义，在这样的状态下，他的财产占有权就极不安全极不稳定。正是由于这种原因，他心甘情愿地放弃一种经常充满恐惧和危险的自由。所以，他不是无端想要和自愿与已经有心结合在一起的其他人共同加入社会，以相互保护他们的生命、权利和土地，也就是我依据通常的说法而称为财产的那些事物。

所以，保护他们自己的财产是人们结合组成国家和委身于政府之下的重要的和基本的目的。因为在自然状态下，这一点存在着很多缺陷。

首先，在自然状态中，没有一种确定的、被规定的、无人不知的法律，被作为共同的愿意接受并肯定它是是非标准和裁决他们之间所有纠纷的共同标尺。因为，在所有有理性的动物看来，虽然自然法明确而又可解，但是有些人，既因为利害冲突而心存偏见，也因为缺乏探究而对自然法一无所知，很难承认它对他们是有约束力量的、可以应用于他们各自情况的法律。

其次，在自然状态中，没有一个有名的和公正的裁决者，有权根据既定法律对所有的争执进行裁断。原因在于，在自然状态中，所有人都是自然法的裁判者和执行者，而人们又都是自私的，因此情感和复仇之心极易使他们超出范围，过分地热衷于自己的事情，同时，那种冷漠态度又会使他们对于其他人的事情过于充耳不闻。

最后，往往在自然状态中失去支持正确判决的权力，从而无法保证所作的判决能够得到理所应当的执行。但凡由于不公平而受到损害的人，只要他们有能力，就总会使用暴力报复他们所受到的侵害。此类反抗常常会使惩罚行为产生危险，并且通常会使那些想执行惩罚的人蒙受损害。

因此，虽然人类在自然状态中享有各种权利，但是置身其中的境况并不如意，很快他们便不得不加入社会。故此，我们很少见到有多少人能长期共同生活在这种状态中。任何一个人在这种状态中都有权惩罚其余人的侵权行为，但是使用这种权力不正常也不值得依靠，而且会让他们蒙受损害，这就促使他们向政府的既定法律寻求庇佑，希望其财产能够因此得到保障。正是基于这种状况，他们情愿各自放弃其单独行使的惩罚之权，把其交付给他们中间指定的人专职行使；并且要根据全社会的或他们为了这个目的而授权的代表所一致同意的规定加以行使。正是出于这种原因，才产生了立法与行政权力的原始权利，政府与社会自身的起源也与此相同。

个人在自然状态中，除了享有天真之乐的自由之外，还拥有两种权力。

第一种权力是，为保护自己及他人，可以在自然法允许的范围内，做他觉得合适的所有事情。根据这个适用于全体的自然法，他和别人共同属于一个集体，组成一个社会，与其他任何生物都不相同。倘若不是因为某些堕落分子的腐朽和恶性，人们本来没有必要再组成任何社会，也无须从这个庞大和自然的社会中脱离出来，通过明文协议的方式，组合成较小的和互不相同的组合。

另外一种权力是处在自然状态中的人，对违反自然法的罪行有惩罚之权。如果他加入一个私人的（假如我们可以这样称呼它）或特定的政治社会，结成区别于其余人类的任何国家，那么，他就把这两种权力全部放弃了。

他把第一种权力，即为保护自己和其余人类而做他觉得适合的一切事情的权力给予了社会，根据他自己和该社会其余的人所需要保护的程度，由社会所制定的法律加以限制。在多数场合下，社会的法律都限制着他根据自然法而具有的权利。

第二，他完全放弃了惩处的权力，根据社会的法律所需要的程度，运用其自然力量（从前，他可以依据自己专有的权威，在他以为合适时以此执行自然法），帮助社会行使执行权。由于这个时候的他已经置身于全新的状态，能够从相同社会的其他人的劳动、协助和往来中得到很多便利，可以受到社会整个力量的保护，所以为了保存自己，他也应该按照社会的幸福、繁荣和安全的需要，尽其所能地放弃其自然权利。这是既必要又公平的，因为所有其他社会成员也都是这样做的。

可是，人们在加入社会的时候，虽然放弃了在自然状态中他们所具有的平等、自由和执行权，而将它们交给社会，由立法机关根据社会利益的需要进行惩处，但这样做仅仅是为了使各人更好地保护他自己、他的自由和财产（因为难以想象，任何理性的动物会抱着越来越不好的目的来使他们的现状得以改变），社会或由他们构成的立法机关的权力绝不能扩张到超过公众福利的需要之外。这种权力必须保障所有人的财产并能防止如前所述的使自然状态很不安全、很不方便的三种缺陷。因此，谁掌握着国家的立法权或最高权力，谁就应该以确定的、向全国人民公布的、长期有效的法律进行统治，绝不得以临时的命令加以统治；应该让公正无私的法官依据这些法律裁决纠纷；而且运用社会的力量，也只是为了对内执行这些法律，对外防止或要求补偿外国所造成的侵害，以及为了保障社会不受入侵和劫掠。而这一切并非出于其他任何目的，只是为了人民的幸福安康、和平安全和大众福利。

第十章　论国家的形式

就像前文所阐明的那样，人们开始结合而成为社会，由于大多数人自然地拥有属于共同体的所有权力，因此他们可以随时运用它为社会制定法律，并通过他们自己授权的人员来使这些法律得以执行，这是纯粹的民主政治的政府形式。或者，假如把制定法律之权交付少数精心推选出来的人及其继承人，那么，这就成了寡头政制。也或者，倘若把该权力交给一个人，那么这就是君主政制；假如交给他及其嗣子，便是世袭君主制；如果只是交给他直至终身，在他死后，大多数人有权推选后继者，这便是任命君主制。所以，根据这种种形式，共同体可以就各因其宜，建立复合的或混合的政府形式。倘若最初立法权被大多数人交由一人或若干人，并仅仅只在在其终身任期内或一定的期限内行使，然后再把它收回，那么当权力重新属于他们时，共同体就可以把这种权利重新交给他们所选中的人，从而重新组合成一个政府形式。政府形式取决于最高权力即立法权的隶属关系，既无法设想下级权力来命令上级，也无法想象除了最高权力之外还有谁能制定法律。因此，国家属于何种形式取决于谁有制定法律的权力。

就我在本文前后一致的角度而言，“共同体”一词的意思，应当被理解为所指的并非是民主制或任何其他政府形式，而仅仅不过是指任何独立的社会。拉丁语以“civitas”一词来指称这种社会，在我们的语言中“共同体”一词最与之相近。它能够最确切地表达人们所处的那样一种社会，而英语的“集体”或“城市”都不确切。因为，一个政府可以附带有各种共同体，城市与“共同体”对我们来说，是完全不一样的概念。所以为了避免歧义，我敬请读者允许我用“共同体”一词进行表述。我发现詹姆士一世曾经在此含义上用过该词，我觉得这才是该词的真正意义。倘若有谁不喜欢该词，我绝不反对他找一个更好的词来取代它。

第十一章　论立法权的范围

因为和平而又安全地享有他们的各种财产是人们加入社会的首要目的，而该社会所制定的法律是达到此目的的重要工具和手段，所以，关于立法权的建立是一切国家最早的和最基本的成文法。犹如可以支配立法权本身的最早的和最基本的自然法一样，保护社会以及（在符合公众福利的范围内）其中的任何成员是这种法的目的所在。这个立法权不但是国家的最高权力，并且一旦共同体把它交给某些人，它就成为神圣而不可变更的。假如没有公众所选举并授权的立法机关的准许，则随便什么人的什么命令，不论其以何种形式或何种权力做后盾，均不能具有法律效力和强制性。因为，倘若没有一个这样的最高权力，法律就无法具有其成为法律所绝对必需的前提，也就是社会的同意。假如没有他们的同意以及他们所授予的权力，那么便不会有人具有替社会制定法律的权利。所以，无论什么人受到最严厉的限制而被迫表示的所有服从，最终总是要归因于这个最高权力，并由它所制定的法律所指导。所有对外国权力或国内下级权力所承诺的誓言，都无法解除任何社会成员对那受其委托而行使权力的立法机关的服从，也无法强迫他做出与它所制定的法律相违背的或超过法律许可范围的服从。假如想象这样一个人，他可以被迫最终服从社会中除最高权力以外的任何权力，那都是十分荒唐的。

无论立法权属于一个人，或者属于较多的人，也不管它是经常存在，还是在一个特定的时期内存在，它总是每一个国家中的最高权力。然而，首先，对于人民的生命与财产而言，它不是也不可能是绝对专断的。这是由于，它不过是社会的全体成员交付给作为立法者的那个个人或者议会的联合权力，它因此不能超出那些处于自然状态中的人们参加社会时曾经具有的权力以及放弃而交付于社会的权力。原因在于，没有人能给别人以多于他自己所享有的权力；也无人具有一种对于他自己或他人绝对的专断权力，以毁灭自我或剥夺其他人的生命及财产。就像已经证明的那样，一个人不能让自己接受另一个人专断权力的束缚。一个人，在自然状态中，没有决定另一个人的生命、自由或财产的专断权力，如果这样，那么，他只能具有那种保护自己和其他人的权力，这种权力是自然法给予他的。这是他放弃或可以放弃并交给国家的所有权力，然后由国家把它交给立法权，故此立法机关的权力也不能超越这一范围。在最大限度内，他们的权力也只限于社会的公众福利。这种权力只能以保护为目的，除此之外不能有任何其他目的，所以，毁灭、奴役或有意使臣民沦为贫困的权力是不可以具有的。自然法规定的义务，在社会中不会消失，在很多情况下，它被更加清晰地表达出来，且由人类通过具体的刑罚让人们服从。显而易见，自然法是一切人，包括立法者和其他人恒久不变的规范。他们所制定的限制其余人行动的法规，以及他们自己的行动和其余人的行动，均须与自然法相符合，也就是上帝的意志。自然法是上帝意志的一种宣示。保护人类是基本的自然法的目的，既然如此，那么，一切有悖于此的人类的制裁就都是错误的或无效的。

其次，立法或最高权力机关不能独揽大权，通过暂时的专断命令加以统治，它必须以已经颁布的持久有效的法律，以合格的知名法官行使司法和裁判臣民的权力。因为，自然法只存在于人们的意识中，它不是由文字固定下来的，假如不存在专职法官，出于情欲或利害关系的原因，人们就会错误地引证或错误地应用，并很难承认自己的错误。如此一来，自然法将不具备其原有的作用，无法以之决定那些生活在它之下的人们的权力及使他们的各种财产得以保障。当所有人都是自然法和他自己案件的裁断者、解释者和执行者时，情况尤其如此。有理的一方往往只能依靠自己的力量，而没有足够的实力保护自己不被损害，或者处罚罪犯。正是为了免除在自然状态中此类危害人们财产的缺陷，人类结合成社会，凭借整个社会的集体力量保障和保护其财产，用持久有效的规则限制财产，使任何一个人都知道属于他自己的是哪些东西。正是为了使这个目的得以实现，人们才将其所有的自然权力交托给其加入的社会，社会才将立法权托付给大家认为合适的人，授权他根据正式公布的法律管理他们，如果不这样，他们的和平、安定和财产将很不稳定，就像以前处于自然状态中那样。

进行统治时使用绝对的专断权力，或者使用不明确的、长期有效的法律，都有悖于社会和政府的目的。假如不是为了保护其生命、权力和财产，倘若没有权力和财产持久有效的规定以保障其和平与安定，那么，人们肯定不会放弃自然状态的自由，心甘情愿地加入社会并受其约束。倘若他们有这样做的权力，他们会存心把支配其人身和财产的绝对的专断权力交给一个人或交给若干个人，并赋予官长以权力，任他随意地把他没有任何限制的意志加于他们之上，这是无法想象的。这是要使自己置身于比自然状态更恶劣的状况之下，他们在自然状态下自由地保卫自己的权利，免受他人的侵害，不管侵犯来自个人还是来自集成一体的许多人，他们能够以平等的力量对权利加以维护。但是，假如他们将自己交给了一个立法者的绝对的专断权力和意志，这就等于使自己的武装解除了，而把立法者武装起来了，任由其将自己宰割。一个人处于能支配十万人的官员权力之下，那他的处境比处于十万个个别人的专断权力之下还要糟糕。享有这种支配权的人，虽然他的实力强大了十万倍，但谁也不能说他的意志一定会优于其他人的意志。所以，不管国家采取何种形式，统治者都需要用正式公布的和已被认可的法律进行统治，绝不能用暂时的命令及尚未通过的决议进行统治。原因在于，倘若将公众的集体力量交付给一个人或少数人，强迫人们遵从这些人严酷的和肆无忌惮的命令，这些命令是他们心血来潮或当时无人能知的、不受限制的意志作出的，同时又没有什么规定可以作为他们行动的标准和依据，那么，人类的状况要远比自然状态更恶劣。谋取社会公众福利是政府权力的目的。既然如此，那么，它就不应该是专断的和一时兴起的，它应该依据既定的和公之于众的法律加以行使。如此一来，既可以使人民了解他们所负的责任，使他们得到法律范围内的安全和保障；也可以限制统治者于适当的范围之内，免受他们所拥有权力的诱惑，以他们原来不觉得陌生或者不愿认可的手段行使权力，从而达到前述目的。

再次，没有经过本人同意，最高权力不能剥夺任何人任何财产的任何部分。原因在于，保护财产既是政府的目的，同时也是人们加入社会的目的所在，这就必然预设而且要求人民需要享有财产权，不然，就必须认为他们由于加入社会而失去了那些作为他们加入社会之目的的事物。所有的人都不会承认这种十分荒谬的事情。所以，根据社会的法律，在社会中享有财产权的人们，对于他们的财产具有如下权利，即没有经过本人的同意，所有人都没有从他们那里剥夺其财产或随便其中的某一部分的权力，不然，他们就不具备财产权了。因为，在没有经过我同意的情况下，假若他人有权任意拿走我的所有物，那么，就等于对于这些东西我是没有财产权的。因此，倘若认为，每一国家的最高权力或立法机关能够恣意而为，随便支配人民的产业，或随意剥夺其中的任何部分，那么，这种想法是丝毫不正确的。倘若政府中的立法权，其所有或某一部分属于可以改选的议会，在解散议会时，它的成员和所有其他的人一样，同样受他们国家共同法律的支配，那就没有必要担心这种情况的出现。可是，假如在某些政府中，立法权属于一个长期存在的议会，或者归一人掌握，犹如在专制君主国那样，那么就还存在危险。他们会以为自己具有异于社会其他成员的权利，从而肆意掠夺人民，以使自己的财富和权势得以增加。因为，倘若支配那些臣民的人有从任何私人财产中剥夺他所看中部分的权力，并可以随意利用和处置，那么，即使有完善和公正的法律规定他与普通臣民之间的产权范围，一个人的财产权仍然不会得到保障。

然而，正如前面所提到的，无论政府由谁掌握，既然政府为此受到委托，让人们能享有和保障他们的各种财产，那么君主或议会尽管拥有制定法律的权力来规定臣民相互间的财产权，但是没有经过他们的许可，绝不允许有剥夺臣民财产的全部或一部分的权力。原因是，这就会使他们在事实上丧失了财产权。我们能够看到，就算是在必要时设立的专制权力，也并不因为它是绝对的从而就是专断的。它还是受着为什么在某些场合需要绝对权力的理由限制，并且必须以达到此种目的为限。仅仅需要与部队纪律的一般运用情况对比一下，就能明白这一点。因为保护部队从而保护整个国家这一行动，必须严格服从每一上级长官的命令。即使他们的命令极端危险或极其不合理也必须服从，因为假如不服从或对它们表示异议，处死也是理所当然的。然而，我们发现，虽然一个将军可以命令一个士兵向炮口前进，或独身守卫阵地，那时这个士兵恐怕是难逃一死，但是将军不可以命令士兵给自己一分钱。道理相同，将军有处死一个擅离职守或不服从孤注一掷命令的士兵的权力，却没有根据他决定生杀的绝对权力，而对这个士兵的产业动之一丝一毫，或占有其财物最微小的一部分。虽然他能够命令一切，但凡有所违抗便可处死。因为对司令官所持有权力的目的也就是保护其余的人而言，这种盲目的服从是必要的，而处置士兵的财物则与该目的没有丝毫关系。

显然，政府必须有巨额经费才能维持，所有享受政府保护的人都有必要从他的产业中拿出他的一份维持政府的费用。但是，这必须经过他本人同意，也就是得到他们本人或他们选出代表的大多数的同意。因为，如果有谁根据自己的权势，认为不用通过人民的同意就有权对他们征收赋税，那么，他就违背了财产权的基本规定，也破坏了政府的目的。倘若别人可以有权按其意愿而拿取我的东西，那么，我还有什么财产权可言呢?

第四，立法机关不能把法律制定权转让给其他任何人。因为它只是人民授权给它的一种权力，不允许有这种权力的人把它转让给别人。唯有人民才能通过组成立法机关和指定人选行使立法权，并对国家的形式进行选择。人民已表示服从规定，同意接受那些人制定的和采用那些形式的法律约束，这个时候，别人就不能要求其他人为他们制定法律。他们只受他们所选出和赋予其权力并替他们制定法律的人所制定的法律约束，除此之外，没有其他任何法律能够约束他们。这种出于人民的自愿授予和由明文规定而得来的立法权，不是别的，仅仅是制造法律而并非制造立法者，故立法机关无权转让立法权，从而将其置于其余人手中。

以下就是社会对他们的委托，以及上帝和自然法加于政体不同的每一个国家立法机关的权力限制:

第一，它们应该用正式公布的早已成文的法律进行统治，不分贫富、不分权贵或是农夫。这些法律都应平等对待，不能因特殊情况而有所改变。

第二，这些法律仅仅只能有为人民谋福利这一根本目的。除此之外，不应该再有其他目的。

第三，没有人民自己或其代表的同意，不得向人民的财产征税。当然这一点只与如下的政府有关，在那里立法机关长期存在，或者至少是人民没有把立法权的任何部分交给他们定期选举的代表们。

第四，立法机关不应也不能将立法之权向任何其他人转让，或将其置于不是人民所安排的其他任何地方。

第十二章　论国家的立法权、行政权和对外权

有权指导怎样运用国家的力量，保障这个社会及其成员的权力就是立法权。那些必须长期执行和总是具有持久不变之效力的法律是在短时间内制定的，正因为如此，所以立法机关不会经常有工作可做，因而就没有经常存在的必要。另外，假如一些人同时具有制定和执行法律的权力，那么将对人们的弱点形成极大的诱惑，以致他们动不动就想攫取权力，使他们自己不需要服从他们制定的法律，而在制定和执行法律的时候，使法律有利于他们自己的私人利益。这样他们就有了和社会的其他成员迥然不同的利益，从而违背了社会的目的也违背了政府的目的。所以，在组织比较完善的国家，全体人的福利都应得到应有的关注，具有立法权的这些人定期集会，掌握制定法律的权力，他们或者同其他人联合，制定法律，法律制定出来以后，他们又重新解散，自己也受他们制定的法律约束。对他们来说，这是一种新的和切身的约束，在制定法律的时候能够使他们注意为公众谋福利。

可是，因为那些一时或在短期内制定的法律，长期持续有效，需要不断得到执行和注意，所以需要一个持续不断存在的权力，负责执行被制定的并继续有效的法律。因此，立法权和执法权通常是分立的。

每个国家还有另一种可以被称为自然权力的权力。它相似于人们加入社会以前每个人根据自然而具有的权力。因为在一个国家里，就其成员相互之间的关系而言，尽管他们是不同的个人，并因此被社会的法律所统治，然而，就他们与其他人类的关系而言，他们构成一个整体，这个整体与其他的人类处于同一种自然状态之中，就像它的每个成员在加入社会以前一样。所以，社会的每一成员与它之外的其他人之间的纠纷，是通过公众进行解决的。造成他们全体中的任何一员的损害，都会使全体同要求赔偿有关。因此，从这个社会与其他

所有国家或该社会以外的人们的关系方面考虑，整个社会是处于自然状态的一个整体。

所以，这里有一种权力，倘若同意的话，可以称之为对外权，包括战争与和平、联合与结盟，以及同国外的任何人士或社会进行任何事务的权力。只要能够理解这些，名称对我来讲是无所谓的。

执行权和对外权，虽然这两种权力本身确有区别，但是它们几乎总是联系在一起的，前者包括社会内部对其所有成员执行该社会的国内法，对外处理有关公共安全和利益的事务则是后者所指，所有可能得到的利益或受到的损害都包括在内。比起执行权来，虽然这种对外权力是否行使适当，对于国家有重大影响，然而它远不能为原来规定的、持续有效的成文法的指导，因此有必要让掌控这种权力的人们根据其长远的考虑，为了谋取公共福利来行使该权力。至于有关臣民彼此之间关系的法律，因为指导他们的行动是它们的目的，所以可以预先制定。然而，对于外国人应该如何做，在很大程度上取决于他们的行动以及计划和兴趣的变化，这就取决于拥有这种权力的人们的谋略，依靠他们的才能为国家谋利益。

虽然任何一个社会的执行权和对外权本身确是有区别的，但是就像我所说的那样，很难将它们分开并让它们掌握在不同人的手中。这两种权力的行使都需要社会的力量，既然如此，那么几乎不可能把国家的力量交给不同的并互不隶属的人们。倘若执行权和对外权分别由可以各自行动的人掌握，便会使公共的力量受到不同的支配，总有一天将导致祸乱和灾难。

第十三章　论国家权力

一个有组织的国家，它根据自己的基础建立，依照自己的性质也就是为了保护社会而行动，在这样的一个国家中，只能有一个最高权力即立法权，所有其他权力都处于而且必须处于从属地位，即便如此，立法权不过是一种被委托的权力，只是为了某种目的加以行使的，一旦人民发现立法行为与他们的委托不相一致，人民依然具有罢免或更换立法机关的最高权力。原因在于，被委托的实现一种目的的权力，受到该目的的限制，倘若该目的明显被忽略或受到打击，则必然取消这一委托，权力重新回到最初授权的人们手中，他们能够把此种权力重新授予那些人，也就是那些被他们认为对他们的安全和保障最有利的人。由于这种原因，社会一直保留着一种最高权力，用以保卫自己，免于任何团体，哪怕是他们的立法者的攻击和图谋（有时，因其愚昧或恶意，他会对人民的权利及财产有所企图并将这种企图付诸实施）。因为，所有的人或人们的社会，都没有把对自己的保护或与此相应的保护手段授予另一个人的权力，从而受他绝对意志和专断的统治权的支配。随便什么人要使他们置身于这种奴役状况，他们总是有权庇护他们无权放弃的东西，把那些侵犯这个根本的、神圣的和不可变更的自卫法的人们驱逐出去，因为自卫是他们加入这个社会的目的。因此可以说，在这个方面，共同体总是具有最高的权力，但是不能据此认为在任何政体下都是这样，因为只能是在政府解体时才会产生人民的这种最高权力。

只要政府存在，立法权在所有场合都是最高的权力，因为只有在另一个人之上者才能够对他制定法律。立法权有权为社会的任何部分和每个成员制定法律，为他们制定行为准则，并在法律被违反时授权执行法律，这是立法权之所以是社会立法权的原因所在。因此，立法权必得是最高的权力，社会的所有成员或社会的所有部分具有的其他任何权力，都来自于它并隶属于它。

立法机关在某些国家里并不常设，执行权由单独的一个人所有，而且他也参与立法。从较广泛的意义来说，在此种场合下，他也可被称为至高无上的统治者。这并非因为他自己掌握着最高的立法权，而是由于他掌握着最高的执行权，全部下级官吏各自的或至少其最大部分的从属性权力都来自于他。在他之上不存在立法机关，因此也就没有尚未经过他的同意而制定出来的法律，也不可能指望他同意受立法机关的其他部分的制约。因此在这个意义上说他至高无上是十分符合的。必须注意的是，虽然要向他作出效忠的宣誓，但这不是因为他是最高的立法者，而是由于他是根据与别人一起的联合权力所制定的法律的最高执行者。就效忠而言，那只是依据法律的服从，倘若他自己违反法律，那么，他就没有要人服从的权力。他是被赋予了法律权力的公仆，应该根据国家法律表明的社会意志进行行动，从而应该被当做国家的象征、标志或代表，他能够要求别人服从的原因在此。因此，他没有意志、没有权力，他只有法律的意志、法律的权力。然而，如果他不担当这种代表，不按公共意志而仅仅只根据私人意志行动，他就降低为一个要人服从的没有权力、没有意志的个人，因为社会成员只服从社会的公共意志，除此之外，再没有其他服从的义务。

假如执行权并不是属于同时参与立法的人，而是属于其他什么地方，那么，这个地方显然被立法机关所管治，它对立法机关负责，立法机关可以任意对它进行变更。所以，最高的执行权并不能免于隶属别人，只有当它属于同时享有立法权的人的场合才是如此。他参与立法，除了他所参加并同意的立法机关，他不从属于别的更高的立法机关，也不对它负责。因此，只有他自己认为合适时才从属于人，但是这种场合无疑是很少的。对于一个国家的其他从属性的或辅助性的权力，我们不必讨论，因为它们基于各国习惯和组织的不同而互不相同，不可能对它们叙说得面面俱到。关于这方面，因为本文所需我们只想指出，它们除了根据明文特许和委任而获得的权威之外，再没有任何其他权威，并且它们都对国家的某种其他权力负责。

立法机关没有永远存在的必要，它经常存在也很不方便。但是执行机关却绝对有必要经常存在，因为新的法律虽然并不需要经常制定，但所制定法律的执行却是长期需要的。立法机关虽然将执行他们所制定的法律的权力交给了别人，但在他们觉得必要时，仍有权将其收回并对任何违法的不良行政进行处罚。和执行权一样，对外权的情况也同样如此，都是辅助并隶属于立法权的，并且如上所述，在一个有组织的国家中，立法权是最高的权力。在这种场合，立法机关还应当包含一些人（因为，倘若它是单独一人，它便不得不经常存在，这样一来，它作为最高权力，自然就同时具有立法权与最高执行权），他们能够依据其原来的组织法所规定的或在他们休会时所指定的时间，或者两者都没有指定某一时间或没有规定其他途径召集他们的情况，在他们认为适当的时间集会，并使他们的立法权得以行使。因为，既然是人民把最高的权力交给他们的，它就应当经常由他们掌握，除非他们根据最初的组织法，仅仅只能在有限的期间内行使权力，或者根据他们最高权力的一种行为决定休会到某个特定的时候，当这一时间到来时，他们可以再次集会和行使职权，这种权力可以在他们觉得适合的时候行使。

假如人民选出的代表组成了立法机关或其任何部分，那么，他们就要在特定的期间内作为代表，任满之后，他们则要继续恢复他们普通平民的身份，若要再参加立法机关则只有重新当选。如果说真是这样的话，那么，这种选举权，也必须由人民在指定的时间或当他们被召集选举立法机关的时候加以行使。在后一种情况下，一般只有执行机关才具有召集立法机关的权力，它在时间上受如下的限制：或者原来的组织法规定立法机关每相隔定期的时间后集会并行使职权，这样，执行机关只是从行政上发出指令，命令根据正当形式进行选举和集会；或者依据情况或公众的要求需要修改旧法律或制定新法律，或者为了消除或防止施加于人民也可能是威胁人民的任何障碍时，由执行机关郑重决定通过进行新的选举来召集他们。

可能会有人提出这样的问题：执行权掌握着国家的实权，倘若它利用该权力来阻碍立法机关根据原有的组织法或公众要求集会和行使职权，那又该怎么办呢？我的观点是，滥用职权，违背对他的委托，对人民横征暴敛，这是与人民相对抗，人民有权使立法机关得以恢复，使其得以重新行使权力。因为，人民设立一个立法机关的目的是，使立法机关能够在特定的时间内或在必要的时候行使制定法律的权力。假如受强力的阻碍，他们无法行使这一对社会如此必要、关系人民的安全和保护的权力，那么人民便有用强力进行扫除的权利。无论在什么情况及条件下，真正地纠正滥用职权的暴力之办法，就是以暴制暴。逾越权限使用强力的人，常常使自己处于战争状态而成为侵略者，因而必须把他看作是侵略者。

召集和解散立法机关的权力虽然属于执行机关，但是这并不会让执行机关高于立法机关，而只不过是人民给予它的一种委托，由于人事变换，不能拘于成规，所以为了人民的安全，必得有这种委托。最开始创建政府的人不会有先见之明，能充分预测到将来的事件，为完全适应国家的一切急需，为未来长时期内的立法机关的集会和开会期限预测好适当的时间。所以，这种缺陷最好的补救办法，是将其托付给一个经常存在并负责管理公众福利的人，由他做出谨慎的决定。立法机关的时常集会和没有必要的长期持续的集会显然是人民一个沉重的负担，有时还可能使情况更危险更不利；不过，急变的事势有时又会需要他们的及时帮扶。使会议延期召开可能会使公众遇到危险，有时他们任务繁多，开会的时间有限就很难保证其完成工作，最终是公众无法得到只有通过他们的深谋远虑才能得到的利益。在这样的情形下，只有将其委托给一些长时间在职并对国家的情况了如指掌的人们，由他们仔细认真地进行裁决，利用这项特权为公众谋福利，除此之外，还有什么其他办法能够使社会免于这样的危险？即因为立法机关召集会议和行使职权有特定的期限，而难以应付随时随处突然发生的这样或那样变故的危险呢？假如不把它授权给一个接受委托而为相同的目的执行法律的人，那么，还能把它授权给什么样的人呢？所以，倘若最初的组织法对于立法机关召集会议的日期和开会期限未曾作出明确的规定，那么，执行机关自然就要负责此事，但是，这并非一种随心所欲的专断权力，而是对这种委托加以承担，因此它需要依据那时情势和事态的变化，全然为了公共福利行使这一权力。在此，我不愿深入探究，是立法机关有明确的召集时间好，还是授权君主随时召集立法机关更好，或者还是二者混用好。我想强调的不过是，就算执行机关有召开以及解散立法机关会议的特权，它也并不由于这个原因而高于立法机关。

世间的事物总是不停地发生变化，没有任何事物能长时间毫无改变地处在相同状态中。因而，人民、财富、贸易、权力等等的状况无时无刻不在发生改变。繁华的大都市一旦冷落衰败，就会变成为人所不在意的穷乡僻壤；而其余人迹罕至的地方却会发展成为富庶的居民众多的发达地区。然而，事物的变化并不总是平衡的，尽管某些习惯和权力已经没有了存在的根据，但是私人的利害关系常常使其得以保存。因此，这样的事情并不鲜见：在一些政府中，由人民选出的代表组成其立法机关的某些部分，经过一段时期后，这种代表的分配变得不再平衡，与最初分配代表的根据十分不相称。我们发现，某些地方虽有城市之名，但实际上却仅仅只剩下一片废墟，所到之处，充其量只能找到稀稀落落的羊圈和一两个牧羊人，但它们却还如同人口众多、财富丰饶的郡那样选出相同数目的代表，参加隆重的立法者议会，我们就会理解，因袭已经失去存在根据的习惯，会造成多么大的错误啊。外人对此将目瞪口呆，任何人都必须承认这要加以纠正。然而大多数人认为很难找到纠正的办法，因为立法机关的组织法是社会最初的和最高的行为，它在社会所有的成文法之前就已经存在，而且完全依赖于人民，下级的权力就没有办法进行改变。因而，一旦组成立法机关，只要政府还要继续存在下去，在该政府中人民并不具有行动的权力，人们就会认为这种障碍不可克服。

“人民的福利是最高的法律”，确实是公正的和根本的标准，认真遵守的人就不会犯太大的过错。所以，倘若有权召集立法机关的执行机关，根据代表分配的真正比例而并非根据它的形式，根据真正的理性而并非根据陈腐的习惯，规定各地有权被选为议员的代表的人数，这种权利并非根据人民怎样结成选区才能决定，而是根据其对大众贡献的比例，那么这种做法就不会被看作是一个新的立法机关的建成，而只会被认为是原来真正的立法机关的恢复，使因为时日久远在不知不觉中无法避免而产生的不正常的情况得以纠正。原因在于，人民群众的利益和最初的想法需要有公平、平等的代表制，那么能够使社会更接近于这一目的的人就是政府真正意义上的朋友和建立者，不会得不到社会的同意和称赞。所谓特权，不过是指交给君主的一种权力，在某些特别的情况下，由于出现了不可预测的及不稳定的事态，使得明确的、不可变更的法律无法得到较好的运用，君主仅仅是有为大众谋福利的权利。所有的显然是为人民谋福利的做法，使政府建基于其真正基础之上的做法，都是而且永远是正当的特权。设置新的选区，分配新的代表的权力，总是附带着这样一个假定，即总有一天分配代表的规定要发生改变，那些曾经没有推选代表之权的地方，有朝一日能够具有推选其代表的正当权力；根据相同的原因，原来具有推选代表权的地方，有朝一日会丢掉该项权利。对于该权利来说，它会变得无足轻重。使政府遭受损失的，不是蜕变或衰颓所可能带来的对现状的改变，而是政府摧残或压制人民的倾向，和下面这种做法，即扶植一部分人或一个党派，使他们或它与其他人民有所区别，从而导致明显的和不平等的地位。不管做什么事，只要被认为是通过公正和长期的方式做出的，是有利于社会也有利于普通大众的行为，就总是理直气壮的。假如人民通过正当的以及真正平等的方式选出其代表，使之与政府的原来组织相适宜，那么，就是赞同并要他们这样做的社会的意志和行为，这是确定无疑的。

第十四章　论特权

在立法权与执行权分别由不同人掌握的情况下（任何有节制的君主国家和组织较好的政府莫不如此），为了社会的福利，有些事情必须交付掌握执行权的人进行裁决。原因在于，既然立法者无法预知和通过法律规定一切对社会有益的事情，那么，有执行权的法律执行者，在许多尚未规定国内法的场合，在立法机关能够便捷地集会并作出规定之前，依据一般的自然法他们有权利用它为社会谋取福利。很多事情并非法律所能规定的，这些事情需要交付掌握执行权的人灵活裁决，依据公众福利和利益的需要加以处理。实际上，在很多场合，法律本身应该为执行权让道，或者更确切地说，为这一自然和政府的根本法让道，尽其所能地保护社会的所有成员。因为生活中经常会出现较多偶然的事情，碰到这些情形，严格并死板地执行法律反而不会有好处（例如，邻居失火时，不会把一家无辜人的房屋拆掉以阻止火势蔓延），一个人某种值得奖励和宽恕的行为，因为法律不加区别，反而可能被法律制裁。因为这个原因，在有些情况下，统治者应有权放宽法律的严厉性，赦免某些罪犯，只因为尽其所能地保护一切人是政府的目的所在，只要可以证明无辜者没有受到伤害，就算是罪犯也可以得到饶恕。

这种不具有法律依据，甚至有时违反法律而根据灵活裁决替公众谋福利的权力，就叫特权。由于在某些政府中，并非经常存在着制定法律的权力，并且执行时要求快速迅捷，但由于其成员过多，因而行动过于缓慢；此外，难以预知所有同大众有关的突发事故和紧急事件，所以法律不可能全都做出规定。非但如此，而且假如业已制定的法律，刻板地执行于符合规定的所有情况或所有人，那也难以避免不会造成损害。因此，那些法律尚未规定的很多特殊事件，要留给执行机关，自由地在一定范围内加以处理。

当这种权力为了社会的福利和合乎政府受到的委托及其目的加以行使的时

候，它就是事实上的特权，而绝对不会遭致非难。原因在于，在某种程度上，假如特权是为其本来目的，也就是为了人民的福利而加以行使，而显然不与该目的相抵触的时候，人民很少会或者绝不会在细枝末节上进行苛求或丝毫不让，以至于对特权加以考查。但是，倘若对于被视为特权的权力，执行权与人民之间产生了分歧，那么，依据行使该特权的倾向对人民是有利还是有害，就能够使这一问题很容易地得到解决。

不难想象，在政府建立的开始阶段，在人数上国家与家庭没有太多差别，在法律的数量上与家庭也没有多大不同。因为统治者如同他们的父亲那样为了其幸福而照顾他们，因而政府的统治差不多全是靠特权进行的。少数既定的法律就已经足够了，其余的一切，都依赖于统治者的斟酌和谨慎加以处理。但是，当昏君因其过错或被谄谀所迷，只为其私人目的而不为公共福利运用该项权力时，人民就只能使用成文的法律，根据他们认为的对他们不利的各个方面，对特权作出限制。因此，人民认为有必要对某些情况用明文对特权加以限制。这些特权，是他们及其祖先广泛地留给君主的，使其依靠他的智慧仅用于正当方面，也就是为人民谋福利的方面的特权。

所以，假如有人说，人民用成文法限定特权的任何部分就是侵犯特权，这是对于政府一种极大的误解。原因在于，人民的这种做法，并未剥夺君主的任何理应享有的权利，其不过是在宣示：他们以前毫不加以限定地交付他或其祖先的权力，其这样做的目的是为他们的福利着想，假如他在别的方面使用，那就有悖于他们的本意。因为，为社会谋福利是政府的目的，为这个目的而做的一切变革，只要是为这个目的做出的，就不能看做是对所有人的侵犯，因为政府中的所有人都没有违背该目的的权利。只有那些不利于或阻碍公共福利的变革才是侵犯。持相反观点的那些人们可能以为，君主的利益和社会的福利是迥然相异的和分离的，君主并非为社会福利而设。君主制政府中出现的差不多所有的弊害和混乱都根源于此。假如真是这样的话，那么，受他统治的人民就并非为了他们彼此间的福利而加入社会的一些理性动物；他们拥立统治者以统治他们，并非为了保护和促进这种福利，而是被看成处于一个主人统治下的一群低等动物，为了自己的快乐或利益，主人养活它们以及驱使它们。倘若人类如此缺乏理性并且不明事理，依据这样的条件加入社会，那么，特权的确会如同某些人所认为的那样，是一种为害人民的专断权力。

我们难以设想，一个理性的动物，他自由的时候，却为残害自己而受另一个人的支配（诚然，当他拥有一个善良贤明的统治者时，他可能不认为在所有的情况下都明确地限定他的权力是必要的或有益的），如果是这样的话，那么，特权就只能是：在法律尚未规定的情况下，人民许可他们的统治者们，根据他们的灵活选择处理一些事情（哪怕有时与法律的明文发生冲突）为公众谋取福利；同时人民对这种做法加以默认。因为，一位贤君不想有负于人民的委托，他关心人民的福利，人民不会抱怨特权即造福人民的权力太多。与此相反，一个脆弱昏暴的君主，往往会要求享有他的前人运用过的、未经法律规定的、仅凭其职位理应掌握的特权，他的目的不过是为了任意使用它们，以获得或形成与公众福利不相同的利益，如此一来，他就使人民不得不再次申明他们的权利并使他的这种权力得到限制，但是这种权力的行使，假如是为了增加他们的福利，那么，他们是乐于默认的。

因此，假如读读英国的历史就会发现，贤明善良的君主具有的特权最大，原因在于，人民看到他们大多数行动的倾向是为公众谋福利，对于他们那些没有法律依据、为了这一目的而做出的所有行动不加以计较，就算人类的某些弱点或过失（君主也不过是人，是与其他人一样成长的），导致它们与这个目的稍有不同，但只要它们主要趋向明显只是关心公众，而非其他，情况也是如此。所以，人民有理由认为，在没有法律规定或与法律的明文相矛盾的那些场合，应该支持这些君主有所作为，他们就默认了君主的所作所为，毫无怨言地让他们随自己的意愿扩大其特权。他们明确地认为，君主在此不可能做对他们的法律产生危害的事情，因为他们的行动与所有法律的基础及目的，也就是公共福利是相符的。

当然，依据专制君主制是最好的政体这个论点，这种如神似的君主应该享有专断的权力，就像上帝也利用专断权力统治宇宙一样，因为，此类君主具有如同上帝所具有的智慧和良善品德。据此就形成了如下说法：对于他的人民的权利来讲，贤君的统治往往会引起最大的威胁。因为，假如他们的后继者出于不同的思想管理政府，就会援引贤君们的行动作为先例，作为他们特权的范例，似乎曾经那些只为人民谋福利而做的事情，到他们那里就成了他们任意为害人民的权利。这就常常导致纷争，有时甚至破坏公共秩序，直到人民原来的权利能够得以恢复，申明这从来就不是真正的特权为止。因为社会中的每一个人，从来都不可能有危害人民之权；因为特权无非是在未规定的情况下谋求公共福利的权力，对于那些未越过公共福利界限的君主或统治者的特权，人民没有加以限制，这是很可能并且是很合理的。

在英国，召集议会权力——包括确定召开议会的确切时间、地点和期限在内——固然是国王的一项特权，但是他仍然承担这样的责任，即必须依据时代的要求和各种不同情况的需要，为国家的福利行使该项权力。因为，何时何地召集议会最为适宜难以预料，所以就交给执行机关进行选择，以便有可能与公共福利和议会的目的最相符合。

有人可能会提出一个有关特权的陈旧问题，即谁能判定这个权力使用得恰当与否呢？我要回答的是：在拥有特权的长期存在的执行权与一个以执行权决定其召集的立法机关之间，不可能存在什么裁判者；同样，倘若执行机关或立法机关掌握了权力，妄想或者进行奴役人民以及摧残人民，在立法机关与人民之间，也不可能存在什么裁判者。在这种情况下，就像在世界上不存在裁判者的其他任何情况一样，人民只有诉请于上天，而没有任何其他补救之法。因为，在统治者们这样做时，行使了一种并非人民所授予他们的权力（人民会同意任何人为了损害他们而统治他们，这是无法设想的）从而做他们无权去做的事情。假如人民全体或任何个人被剥夺了权利，或受到没有根据权利而行使的权力的支配，在人间又没有可以申诉的地方，那么，每当他们处理这个至关重要的案件时，就有权向上天诉请。所以，在此种情况下，人民虽然无法成为裁判者，而根据社会的组织法具有较高的权力对此案件作出决定并进行有效的宣判，即便如此，在人间无处可以申诉时，他们基于一种先于人类所有成文法而存在并凌驾其上的法律，为自己保留属于所有人类的最终决定权：即决定是否有正当理由能够诉诸上天。该决定权是他们不能放弃的，因为服从别人，让他拥有毁灭自己的权力，这是不在人类的权力范围之内的。上帝与自然从未允许一个人自甘堕落，甚至不去保护自身。假使他无权毁灭自己的生命，他也没有赋予别人剥夺他生命的权力。请不要认为，这会埋下引起纷乱的永久祸根，因为这种决定权，只有在弊害大得使大多数人都已觉察和难以忍耐，并觉得有必要进行纠正时才会行使。这是执行机关以及贤明的君主永远应该注意的事情，是所有事情中他们最需要避免的事情，也是所有事情中最危险的。

第十五章　父权、政治权力及专制权力综论

这几种权力，我在前面虽然已分别谈及，但是，我以为，近年有关政府理论的重大错误，都是由于这几种相互不同的权力的混淆所致，因此，我在此将它们一并讨论，这或许不是不适当的。

首先，父权或母权，无非是父母支配子女的权力。为了子女的幸福，他管教他们，直到他们能够运用理性或者达到一种知识状态为止。在该状态下，我们能够设想他们具有了理解那种应该用来规范自己准则的能力。我所谓的“具有能力”，指的是如同那些作为自由人而生活在该法律下的人那样，理解该法律，无论是自然法，还是他们国家的国内法。上帝让父母对孩子怀有天生的仁爱，由此可见，其本意不是要把这种统治变成严酷的专断统治，而只是为了帮助、教养和保护其子孙。但是不管怎样，正如前面已经证明的那样，我们无法认为：该权力可以扩大到让父母不管在什么时候都对子女具有生杀之权，如同他们无法对别人具有这种权力一样；他们也无法以怎样的借口证明，在儿童已经长大成人后，在子女因父母的生育教养而有尊敬和赡养父母的终身义务之外，这个父权还应当使他处于父母的意志之下。由此可知，虽然父权是一种自然统治，但是无法扩大到政治的目的和管理权限。父权的范围无法包括子女的财产，子女的财产只有他们自己才有处理的权利。

其次，政治权力，指的是每个人所具有的交给社会的那些他处于自然状态时的权力，由社会交付其设置于他自身之上的统治者，带有确切的或默认的委托，也就是规定这种权力用于为他们谋福利并保护他们的财产。每个人在自然状态中都拥有这种权力，由他在社会所能给他保障的所有方面交付社会，以其认为恰当的以及自然所认可的那些手段，保护其财产，处罚他人对自然法的违背，目的在于（按照其能够作出的理性判断）最有利地保护自己和其他人类。

在自然状态中当该权力为所有人所具有的时候，它的目的和尺度即是保护他的社会的全体成员，也就是人类全体，既然如此，那么，当它为官员所拥有的时候，它也只是保护社会成员的生命、权利与财产，除此之外，不能再有其他的目的或尺度。因此，这种权力不能是一种支配他们生命与财产的绝对专断的权力，原因在于，生命以及财产是应该尽量加以保护的。它不过是一种对他们制定法律的权力，并带有一些此类的刑罚，通过除掉某些部分而使全体得以保护，但是，被除去的部分不过是那些腐败到足以使全体的生命及安全受到威胁的部分；否则任何严厉刑罚都是非法的。这种权力不过是起源于契约与协议，以及组成社会的人们的彼此同意。

最后，专制权力，指的是一个人对于另一个人的绝对专断的权力，它能够随便夺去另一个人的生命。它并非一种自然给予的权力，由于自然在人们相互之间并未对这种差别加以规定。它也并非通过契约所能转让的权力，因为对于自己的生命，人们没有这种专断的权力，便无法把这样的权力交付另一个人用以对他的生命进行支配。它不过是侵犯者使自己与他人处于战争状态时放弃其生命权的最终结果。他丢掉了上帝赋予人类的成为人与人之间准则的理性，使人类从结合成集体和社会的共同约束中脱离出来，抛弃了理性向他所昭示的和平之路，无理地妄图以战争的暴力达到其对他人的不义目的，背弃人类，沦为禽兽，把野兽的强暴作为自己的权利准则，他因此使自己难逃被受害者以及同受害者一道行使法律的其他人类所毁灭的命运，就像所有其他野兽或毒虫一样，因为人类没有办法与它们一起生活，而且在一起时也无法获得安全。因此，仅仅只有正义的与合法的战争中抓获的俘虏才受专制权力的支配，这种权力既不起源于契约，也不能订立什么契约，它不过是战争状态的延续。因为，何以能够与一个没有办法主宰自己生命的人签订什么契约呢？他又能履行什么条件呢？假如他被允许主宰自己的生命，他主人专制专断的权力也就不可能再存在。但凡能够主宰自己及其生命的人，也有设法保护生命的权利。因此，契约一旦签订，奴役也即告终止。只要一个人与他的俘虏商定条件，就意味着已将他的绝对权力放弃并且终止了战争状态。自然赋予父母第一种权力，也就是父权，让父母在子女未成年时为其谋利益，以补救他们在管理其财产方面的无能与无知（需要阐明，我所谈及的财产，在此及所有其他地方，都是指人们在身心和物质方面的财产而言）。出于自愿的协议赋予统治者们第二种权力也就是政治权力，使其为他的臣民谋取利益，保障他们占有和使用财产。生命权的丧失给予主人们第三种权力也就是专制权力，使其为他们自己谋利益，从而役使那些被剥夺了所有财产的人们。

不管是谁，只要考察一下上述几种权力的不同起源、范围以及目的，他就能清楚地发现：父权比不上统治者的权力，专制权力超过了统治者的权力；至于绝对统治权，不论掌握在谁的手中，都绝非一种公民社会。它与公民社会的矛盾冲突，正如奴役地位与财产制水火不容一样。父权不过是在少儿尚未成年而无力管理其财产的情况下才存在；政治权力在人们具有归其自己处理的财产的时候才会存在；但专制权力则是那些支配完全没有财产的人的权力。

第十六章　论征服

除了上述阐明的以外，政府根本没有其他的起源，社会也只能是建立在人民同意的基础之上。即便如此，野心依然把世界弄得混乱一片，以致在构成了人类历史中如此大的一部分的战争喧嚣中，人们很少关注到这种同意。所以，有许多人误把武力当作人民的同意，把征服看作是政府的起源之一。然而，征服与建立任何政府不可同日而语，正如拆毁房屋不是在原处重建新房一样。当然，为创建新的国家结构，常常需要破旧，然而，假如没有人民的同意，就根本无法建立一个新的结构。

一个侵略者，因使自己与别人处于战争状态，蛮横地侵犯他人的权利，所以根本无法通过这种不义的战争状态取得支配被征服者的权利。对此，人们都很容易赞同，因为人们难以想象，山贼或海盗应当有权支配他们用暴力征服的人，或者认为人们应当受他们在非法强力的威胁之下作出的承诺所约束。假如某个强盗侵入我家，用尖刀指向我的咽喉，威逼我签订将我的产业转让给他的合约，这会让他得到什么权利的根据吗？这是一个不义的征服者用刀剑逼我服从时所获取的权利根据。无论由头戴王冠的人做出还是由微贱的人做出的损害与罪行，都没有什么区别。罪犯的名次及其团伙的数目，除了加重罪行之外，并不使罪行性质有什么改变。唯一的差异只是，大盗惩罚小盗，让他对自己服从，而大盗们太过强大，这个世界软弱的司法力量根本没有办法惩办，因此得到桂冠和胜利的嘉奖，反而攫取了惩处罪犯的权力。这么一个侵入我家的强盗，对他我有何救济之法呢？那就只有诉诸法律，以求公正裁决。可是，或许我无法得到公正的裁判，也可能我由于残疾行动不便，遭到抢劫而无钱诉诸于法律。假如上帝剥夺了我谋求救济的一切办法，那我就只能忍耐了。但是，当我的儿子有能力时，他可以向以前拒绝我的法律寻找救济；他以及他的儿子可以再次起诉，直到他取回他应当享有的东西为止。但是，被征服者或他们的子女，在人间没有法庭，也没有仲裁者可以申诉。他们可以像耶弗他那样向上天诉请，一直重复他们的诉请，直到恢复他们祖先最初的权利为止，这个权利就是需要有一个得到大多数人赞同和欣然默许的立法机关支配他们。假如有谁反对，认为这会导致无休无止的纠纷，那么，我要答复说，这不会超过司法所导致的纠纷，假如司法受理所有向它申诉的人的话。假如一个人毫无理由地骚扰其邻人，他就会受到邻人所申诉的法庭的惩罚。诉诸上天的人必须确信他有足够的正义，以及值得花费与申诉有关的精力与经费的理由。原因在于，他要对一个不能被欺骗的法庭负责任，该法庭必定是会权衡所有人对同样是社会的成员也就是人类的任何部分所造成的损害而施加处罚。显而易见，不义战争中的征服者不能由于这个原因就有权强迫被征服者对自己臣服以及顺从。

但是，假设我们认为正义的一方最终取得胜利，同时对合法战争中的征服者进行考察，看一看他将得到什么权力及对什么人享有此类权力。

第一，不难看出，他并未由于他的征服而得到支配那些与他共同进行征服的人的权力。那些同他站在一方进行战斗的人们，不能由于征服而蒙受损失，他们至少必得是如同以前一样的自由人。最普遍的情形是，他们依据一定的条件出力，这就是说，他们可以与其首领分享战利品中的一部分，以及其他依靠胜利得来的利益；或至少应得到失败者的国家的一部分。我所希望的是，征服者不是通过征服的方式而变成奴隶，并仅仅为了显示他们是其首领胜利的牺牲品而戴上桂冠。利用武力建立专制君主统治的那些人们，使他们的英雄，也就是这些君主国家的创立者，变成肆无忌惮的德洛坎塞之徒，却忘记除了这些人他们还有军将兵卒在战争中帮助他们取胜，或帮助他们镇压或与他们共同占有其所征服的国家。某些人说，英国的君主制是在诺曼人的征服时期建立的，因而使我们的君主获得享有绝对统治权的根据。倘若真是如此（但从历史上看，却并非如此），而且威廉王有对英伦岛作战的正义权利，那么，通过征服他取得的统治权也不过是对当时居住在这里的撒克逊人和不列颠人起作用。无论征服会形成怎样的统治权，与威廉一起来的并协助他征服的诺曼人，以及他的所有后代，均是自由人，不会由于被征服而变成臣民。倘若我，或其他什么人，作为他们的后裔而请求自由，就很不易作出相反的证明。显而易见，既然法律没有区别这些民族，它就没有想到要使他们的自由或利益有什么不同。

假设（尽管这样的情况很少发生）征服者和被征服者并没有形成一个国家的人民，被同样的法律所支配，具有同样的自由。让我们再来看看，一个合法的征服者对于被征服者能享有哪些权力。我认为，此种权力纯然是专制。他有绝对的权力，支配那些因不义战争而失去其生命权的人的生命，但是对于那些并未参加战争的人的生命以及财产，甚至那些事实上参加了战争的人的财产，他们却没有这种权力。

第二，我可以说，征服者仅仅是有权支配那些实际上曾帮助、赞成或同意以不义武力攻击他的人们。原因是，人民没有授予他们的统治者行不义之事的权力，比如发动不义战争（因为他们自己也从来没有这种权力），既然如此，那么，只要他们没有实际地煽动该战争，就不应该认为他们要对不义战争中的暴行和不义行为负有罪责，就如同不应该认为他们对于其统治者、对人民或他们同一国家的臣民的任何部分施加任何强暴或压迫负有罪责一样，因为他们从来没有授权其统治者去做这一件或那一件事。固然，征服者一般不对这些加以区别，而是别有用心地凭借战争的混乱来混淆一切。不过这仍然无法改变正义，因为征服者有权支配被征服者的生命的原因仅仅在于被征服者用暴力进行或支持过不义之举，因而他只能支配那些同意这暴力的人们，别的人则都是无辜的。征服者不具备权力统治那个没有对他做出任何伤害的国家人民，也就是那些没有将自己生命权放弃的人们，如同他不具备权利统治其他任何没有侵犯他或向他挑衅而与他和睦共处的人一样。

第三，征服者在正义战争中取得的支配他所打败的人的权力，全然是专制性质的，后者因处于战争状态而使自己放弃了自己的生命权，于是使征服者具有了一种支配他们生命的绝对权力，然而，他无法因此对他们的财产也享有什么权力。初听起来，这好像无疑是个很奇怪的说法，因为它与世界上的惯例背道而驰。谈到国家领土，最通常的说法是指那些由征服而得到的土地，似乎占有的权力仅仅凭征服就使之得以转移了。然而，倘若我们仔细思量，无论强者的做法被如何普遍地采用，总是难以成为正确的准则，哪怕在被征服者的顺从之中有一部分，对于征服者以剑刃强加给他们的境遇连任何争辩都没有。

在所有战争中，暴力和损害往往是交缠在一起的，侵略者利用暴力对付那些与他进行作战的人们的身体，且很少不损及他们的财产，然而，令一个人置身于战争状态的仅仅是暴力的使用。因为，不管是从暴力开始造成损害，或是暗中以欺诈造成损害，他都拒绝赔偿，并用暴力对那种损害（这与一开始使用暴力造成的损害一样）加以维持，正是对此种暴力不正当的使用造成了战争。因为一个破门而入的人，用暴力把我赶出门外，或温和地进来，用暴力把我挡在屋外，他所做的实际上是一回事。我现在所讨论的情况，是假设在这个世界上，我们处于没有可以向其申诉的、双方都服从他的共同裁判者的情况。所以，对暴力的不正当使用是使一个人与另一个人处于战争状态的原因，谁犯了这种罪行，谁就放弃了自己的生命权。原因是，不使用作为人与人之间准则的理性，却使用像野兽一样的暴力，他就有可能像任何危害生命的残暴野兽一样，最终会被他用暴力进行侵犯的人所消灭。

父亲的过失并非子女们的罪过，尽管父亲暴虐不仁，子女们却可能是有理性的与和平的。因此，父亲因其过错和暴行仅仅只能丧失他自己本人的生命权，而并不能使他的子女被他的罪行或破坏所牵累。自然出于尽可能地保护全人类的目的，已经使他的财产属于其子女，使他们免于死亡，所以他的财产还是应当继续属于他的子女。原因在于，如果他们因为年幼、不在战场或自己擅自决定，并且没有参加战争，那么，他们就没有做任何放弃财产的事情，征服者也不能只因为他已经征服那个企图以暴力毁灭他的人而有任何权力将他们的财产夺去。即使他可能对财产有某些权利，以赔偿在战争和在防卫自己的权利时所遭受的损失，至于这在怎样的程度上涉及被征服者的财产，将在后面加以论述。因此可以得出，一个人通过征服具有支配另一个人人身的权利，他可以随意毁灭他，但是不能因此有权支配他的产业，不管是占有或是享用。因为正是他所使用的暴力使侵略者的对方有权将他视同野兽而夺取他的生命并随意消灭他，但使他具有支配另一个人的财产权利的，仅仅是他所蒙受的损失。就像尽管我可以杀死一个半路抢劫的强盗，却不可以（这似乎并不常见）夺取他的金钱，而将其放走，这样做抢劫的人倒变成我了。强盗的暴力和他使自己所处的战争状态让他放弃了生命权，但这并未赋予我以享受其财产的权利依据。所以，征服的权利只能限于参与战争者的生命，而不过是为了向他们要求赔偿所受到的损失和战费，才关系到他们的财产，即便在这样的情况下也应当对无辜的妻子儿女的权利加以保留。

即使在征服者一方具有可能设想的最充分的正义，他也仍然不具备拿取比战败者所能够丧失的更多东西的权利。胜利者控制着他的生命，胜利者可以对他的劳役与他的财产加以占有，进而获得赔偿，然而胜利者不可以夺取其妻子儿女的财产。妻子儿女有权享有他的财物，他占有的产业中也有他们的一份。例如，我在自然状态中（所有国家彼此都处于自然状态中）对另一个人施加损害，我因为拒绝赔偿而进入了战争状态，这时使我成为侵略者的是我以强力保卫不义之财的行动。被征服后，我的生命权固然已经丧失，任人处置，但我妻子儿女的生命权却并非如此。他们没有参战，也没有助战。我无权放弃他们的生命权，这并非我所能放弃的。我的妻子对我的产业进行分享，对于她的一份，我也不能给予放弃。既然孩子是我所生，就也具有权利依赖我的劳动与财产维持生活。因此，问题是：征服者具有权利要求赔偿所受到的损害，而子女们也具有权利享受其父亲的产业而维持生活。至于妻子的一份，不管是她依靠自己的劳动还是凭借契约使她有权享有这份财产，显然她的丈夫不具备放弃归她所有东西的权利。在此场合，又应如何处置呢？我的答复是：既然要尽可能地保护所有人类才是根本的自然法，那么，假如不存在足够的东西用以充分满足各方面的要求，即赔偿征服者的损失与照顾子女们的生活所需，在此时刻，富裕的人应该减少其得到充分满足的要求，使那些不这样就会面临死亡威胁的人取得他们迫切的和优先的权利。

如果被征服者一定得拿出他所有的东西，对征服者的战争费用与损失进行赔偿，被征服者的子女们在父亲丧失其所有财产之后只能冻饿等死，那么，即便在这个程度上来讲，征服者如要满足正当要求，仍然无法使他有权对他所征服的国土有所要求。因为，如果在那个地区里，所有土地都被占领，不存在任何荒芜之地，战争的损失无法与世界上任何大块土地的价值同日而语。假如我并未夺取征服者的土地（既然我战败，就不会这么做），因此，我对他造成的所有其他损失不能与我土地的价值相抵，如果它被同样开垦过，而且面积与我践踏的他的土地大致相等。破坏了一年或两年的收获（因为很少能影响到四五年的收获），能够算作一般所能造成的最大损失。而对于那些被夺去的钱财和财帛珍宝之类，则绝非自然的财物，它们不过只具有一种想象的虚拟价值，自然并未赋予它们这种价值。基于自然的标准，它们是没有价值的，就像美洲人的贝壳串珠对于一个欧洲的君主，或者欧洲的银币对于从前的一个美洲人一样。在任何土地都被占有而不再有地荒芜的地方，五年的收获都不能与他强占土地的永久继承权相抵。容易理解的是：假如不计钱币的虚拟价值，损失量和土地价值之间的差距将大于五比五百。另一方面，虽然土地比居民所占有和利用的数量要多，任何人都有权利用荒地，半年的收获就会比继承土地的价值要大。但是，在此场合，征服者也就不怎么希望占有被征服者的土地了。所以，自然状态中的人们（因为所有君主和政府都彼此处于自然状态中）互相受到的损害，不能使征服者有权剥夺被征服者后代的所有权和将他们从其世代传承的土地上驱逐出去。诚然，征服者往往容易以主人的地位自居，被征服者的境遇使他们无法对征服者的权利提出反对意见。然而，假如这是所有一切的话，它所提供的不过是单纯的暴力所提供给强者支配弱者的权利根据，而根据这个理由，谁是最强者，谁就有权想要占有什么就能占有什么。

因此，即使在一次正义战争中，对于那些跟随征服者共同参战的人们，和被征服的国家中那些没有反对他的人们乃至曾反对过他的人们的后代而言，征服者也不因其征服而具有统治他们的权利。他们自己可以丝毫不受制于他，假若他们原有的政府已经解体，他们便可以自由地创建另一个政府。

诚然，征服者常常依靠他具有的支配一些人的暴力，用刀剑对着他们的胸口强迫他们屈从于他的条件，受他任意为他们建立的政府支配。然而，问题的关键是，他有什么权利这样做呢？如果说他们接受限制是因为自己的同意，那么，这就是承认征服者要想有权统治他们，就必须获得他们自己的认可。现在还需要探讨的是，不根据权利而通过暴力威胁获得的承诺是否可以被认为是同意，这些承诺的约束力量有多大。对此，我能够说，它们根本不存在约束力。因为别人用暴力夺取我的无论什么东西，我对它仍然保留着权利，他也有马上归还的义务。剥夺我马的人应该立即将它归还，而我也仍然有取回它的权利。根据相同的理由，一个用暴力强迫我作出承诺的人必须马上将其归还，也就是解除我所承诺的义务。不然，我可以自行恢复，也就是决定我履行与否。因为，自然法仅仅根据它规定的准则确定我承担的义务，绝不允许它用违反其准则的行动，比如用暴力，向我勒索什么东西，强迫我承担义务。一个强盗用手枪指着我的胸口，要我把所有的钱给他，于是我亲手从自己衣袋里掏出钱包，交给他，在此情形下，说我曾作出承诺，则既不能改变案情，也不能意味着对暴力的宽恕和权利的转移。

综上所述，可以得出结论，征服者用暴力强加给被征服者的政府，然而由于其原先并不具备对被征服者作战的权利，或者虽其有权但他们没有参与对他作战，因而无法让他们承担任何义务。

我们暂且假设，凡是那个社会的人都是同一国家的成员，就可看作都曾参加过那场他们被打败的不义之战，因此他们的生命就要听由征服者支配。

我觉得，这与被征服者未成年的子女没有丝毫关系，因为，父亲并不具备支配其子女的生命和自由的权力，既然如此，不管他的什么行为都没有可能放弃那种权力。因此，不管父亲的遭际如何，子女还是自由人，征服者的绝对权力只能限于那些被他征服的人本身，与他们一起消失。倘若他像统治奴隶那样统治他们，让他们受他绝对专断权力的支配，那么，他对他们的子女并不具备这样的统治权。除非根据他们自己的同意，否则他对他们不能享有任何权力，虽然他能够强迫他们做出任何行动或发表任何言论。只要是用暴力强迫他们服从，而并非出于他们自己的选择，他就不具备合法的权威。

世界上任何一个人生而具有双重的权利：第一，他具有人身自由的权利，别人无权支配他，仅仅只能由他自己自由处理；第二，他及其兄弟继承其父亲财物的权利。

根据第一种权利，一个人生而不受任何政府的支配，虽然他出生的地方是在这个政府的管辖之下。然而，假如他不承认其出生地国家的合法政府，他就一定得放弃根据它的法律而具有的权利，以及由他的祖先传给他的那里的财产，倘若该政府最初就是根据他们的同意而建立的。

根据第二种权利，所有国家的公民，倘若他们是被征服者的后代，有权继承被征服者的财产，而被征服者当时有一个违背其自由同意而强加给他们政府的话，则他们依然保留着继承其祖先财产的权利，尽管他们毫无自由地对该政府表示赞同，而该政府的苛刻条件是用暴力迫使该国的土地所有者得以接受的。因为，既然最初的征服者根本没有占有该国土地的权力，那么，作为被迫受一个政府支配的人们的子孙或者依据他们的权利而有所要求的人民，直到他们的统治者使其处于他们自愿同意的政治机构之下为止，他们一直有摆脱该政府的权利，以使自己从别人用武力强加给他们的篡夺或暴政中解放出来。有谁会怀疑希腊的基督教徒们，即希腊古代的土地所有者的后裔，一旦有机会，就能正当地摆脱他们长期以来饱受折磨的土耳人的压迫？因为所有政府都没有要求那些没有自由地对它表示同意的人民服从的权利。我们绝不能设想他们表示过这种同意，除非他们是处于可以选择他们的政府和统治者的完全的自由状态中，抑或至少他们具有他们自己或其代表自由地表示同意的长时间有效的法律，而且他们被允许享有正当的财产，成为他们占有物的所有者，假如没有他们的同意，没有人可以拿走其中任何部分。倘若没有这些，无论人们处于怎样的政府之下，都不算处于自由人的状态，显然他们不过是处于战争暴力之中的奴隶。

即便是在正义战争中，征服者有权对被征服者的生命进行支配，同时也有权对被征服者的财产进行安排（尽管，他不具备这种权利），那么，在持续统治的时期内，他也不可能由于这些而产生绝对的权力。原因在于，这些被征服者的后代都是自由人，假如他授予他们产业和财产，让他们居住在他的国家中（倘若无人居住，国家就不存在任何意义），那么，不管他授予他们什么，他们就对所授予的东西具有财产权。这种财产权的性质就是没有本人同意，任何人的财产都不能被剥夺。

依照自然的权利，他们的人身是自由的，他们所拥有的财产，不管多少，都是他们自己的，只能由他们自己处理，而并非听由征服者处理，不然它就不能称其为财产了。倘若征服者给予一个人1000英亩土地，归他及其子孙永久占有，又以终生为期租给另一个人1000英亩土地，年租50或500英镑，那么，是否前者永远有权支配他的1000英亩土地呢？后者，假如他如约偿付上述地租，那他是否终身享有权力呢？终身的佃户，他是不是有享受其在租佃期内凭借其勤劳所得的超过地租的一切收入，例如于地租的一倍收入的权利呢？国王或征服者，在授予财产以后，能否说他们可以根据其征服者的权力，从前者的后代或从在世时如约偿付地租的后者，夺取他的所有土地或一部分土地呢？或者他能否随意夺取二者在其土地上所得的产物或金钱呢？倘若他可以的话，那么，世界上一切自由自愿的契约都将终止和不具有效力了。只要有充分的权力，什么时候都不必凭借其他办法便已将其解除。如此一来，有权者的所有授予和诺言，都不过是对自己的愚弄和欺骗。原因在于，倘若我说："我将这样的东西永远授予你及你的后裔"，这是所能表达的最确实而且最郑重的转让方式，但这却可以被认为，明天我还有随心所欲从你处收回的权利。世界上还有比这更荒谬可笑的吗？

我在这里不愿讨论君主们是否可以不受他们本国法律的束缚，但是有一点是明确的，那就是他们必须对上帝及自然的法律服从。所有人和所有权力，都不能使他们免于该永恒法的约束。就诺言而言，对永恒法它应尽的义务极为重大，以致于无所不能的上帝自己也受到它们的约束。许可、承诺和誓言，是全能的上帝所受的约束。不管拍马屁者如何奉承人世间的君主们，君主们全体及与他们相结合的他们的人民加在一起，与伟大的上帝相比，也不过沧海之一粟，根本不算什么！

至于征服的问题，可以简要地作如下说明：倘若征服者的征服是正义的，那么，对所有实际参加和同意对他作战的人们，他具有专制的权利，具有以他们的劳动和财产赔偿其损失和费用的权利，他这样做不至于损及任何其他人的权利。对于不赞同战争的其余人民（倘若有这样的人的话）和俘虏的子孙，或者对这两者的财产，征服者都不具有什么权力，因而，他不能根据其征服而具有统治他们或将它传给他的子孙后代的任何合法权利。一旦他企图对他们的财产加以侵犯，他就成为一个侵略者，从而使自己与他们都置身于敌对的战争状态之中。他或其任何后代都不具有君权，就像丹麦人兴加尔或胡巴在英格兰或斯巴达克斯（假如他曾征服意大利的话）那样，不具有君权。只要上帝把勇气与机会授予那些被他们征服的人，被征服者就会挣脱他们的统治。因此，无论亚述的国王们假以武力对犹大享有什么权利，上帝却协助希西家摆脱了那个征服帝国的统治权。“耶和华与希西家同在，不管他往何处走，尽都亨通；他背叛，不肯事奉亚述王。”（《旧约·列王纪下》第十八章，第七节）由此可以看出，挣脱一种凭借暴力而不是凭借正义强加给任何人的权力，尽管有背叛之名，但在上帝面前这不是罪行，而是被他允许和称赞的事情，即便凭借暴力取得的诺言或契约起着阻碍作用。无论是谁，只要他注意阅读亚哈斯和希西家的故事，他就能够知道，亚述人制服了亚哈斯而且废黜了他，并在他还活着的时候立他的儿子希西家为国王，而希西家在这段时期内是一直依据协议对他表示服从并向他进贡的。

第十七章　论篡夺

倘若征服可以称之为外来的篡夺，那么，篡夺就可谓一种国内的征服。与前者不一样的是，就自己这一方面而言，一个篡夺者永远是非正义的，因为当一个人把另一个享有的东西据为己有时，才是篡夺。就篡夺而言，它仅仅是人事的变更而并非政府形式或规章的改变。因为，倘若篡夺者将其权力扩张到超出原来国家的合法君主或统治者的权力范围以外，那就是篡夺与暴政的结合。

在所有合法的政府中，仿佛政体本身一样，指定由什么人进行统治，是政府自然的和必要的一部分。这是由人民最开始确立的办法。因而，所有具有既定形式的国家，也都有关于怎样指定那些参与国家权力的人们的规定，以及怎样赋予他们权利的固定方法。因为无论是根本没有规定政府的形式，还是赞同它应当是君主制却没有指定如何选出享有统治权的人充任君主的办法，同样都是无政府状态。不管什么人，倘若不以国家法律规定的方法取得任何一部分行使统治的权力，那么，就算国家的形式依旧保留，那他也不具有使人服从的权利。因为他并不是法律指定的人，并非人民赞同的人。在人民能自由地表示赞同，并通过这种赞同确认和承认他由篡夺得来的权力之前，这样的篡夺者或其继承人都不具备权利的根据。

第十八章　论暴政

倘若说篡夺是在行使其他人才有权行使的权力，那么，暴政则是行使超越权限的、没有任何人可以行使的权力。暴政就是有人并非为了被该权力统治的人们谋取福利，而不过是为了得到自己的私利而行使他手中掌握的权力。不管统治者的资格是如何地正当，倘若他不以法律而以其意志为准则，他的行动和命令并非为了保护其人民的财产而目的只是满足自己的私愤、野心、贪欲或任何其他非正当的情欲，那么，这也就是暴政。

如果有人要怀疑它是否是健全的论断或真理，仅仅因为此话出自卑微的臣民之口，那么，我期望国王的权威会让他承认这个说法。1603年，詹姆士一世在对议会的演讲中对议员们说："我将一直以整个国家和公众的福利为主要目的制定完备的宪法和法律，而不会着眼于我任何私人的或特殊的目的。我一直认为，国家的幸福和富强是我人生在世的乐趣和最大的幸福，这是一个暴君和一个合法国王的根本区别之处。我相信，一个篡位的暴君和一个明君之间最显著的区别就在于：有野心的傲慢的暴君认为他的人民和王国不过是受命满足其愿望以及不合理的私欲的；与之不同的是，正直的贤明国王则认为自己是受命为人民谋取财产和财富的。"他于1609年对议会的演讲中又说过这样的话："国王以双重的誓言约束自己，遵守他王国的根本法律：一种是无言的，作为一个国王，有责任保护其王国的法律与人民；另一种是加冕时用誓言明确表示的。因此，在安定的王国里，任何一个贤明的国王都必须遵守其根据法律同人民订立的合约，在此基础上，依照上帝在洪水之后和诺亚订结的契约组织他的政府：'地还存在的时候，寒暑、稼穑、昼夜、冬夏就永无停息了。'所以，在稳定的王国内实施统治的国王，倘若不根据法律实行统治，就将不再是一个国王，从而沦落为一个暴君。"之后，他又说："因此，所有既非暴君又非违背誓言的国王，都将欣然把自己约束在法律范围之内。但凡诱其不如此作为者皆为奸险之徒，他们既不忠于国王，又背叛了国家。”由此可以得出，这位明于事理的练达国王认为，暴君和国王之间的差别仅仅在于：国王把法律作为他的权力范围，把公众的福利作为他的政府目的；暴君则让一切都屈从于他个人的欲望和意志。

假如认为这些缺点仅仅是君主制特有的，则是错误的；与君主制一样，其他的政体也会有此类缺点。把权力交付某些人的目的在于保护和管理人民及其财产，如果权力被用于别的目的，被用于使人民穷困、骚扰他们或让他们屈服于有权者的专横霸道而不正当的命令之下，那么，不管行使权力者是一个人还是许多人，就马上成为暴政。于是，我们看到，在历史上雅典存在三十个暴君，西拉科斯亦存在一个暴君；而罗马的十大执政令人无法忍受的统治也不见得更好。

倘若违反法律，对别人造成严重损害的结果，那么，一旦法律停止，暴政随之开始。假如掌握权力的人越出法律授给他的权力，利用所支配的强力迫使臣民接受违法行为，他就不再是一个长官；没有被授权的行为，与用强力侵犯另一个人的权利一样，可以遭到反抗。这一点就低级官员而言是公认的。一个有权在街上拘捕我的人，倘若要闯入我的住所执行命令，虽然我明白他持有逮捕令并有合法的权力可以在宅外逮捕我，但我还是可以把他作为盗贼加以抗拒。那么，对最低级的官员可以如此，而对于最高的官长就不能如此，这是为什么呢？我希望有人为我解释明白这一点。假如说长兄拥有最大部分的父亲产业，他就因此有权对任何一个兄弟应得的财产进行剥夺，那么，这是不是合理呢？或者说一个占有整个地区的富人，他是否有权随心所欲霸占劳苦的邻人的园圃和茅舍呢？合法拥有大大超过绝大部分亚当子孙们所有的财富和广大权力，非但不可能作为借口，而且更不能作为理由，从事超越职权损害别人的压迫和劫掠，恰恰相反，这只能让情况更加糟糕。因为是超越职权的界限，无论大小官员都并非他们的一种权利，对于警察或国王都一样不能加以宽恕。但不管是什么人，只要他身负人民更大的委托，较他的同胞享有更大的部分，并且因为他的职责、教育、顾问等便利条件，本应对于是非的权衡认识得更加明确，倘若他依然如同上面所说的那样，那就更为恶劣了。

那么，能够反抗君主的命令吗？一个人是不是只要觉得自己受害，而且认为君主无权对他这样做，就能够随时作出反抗呢？这样就会打乱和推翻所有制度，剩下的则并非国家组织与秩序，而不过是一种无政府状态和混乱。

对此，我要回答的是：强力只能用于反对不合法的与不正义的强力。在其余场合进行反抗的所有人，会让自己受到人类以及上帝的正当指责，因而不会形成有些人常提到的那种混乱或危险。因为：

首先，在某些国家里，根据法律，君主的人身是神圣的，不管他命令什么或做什么，其人身都不会受到侵犯或责问，也不受任何法律、任何强制的责罚与制裁。然而对于低级的官吏或他所委任的其他人，人民依然可以抗拒他们的不法行为，除非他想以实际上使人民与自己处于战争状态的方式解散政府，听凭人民采取在自然状态中任何人都能具有的防卫手段。对于这样的情况，有谁能料到会出现怎样的结局呢？一个邻近的王国已经算是全世界一个反常的例子了。在任何其他场合，君主人身的神圣不可侵犯，使他不至于受到任何妨害，只要政府存在，他个人就不会受到任何损害和强暴；再没有比这更明智的制度了。原因是，君主个人所能造成的损害不可能时常发生，影响也不会过于深远；况且依靠其个人之力，他也没有办法推翻法律或者对全体人民进行压制，纵然某一个生性软弱昏庸的君主想要这样做的话。一位任性的君主身在帝位时，偶尔会犯特殊的过错，但他所造成的损害，能够用下述这些优点，即在元首没有危险的情况下通过政府的稳固以及公众的安宁，加以充分的补偿。对于整体来说，少数一些个人偶尔会有受害的危险，但是比国家元首轻易地和随便地置身于危险的情况要少得多。

其次，这种特权仅仅属于国王自己，它不妨碍人民责问、抗拒和反对那样一些人们，他们没有经法律授权而自称奉他的命令使用非正当的强力。一个明显的例子是：一个官吏，他拿着国王的拘捕状去抓人，尽管有国王的全权委任，但他不可以闯入一个人的住所拘捕他，也不可以在有些地方或有些日期执行国王的命令，虽然拘捕状上并没有作出这种例外的规定，然而这是受到法律限制的，一旦他违反，国王的授权也无法让他获得宽恕。原因是，君主的权威来自于法律，他不具有权力授权任何人作出违反法律的行为，即使是国王授权，也无法让他的这种行为变得合法。任何官长越权发出的命令或者委任，就如同私人的命令或委任一样，都是无用和无效的，二者的区别仅仅是，官长具有为了某些目的而作出规定的职权，私人根本没有任何这样的职权。因为，并非委任而是职权使人享有行为的权利，假如违反法律，也就无职权可言。然而，虽然可以有这种反抗，但国王的权威和人身都是受到保护的，因而政府或统治者就不至于遭遇危险。

再次，就算一个政府元首的人身并非那么神圣，然而能够合法地反抗所有非法行使其权力的行为这种学说，也不会使政府轻易陷于混乱或使他处于危险。当受害者能够得到救济，他的损害可以通过法律得到赔偿时，就不存在诉诸强力的根据。强力，仅仅是在人受到阻碍无法诉诸法律的时候，才得以使用。只有那种不可能诉诸法律的强力，才能够被视为含有敌意的强力。也只有这种强力，才使得运用它的人进入战争状态，才使反抗他成为一种合法的行为。一个人手持凶器意欲在公路上劫掠我的钱包，可能当时钱包里的钱还不足十二便士，但我却可以将其合法地杀死。又比如，我把一百英镑交给另一个人，让他在我下车时替我保管着，但等我再一次上车时，他拒绝还钱，并且当我想要再次收回时，他却拔剑用武力保卫他占有的钱。这个人对我造成的实际损害或许比前者企图对我造成的损害大一百倍甚至大一千倍（我在他对我造成任何真正损害前即已将他致死），然而虽然我可以合法地把前者杀死，却不能合法地对后者进行伤害。原因显而易见，由于前者用武力对我的生命进行威胁，我没有时间诉诸法律以求自身的保障，而假如生命一旦结束，就来不及诉诸法律了。法律不具备起死回生的效力。这种损失无法弥补，为避免这种损失，自然法便赋予我以消灭那个让他自己与我处于战争状态并以毁灭威胁我的人的权利。但在第二种场合，我的生命没有处在危险之中，我具有可以诉诸法律的条件，而且能够以此方式收回我的一百英镑。

最后，假如官长的不法行为凭借获得的权力得到坚持，而且利用这种权力阻碍人们根据法律获取应该得到的救济，那么，就算对这种很显然的暴虐行为行使反抗的权利，也不会轻易地或突然地扰乱政府。因为假如这仅仅与某些私人事件有关，虽然他们有自卫的权利，以强力收回被非法的强力夺走的东西，然而这种作为的权利不会很容易使他们冒险作殊死斗争。另外，倘若广大人民认为事情和他们没有任何关系，少数或一个被压迫者无法使政府动摇，就像一个狂躁的不满者或一个暴躁的疯子不可能将一个稳固的国家推翻一样，人民是不会随便追随他们行动的。

不过，倘若这种非法行为已经损害了大多数人民，或者，只有少数人受到了压迫和损害，在此情况下，先例和后果似乎威胁了所有的人，他们全心地相信他们的法律从而他们的权利、产业和生命，乃至宗教信仰都面临危险，那我就不知道该怎样阻止他们去反抗那个使他们受害的不合法强力了。我认为，统治者将政府弄得使人民普遍恐惧，在这样一些时候，不管何种政府都会遇到这种麻烦。这种状态，是他们所能陷入的最危险境地，如果他们处在这一状态，那一点也不值得怜惜，因为他们本来很容易避免这种状态。倘若一个统治者真的想为他的人民谋取福利，想要对他们以及他们的法律加以保护，但他却并不让他们感到和看到这一点，这简直是无法想象的，正如同一个家庭的父亲一样，他不可能不使他的子女看到他对他们的照顾和关爱。

然而，如果大家都觉察到心口不一，表里不一，权术用以逃避法律，以及委托的特权（此乃是授给君主的一种专断权力，用以处理某些事情，造福人民，而并非为害人民）被用于违反规定的目的；倘使人民发现大官小吏为此目的而被选出，而且根据他们的反对还是促成这些目的的情况决定他们的升黜；如果人民看到专断权力已多次被试验运用，宗教方面暗中对此表示赞同（尽管表面上反对），随时准备推行，对实施专断权力者表示支持；但当这些试验无法通行，他们依然认可它们并且更加沉迷；假如一系列的行动表明了政府人员的这种倾向，如何能够不让人想象事情将演变到何种地步呢？在这样的情况下，他一定会设法自寻出路，假使他认为他所乘坐的船的船长会把他和船中其他人都运往阿尔及尔去遭受奴役，直到那时候他再操舵前进，即使因逆风、船漏以及缺乏船员和粮食暂时被迫改道，但是只要天气、风向和其他情况许可，他会立即坚决向原道转回。

第十九章　论政府的解体

如果想要明确讨论政府的解体问题，那么，首先就应该区别政府的解体与社会的解体。形成共同体，使人们从松散的自然状态中解脱出来，变成一个政治社会，每个人与其余所订立的协议使这些得以形成，在这个基础上，结成一个整体进行行动，进而成为一个独立的国家。外国武力的入侵和征服，是解散这种结合的几乎唯一的和一般的方法。在这样一种情况下（原因在于他们无法以一个独立完整的整体自卫或自存），他们成为那个整体的这种结合则必定会结束，于是所有人再回到从前的状态，并根据自己的意愿在其他社会自谋安全和生计。假如社会解体，该社会的政府自然无法继续存在。征服者的武力，常常从根本上击垮政府，摧毁社会，被瓦解或被征服的人们则从原应保护他们不受暴力侵犯的社会的保护与依赖中解脱出来。这种解散政府的方法，世人极为了解并深有体会，对此难以容忍，这是毫无疑问的。一旦社会解体，政府就无法继续存在，这一点亦不必赘言便可得以验证，这就像构成房屋的材料被飓风吹散、移动了位置或被地震震坍变成一堆瓦砾之时，房屋的骨架也无法再存在一样。

除去这种外来颠覆，政府还有可能从内部瓦解：

首先，立法机关变化时政府有可能会解体。公民社会是其成员之间的一种和平状态，原因在于作为仲裁者的立法机关，使可能出现在他们任何人之间的所有争执得以解决，已将他们之间的战争状态排除完毕。一个国家的所有成员，正是通过立法机关而结合并团结成为一个和谐的有机体。立法机关是灵魂，赋予国家一种形态、生命与统一。分散的成员由此才产生彼此的影响、联系和同情。解散或破坏立法机关之时，社会也随着立法机关的消亡而解体。原因在于社会的支柱及构成是由于存在一个统一的意志，一旦大多数人建立了立法机关，这个意志就因此而得以表达，并且，它又成为该意志的保管者。立法机关的组织法是社会基本的和首要的行为，它规定了他们在部分人指导和法律约束之下的结合时间，这些法律是那些人根据人民的赞同以及委任授权制定的。其中任何一个人或若干人在没有人民的这种委任与同意的情况下，都不具备制定约束其余人法律的权力。倘若某一个或更多的人没有经过人民委派擅自制定法律，那么，他们制定的法律就不具有权威，人民没有对此加以服从的义务。他们因此脱离隶属状态，依据他们本人的意愿为自己创建一个新的立法机关，完全自由地抗拒那些越权迫使他们接受某种约束的人所施行的强力。倘若那些负有受社会的委托表达公意的人们，遭排挤而没有办法表达这个意志，其余一部分未受委托或不具有这种权威的人篡夺了他们的地位，那么，任何人都可以依据自己的意志随意作为。

一般说来，这种情况是由国内某些人的权力滥用所造成的，假如不清楚政府是怎样的一种形式，就无法正确地考察并了解谁应对这种情况加以负责。我们姑且假定立法权同时属于不同的三种人：

一、世袭的个人，他具有长期的最高执行权和在一定的时期内解散或召集另外两者的权力。

二、世袭贵族的会议。

三、民选的、任期固定的代表组成的会议。如果说这就是政府的形式，那么明显的是：

倘若君主或个人以其专断意志代替立法机关表达作为社会意志的法律，那么，立法机关就因此被改变。因为立法机关实际上之所以成为立法机关，就是要将它的法律和规章加以实施并需要被服从；假如实施的并非社会组成的立法机关所颁布的法规，那么，显而易见地改变了立法机关。任何人，若他在未曾得到社会基本委托的授权的情况下，推行新法律或废除旧法律，他就否认和颠覆了制定这些法律的权力，因而就创建了一个全新的立法机关。

倘若君主阻止立法机关按期集会，或自由行使职权，使立法机关无法完成原先组成它的那些目的，那么，立法机关就已经被改变。因为，立法机关之所以成其为立法机关，人数的多少与开过几次会都无关紧要，关键是他们有从容地完成为社会谋福利的任务的时间和有辩论的自由。倘若将这些加以更改或剥夺，社会就不能正常地行使其权力，立法机关就确实被改变了。并非它们的名义，而是那些事先规定的名义应该具有的对权力的行使和运用，组成了政府。因此，剥夺立法机关的自由或阻止它按期行使职权，事实上那就是结束了政府并取消了立法机关。

假如君主使用并未取得人民的认可并且与人民的共同利益相冲突的专断权力，变更了选举的方式或选民权，也就改变了立法机关。因为，如果选举不是社会授权的那些人所作出的，进行选举的方式也并非由社会所规定的，那么，那些当选者就并非人民所任命的立法机关。

倘若立法机关或君主让人民对外国的权力顺服屈从，那么就一定是改变了立法机关，因而也是政府的解体。由于人们为了保持一个自由、完整、独立的社会的目的而加入社会，受自己法律的约束，一旦他们被弃置于其他国家的权力支配下，则失去了这一目的。

在这种组织下，政府在这些情况下的解体何以要归罪于君主，答案是显而易见的。他具有可资利用的国家的财富、武力以及机构，他往往自以为是，或因为其他人的阿谀奉承而认为身为元首就可以无法无天。因此，只有他才有以合法职权进行大规模改革的职权，同时，他也能把反对者当作叛乱、分裂的犯罪者和政府的敌人来进行镇压或恐吓。对于立法机关的其他部分及人民，却无法自行图谋变更立法机关，除非是发动受世人关注的和公开的叛变，一旦这种叛变取得成功，它所产生的影响几乎与外来征服没什么不同。此外，在那种政体下，君主具有解散立法机关其他部分的权利，使他们因而成为私人，而他们无法违背他的意志，在没有他的许可的情况下，不能因为一项法律而改变立法机关，因为他们的法令必须得到他的批准才能具有法律效力。假如立法机关的其余部分以任何方式鼓励或赞助颠覆政府的任何企图，或者不尽自己所能阻止这类阴谋，那么，他们则难逃罪责，因为他们参与了可谓人们彼此间所能犯的最大的罪行。

令一个政府这样解体的其余一条途径是，假如最高执行权的掌握者疏忽或放弃其职责，那么，已经制定的法律就没有办法执行。因而就把一切变成无政府状态，事实上是导致了政府的解体。因为法律的制定并非为了法律本身，而是通过对法律的执行使其成为社会的约束，使国家的任何部分都能各得其所、各尽其能。当这些完全停止时，显而易见政府也无法行使其职能了，人民成为失去联系与秩序的乌合之众。假如不存在司法对人们的权利加以保障，那么，在社会内部就不具备什么权力去为公众提供必需品或指挥强力，也就等于不存在政府。倘若法律没有办法执行，那么就等于没有法律。一个没有法律的政府，我认为是一种政治上匪夷所思的事情，非但是人类的能力所无法想象的，并且也与人类社会格格不入。

在这样一种情况以及与之相类似的情况下，倘若政府解体，那么，人民就能够任意地建立一个新的立法机关，它的人选或形式也可能这两方面都与原先的立法机关大不相同，他们的选择取决于他们认为对他们的福利以及安全最有利的情况。原因在于，社会绝不能因为另一个人的过失而失去其保护自己的最初固有权利，唯有凭借明确的立法机关，公正无私地执行其所制定的法律，才能实现社会的自我保护。然而，人类不会达到如此悲惨的境地，以致直到时机已逝而找不到任何其他补救方法。旧立法机关因为遭受算计、压迫，或被交给外国权力后，消失不存，倘使此时再告诉人民说，为自己的利益考虑，他们可以创建一个新的立法机关，那么，这与病入膏肓而不治之时才对他们说他们可以指望药到病除没有什么区别。事实上，这等于是使他们先成为奴隶，再争取自由；待到他们套上枷锁时，才通知他们说，他们可以如同自由人一样活动。假如的确如此，那么这就是愚弄而并非救济。倘若人们直到彻底受制于暴政之前无躲避暴政之法，那么，他们就无法不受暴政的迫害。因此，他们不仅有权摆脱暴政，也有权防止暴政。

因此，第一，政府解体的另外一种途径是，君主与立法机关，二者之中的某一方在行动上违背他们的委托，政府也要解体。

立法机关图谋侵犯人民的财产，社会的任何部分或他们自己，成为人民的权利、生命或财产的所有者或任意处分者，这时，他们背离了所负的委托。

人们为了保护他们的财产加入社会，之所以他们选择一个立法机关并授予它以权力，是希望可以因此树立准则、制定法律，保护社会所有成员的财产，限制社会各成员和各部分的权力，同时使他们之间的统治权得以调整。因为难以设想，社会的意志，是要使立法机关有权破坏每个人想要通过加入社会而取得的东西，以及人民为了这些而使自己受制于他们自己选任的立法者的东西，因此，如果立法者们打算破坏或侵犯人民的财产，或降低他们的地位而使其落入受制于专断权力的奴役状态，这个时候，立法者们就把自己置于一种与人民相对的战争状态，那么，人民因此就没有必要继续服从，而只能去寻找上帝赐予的人们反抗强暴的共同保护。因此，立法机关一旦侵犯了社会的这一基本准则，并由于恐惧、野心、腐败或愚蠢，而企图让自己掌握或给予任何其他人一种绝对的权力，以左右人民的生命、产业以及权利，此时，他们就因这种与委托相悖的行为而丧失了人民曾为了完全不一样的目的授予他们的权力。该权力回到人民之手，人民有权恢复其原有的自由的权利，同时通过创建他们认为合适的新的立法机关，以求保障和安全，这正是他们加入社会的目的所在。在此，我所说的大多数与立法机关有关的话，对于最高的执行者也一样适用，因为他们负有人民的双重委托，在参与立法的同时又担任法律的最高执行者，因此，假如他用专断的意志来取代社会的法律，那么，他的行为即与这两种委托相违背。倘若他以社会的财富、强力以及政府机构收买代表，使其为他的目的服务，或者公然事先规定要选民选举他用甜言蜜语、诺言、威胁或别的方法收买的人，利用他们选举出先前已经允诺制定何种法律以及怎样投票的人，那么，他的行为也就等于违背了他所负有的委托。操纵选民、候选人，并且另行规定选举方法的这种行径，难道不是意味着根本破坏政府和毒化公共安全之源吗？原因是，为保障其财产，人民保留了自己选择其代表的权利，他们之所以这样做，不过为了能够常常自由地选举代表，而被选出的代表，依据详细的讨论与审查确定的公众福利与国家的需要，自由地作出建议和决议。那些人们，在尚未听辩论并综合权衡各方面的理由之前就要投票的人们，则没有办法做到这一点。布置这类御用议会，图谋用公然服从自己意志的人们取代人民的真正代表和社会的立法者，这是可能遇到的最大的背信行为和最彻底的图谋危害政府的表现。假如再考虑一下显然出于同一目的而使用惩罚和酬赏，利用歪曲法律的各种阴谋摧毁并排除所有阻碍实行该企图和不愿赞同出卖其国家的权利的人们，那么，就没有必要怀疑这究竟是在干什么了。这些人以这样的方式运用权力，辜负了社会刚刚成立时赋予他们的委托，他们在社会中应具有怎样的权力，是很容易断定的。众所周知，所有曾经企图这样干的人，都无法再得到人们的信任。

对于这一点，有人或许会说，既然人民蒙昧无知，常常心怀不满，那么，将政府的基础置于人民不稳定的意见与不确定的情绪之上，可能会在某种程度上破坏政府；假如人民对旧的立法机关不满意，就可以创建一个新的，那么，就没有一个能够长久维持的政府。针对此种观点，我的答复是：正好相反。并非如某些人所想象的那样，人民极难摆脱旧的组织形式。很难说服他们去改正机构中的那些众所周知的缺点，因为他们对之早已习惯。倘若存在着一些一开始就有的缺点，或日积月累因腐败而产生的一些偶然的缺点，就算人人都看到了改变的机会，也难以改变。人民迟迟不愿弃置他们对旧制度的偏爱，在以前和当代，在我国发生的多次革命中，依然让我们保留了由上议院、国王和下议院所组成的旧立法机关，或经过几次毫无结果的尝试之后，让我们重新采用该制度。纵然我们的一些君主因公愤被迫退位，但是，那种公愤并没有使得人民另找其他的王室为君。

然而有人会说，这样的假设会埋下激发叛乱的种子。对于这种说法，我可以回答说：

一、这一假设不一定比其他假设更易于激发叛乱。假如人民落入悲惨的境况，认为自己被专断权力所侵害，那么，尽管你将他们的统治者赞美为朱庇特神之子，说他们神圣不可侵犯、来自上天、受命于天；或不管把他们吹嘘得是什么人或怎样的人，与之相同的事情仍然还是会发生的。倘若人民无法得到公正待遇，普遍地受到压迫，那么一旦有机会他们就一定会摆脱压在头上的沉重负担。他们希望机会，也寻找机会。在人事变幻、时机凑巧和弱点暴露时，这种机会会很快出现。一个人，假如他从来没有见过这种事，那他一定阅世不深；他若无法从世界上的各种政府中举出这样一些事例，他一定读书甚少。

二、我的答复是，在为政稍失的情况下，这种革命不会立即发生。统治者的失政、不当的和错误的法律及人类弱点造成的所有过失，人民可以忍耐，不会反抗或发出怨言。然而，倘若连续不断的渎职、滥用权力及阴谋诡计都同归一源，使其企图为人民所察觉——人民无法不察觉他们处于何种境地，不能不看到他们有着怎样的前途——那么，就毫不奇怪，他们要奋起，以求把统治权交予能保障他们当初建立政府目的的人们。假如不存在这些目的，那么，华丽的表象和古老的名称，与纯粹无政府状态或自然状态相比较，都绝不会更好，而仅仅只会更坏，所有障碍既严重又紧迫，而补救的方法却更为渺茫难觅。

三、我答复说，侵犯人民的财产而使立法者辜负了其所受的委托，这时，人民有权创建新的立法机关为自己重新谋取安全。这一学说，是阻止叛乱最有力的手段和防范叛乱最得体的保障。原因是，叛乱并非反对个人，而是反对以政府的宪法与法律为根据的权威。无论何人，只要他用强力破坏法律并为其违法行为辩护，他就是不折不扣的叛乱者。由于组成公民政府以及加入社会，人们已经将强力排除在外，利用法律保护其和平、财产及他们之间的统一，这时，所有违反法律再次使用强力的人，就等于是进行“造反”——即再次恢复战争状态——而成为真正的叛乱者。掌权者（因其权威的借口，受强力的诱惑，和身边之人的阿谀奉承）最易于如此作为，因而最合适的防止此类弊端的办法，就是向那些最容易昧于诱惑而犯此大错误的人指出他们的非正义性和危险性。

在以上两种场合下，也就是不管是立法机关有一定改变，还是立法者的行动背离了最初被任命的目的，犯此罪者与犯叛乱之罪没有什么不同。原因在于，一个人假如依靠强力废止一个社会所设立的立法机关以及通过立法机关受社会的委托而制定的法律，那么，他就废除了众人所同意的为了和平地解决他们所有矛盾而设立的仲裁者，以及防止他们内部出现战争状态的屏障。改变和取消立法机关的人，就废除了这种尚未经过人民许可和委托就没有人可以享有的决定性权力，因此他们就破坏了人民所造成的而非任何其他人所能造成的权威，同时使用了一种尚未被人民授予的权力，如此一来，事实上就等于他们造成了战争状态，形成了不存在权力根据的强力状态。因此，他们取消了社会所设置的立法机关（人民同意其各项决定并通过它们联合起来，如同它们是自己的意志），从而将联系人民的纽带断开，重又使人民进入战争状态。倘若用暴力废除立法机关的那些人是反叛者，那么，为了护卫人民及其权利与财产而设置的立法者，一旦使用暴力侵犯并图谋废除这些权利和财产时，他们就会如同上述所提到的那些人那样，只能被视为同样的反叛者。因而，他们是使自己与把他们选为和平的护卫者的人们处在了战争状态。既然如此，他们就是罪孽尤深的反叛者。

假如那些觉得我的假设会形成叛乱的人们的观点是：倘若让人民明白，如果非法的意图对其权利或财产构成危害，这时，他们没有必要服从；假如他们的官员对其财产加以侵犯并辜负他们的委托，这时，他们就可以对其非法的暴力进行反抗，这就会引起内战或内讧；因而，认为这一学说将如此地危害世界和平，那是不能允许的。倘若他们认可这样的观点，那么，他们也可以出于相同的理由说，老实人不应反对强盗或海盗，因为这会导致纷乱或流血。在这样的情况下，假如发生什么损害，不应该归罪于防卫自己权利的人，而应该归罪于侵犯邻人权利的人。倘若无辜的老实人为了和平，必须驯服地把自己及其所有交给施暴于他的人，那么，我就希望人们想一想，倘若世界上的和平只能是暴力与侵犯构成的，并仅仅只能为了强盗与压迫者的利益使它得以维持，那么，世界上存在的将是怎样的和平啊！羔羊不作任何抵抗，任凭凶狠的恶狼咬断它的咽喉，有什么人会认为，这是强弱之间值得称道的和平呢？波里斐谟斯的山洞给我们提供了这样一种和平及这样一种政府的优秀范例。在那里，尤利西斯及其伙伴除了老老实实地被吃掉外，再无其他办法。自然，尤利西斯是个熟于世故的人，他在当时倡导消极服从，向人们解释和平对人类的意义，并指出，假如抗拒当时对他们享有权力的波里斐谟斯会产生怎样的坏处，故而规劝他们默然屈服。

为人民谋福利是政府的目的。那么请问何种情况是对人类最有利的：是人民必须常常受暴政的没有限制意志的支配，还是在统治者将手中职权滥用、破坏而并非保护人民的财产之时，人民有时才可以反抗呢？

谁都不可以有这样的想法：只要有一个好事者或唯恐天下不乱的人希望随心所欲地时常更换政府，也就随时都会产生祸害。诚然，这样的人可以随时任意引起骚乱，然而这仅仅只会让他们自作自受、自取灭亡。原因在于，除非祸害已具有普遍性，统治者的恶意已路人皆知，或其企图已为大多数人民所察觉，比起反抗来更愿意忍受为自己讨取公道的人民是不大会毅然奋起的。间或的不平之事或极个别不幸者所受的压迫，并不能使他们激动。然而，倘若他们有了很显然的证据，普遍地认为侵犯他们权利的计划正在实施，而事态的演变和趋向又无法不让他们强烈地怀疑统治者的不轨之心，这又该责怪谁呢？倘若他们能够避免，但是又自己招致这种怀疑，这又应该怪谁呢？倘若人民能就其所见所闻进行思考，具有理性动物的感觉，这罪责能怪他们吗？那些使事态发展到这一地步却又不愿被识破真相的人，这过错是不是他们的呢？我不否认：个人的骄傲、野心和好乱成性，过去曾使国家大乱，党争也曾使很多国家及王国承受致命的打击。但是，是人民的放肆以及想摆脱合法统治者的权威常常引起祸害，还是统治者的横暴及意图以专断权力加于人民从而引起了祸害，是压迫还是抗命最初引起了混乱，我觉得还是任凭公正的历史去判断吧。我认为，只要用强力侵犯君主或人民的权利，不管是统治者还是臣民，埋下推翻合法政府的组织与结构的祸根，那他就严重地犯下了一个人所能犯的最大罪行，他应当对因为政府的消亡而让一个国家遭受流血、侵夺和破坏等所有祸害负责。谁这样干了，谁就应当被视为人类的公敌，并应该受到相应的处理。

一个臣民或外国人，假如他意欲用强力侵犯一个人的财产，那个人就能够以暴抗暴，这已是大家公认的当然之理。然而，对于官吏们同样的所作所为也进行反抗这一点，近来却被人否认：似乎那些根据法律具有最大权利和方便的人因此就有权破坏法律一般，然而，事实上正是由于那些法律才使得他们具有较其同胞更为优越的地位。与之相反，他们却由于这个原因而罪大恶极，因为，他们辜负了法律给予他们的大权，同时也辜负了同胞授予他们的委托。

一个人，只要不按照权利使用暴力，就像任何一个不在乎法律的人在社会中所做的那样，那他就令自己与他使用强力来对付的那些人们置身于战争状态。在此状态中，所有从前的约束都被解除，其他所有权利都不再具有效力，每个人都有自卫及反抗侵略者的权利。这一点是如此地明白清晰，以致即使巴尔克莱自己，也就是那位吹嘘君权与君主神圣不可侵犯学说的名人，也无法不承认，在某些情况下，人民反抗他们的国王是合法的，他的这种话刚好就在他企图证明上帝的法律禁止人民进行种种叛乱的那一章中。因此可以得出，就算按照他自己的学说，人民也可以在某些情况下加以反抗，既然这样，那么，对君主的反抗就并非都是叛乱。他说：

“但是假若有人问：那么，是不是人民就应该常常忍受暴政的残虐呢？是不是他们必须眼看着他们的城市受到洗劫，化为灰烬，他们的妻子儿女被暴君蹂躏和强奸，他们自己及其家庭被他们的国王毁掉，受尽贫穷和压制之苦，而只能坐以待毙呢？自然允许所有其他生物为了保护自己不受损害可以充分使用以暴制暴的共同权利，是不是只有人就不可以使用该权利呢？我的答案是：自卫是自然法的内容之一，不能禁止社会实行自卫，甚至也不能禁止社会对君王实行自卫。然而绝不允许人民对他施行报复，这是同自然法相冲突的。因而，假如国王非但怨恨某些个人，而且与他担任其元首的整个国家作对抗，并用难以忍受的虐待残暴地压迫所有人民或其大部分，在这种场合人民就有权进行抵抗并使自己不遭受损害。但在实行自卫时一定要注意的是：他们只能保护自己，不能攻击君主。他们可以纠正其所受的损害，然而不应由于义愤而越出了必要的尊重范围。他们可以打退目前的进攻，然而不应该对过去的暴行实施报复。原因是，保护我们的生命与身体，对我们是很自然的事，但是由下级来惩罚上级，则是违反自然的。人民可以在对他们作出危害之前就加以预防，然而在已经实施以后，就算国王是罪魁祸首，也不可以对他施加报复。因此，这就是人民大众多于单个私人所享有的权利；连我们的论敌（只有布肯南例外）也认为某些私人除了忍耐以外再无其他办法，而人民的集体则能够在表示尊重的同时对无法忍受的暴政进行反抗；而当暴政还尚有节制时，他们就应该对其忍受。”

这便是君权的著名支持者所允许的反抗程度。

当然，他给反抗徒劳地强加上了两个限制条件。

他说，第一，反抗时一定要有敬意。

第二，反抗时一定不可以施行报复或惩罚，理由是一个下级不可以惩罚一个上级。

然而第一，假如做到反抗暴力而不还手，或如何尊敬地还手，这是需要一些技巧方能让人理解的。假如一个人在抗拒进攻时仅仅只是用盾牌挡剑，或者用更尊敬的态度，即手中未握寸铁，就企图削弱攻击者的自信和暴力，很快他就会无法抵抗，而且会发现这种防卫只会让自己受更严重的伤害。这种抵抗方法如同朱温拿尔想象的作战方法一样可笑："在你动手打人时，我就任由你打。"而战斗的结局将必然地与他在那里所描写的一样：

"这便是穷人的自由：

人们殴打他，他就恳求；而用拳头殴打他，他就哀求。

倘若人家叫他走开，还多少可以使几颗牙齿得以保留。"

这是一种不可以还击的虚假的抗拒，其结果总是如此。所以，谁有反抗的权利谁就必须被允许还手。让我们的作者或别的任何人，将迎头一棍或劈面一刀与他所认为的适合的尽可能多的尊重联系在一起看看吧。谁能协调挨打与尊敬，或许谁就有资格以被别人斯文而又尊重地揍一棍作为其辛劳的报酬，倘若他能遇到此类机会的话。

第二，对于他的第二点，也就是下级不可以惩罚上级，通常地说，只要A是B的上级，这是不错的。然而，既然以暴抗暴是使双方变成平等的战争状态，也就取消了原来的崇敬、尊重以及与上级的关系，因而所余下的区别是，抗拒非法侵略者的人享有这种比侵略者更为优越的地位，也就是在他取胜之时，他具有惩罚罪犯的权利，非但惩罚他的破坏和平，而且惩罚他由于破坏和平而造成的所有损失。正是由于这个原因，巴尔克莱在别的地方就特别坚持自己的看法，否认不管在怎样的情况下反抗国王都是合法的。然而，他在那里提到两种情况，一个国王会让自己失去国王的宝座。他的原话是这样说的：

"那么，是不是不可能发生这样的事，也就是人民能够有权和依据自己的权威自己武装起来，攻击暴虐地压迫他们的国王呢？当国王还是国王时，绝不允许有这样的事。'尊敬国王'以及'谁反抗权力就是反抗上帝的指令'，无疑是永远不允许人民如此做的神的谕示。所以，人民绝不可以有惩罚国王的权力，除非国王干了一些教他不再成为国王的勾当，因为那时他将自己的王冠和崇高的地位弃之不顾，回到普通人的状态，人民于是成为自由的和优越的，而他们在推选他为国王以前的王位空缺时间所有的权力，再次回到他们手中。然而仅仅只有极少数的失政行为才会把事情搞到这种地步。我从各个方面进行研究之后，仅仅发现两种情况。我认为，只有这两种情况才让一个国王实际上已不成其为国王，丧失控制其人民的王权和其他所有权力，这种情形是温遮鲁斯注意到的。

“第一种情况是，假如他图谋颠覆政府——也就是倘若他企图并故意让国家或王国覆灭，如同历史上记载的尼禄王一样，他意欲消灭罗马的人民和元老院，用剑与火使全城化为灰烬，而后向别处迁居。又如历史上记载的加利古拉，他公开宣称自己不再是元老院或人民的首长，想要排除这两个队伍中的最优秀分子，然后退居亚历山大城；他只希望全体人民仅仅只有一个脖子，以便让他一刀就全部把他们除掉。倘若任何国王心里存在这种打算并企图认真地实现它，他马上就放弃了他对国家的所有操劳和照顾，因而就丧失其统治臣民的权力，一如一个奴隶主假如抛弃他的奴隶，就丧失了对他们的统治权一样。

“第二种情况是，当一个国王使自己置身于另一个国王之下，使他的祖先所传下来的也是人民慷慨地交给他的王国接受其余国家的统辖权的支配。原因在于，尽管他并没有故意想要加害人民，却失去了其王位的主要部分，也就是在王国内仅次于上帝的无比崇高的地位，且背叛了人民或迫使他们接受其余国家的统辖权以及权力的支配，而人民的自由正是他所应当细心加以维护的。因为他等于是凭借这种办法割让了他的王国，他自己就丧失了曾经享有的王国的权力，而没有将丝毫权利转让给他所要让予的人，因而他的这一行动重新让人民获得了自由，可以任其自作安排。从苏格兰的历史中可以找到这样一个例子。”

在前面那些情况中，绝对君主制的著名支持者巴尔克莱必须承认，人民有权反抗君主，君主可以不再是君主。我们不必多加征引了。总而言之，假如国王在随便什么地方失去权威，他就不成其为国王，就允许被反抗；因为不再有权威存在的地方，也就不再有国王，国王就因此变得如同没有权威的所有其他人一样。巴尔克莱所提到的两种情况与前面所提到的破坏政府的情形，没有什么太大差异，其不同之处不过在于，他忘了指出他的学说所依据的原则。这个原则是，国王有负于人民的委托，并不保护大家所赞同的政府形式，不想方设法实现政府自身保护财产和为公众谋福利的目的。假如某个国王使自己不再成为国王，而处于与人民相对的战争状态，人民犹如对待与他们处于战争状态中的任何其他人一样，控告他这个业已丧失其国王地位的人，这样的事情能有什么方法阻止其发生呢？巴尔克莱，以及那些与他看法一样的人们，最好能替我们解释一下。我还要指出，请注意巴尔克莱所说的那些话里的另外一层意思，他说，允许人民在对他们的危害尚且没有实施前就进行预防。按照他的这一说法，暴政还在计划中的时候就已经允许施加反抗。他认为，这些企图，假如国王已胸有成竹并想要认真地实施，那么，他就放弃了他对于国家的操劳和所有照顾。依据他的观点，忽视公共福利就应当被看成这种企图的证明，至少应该被视为反抗的充分理由。

他是如此概括所有理由的：由于国王强迫人民或背叛了他们，而人民的自由却正是他应该精心维护的。至于他补充的“受一个外国的权力和统治权的支配”一语，则意义不大。原因是，丧权和过错是在于人民丧失了他应该予以保护的自由，而并非他们受其统辖的人有怎样的不同。人民成为奴隶，不管是任何外国的还是本国的奴隶，既然他们的权利受到同样的侵犯，那么他们的自由也就遭到同样的剥夺；他们遭受的损害就是这些，他们也因此有反抗此类损害的自卫之权。在任何国家中，都可以找到事例证明，施行欺凌的并非执政人员民族的变化，乃是政府的改变。假如我并未弄错的话，我们教会的一个主教以及君主权力和特权的顽强拥护者比尔逊，在他的《基督教徒的服从》这篇专文中，承认君主们可以丧失其权力及使臣民对他们服从的地位。假如在道理极其明白的问题上尚且需要权威，那可以介绍阅读伯拉克敦、福特斯库、《镜子》的作者以及其他人的作品，无疑这些作家都了解我们的政府并且不会与政府为敌。然而，我认为，只要参考一下胡克尔的理论，就足够使那些把胡克尔作为根据而鼓吹教会政体的人感到心满意足，因为他们在一种怪异命运的作用下，反对胡克尔建立他的论点的那些原则。他们应该仔细思考一下，是不是他们在此变成较为狡猾的工人的工具，将自己的建筑物拆毁。这一点，我能够肯定，他们的社会政策是如此标新立异，如此危险并且如此危害君民双方，以致在以前绝不允许被提倡，同样，预测未来的时代在脱离了埃及奴隶监工的遗命以后，将用轻蔑的态度来回忆这种奴相十足的谄媚者，虽然这些人好像是有点用的，但事实上，他们却将所有政体都变成了绝对暴政，并想让一切人都生而处于同他们自己的卑贱灵魂相应的奴役状态。

可能这里又要提出这个老生常谈的问题：君主或立法机关的行为是否辜负其所受的委托，应该由谁来进行判断呢？或许，当君主仅仅只是行使其应有的特权时，心怀叵测之徒会在人民中间散布谣言。对此，我要答复的是：裁判者应该是人民。原因在于受托人或代表的行为是不是正确，是不是合乎其所受的委托。除了委托人之外，还有谁能是裁判者呢？假如受托人辜负了委托，那么，既然委托人曾经给予他们委托，那他就具有将其收回的权利。倘若在私人的特殊情况下这被看作是合理的话，那么，在关系到成千上万人福利的事关重大的场合下，以及假如对这种情况不加防止，也就是祸害会更大而救济也就会极其困难、费力和危险的情况下，为什么反而不是这样呢？

另外，还有一点，对于裁判者应该是谁这个问题，不应包含着绝对没有任何裁判者的含义，原因是，如果人间不存在司法机关来解决人们彼此间的纠纷，那么，上帝就成了裁判者。诚然，唯独上帝才是正义的裁判者。然而在这种情况下，如同在其他任何情况下一样，另一个人有没有曾经使他与自己置身于战争状态，以及他应不应该像耶弗他那样诉诸最高的裁判者，这个问题应当由个人自己进行判断。

假使在法律没有明确规定或有疑义而又事关重大的事情上，一部分人民与君主之间出现了争执，我认为，在这种情况下，人民全体才是最适合的仲裁者。因为，在君主受人民的委托而又不受普通法律限制的情况下，假如有人认为自己受到损害，并认为君主的行为超出了委托的范围或辜负了委托，除了人民全体——最初委托他的人们——谁能最准确地判断最初的委托范围呢？但是，假使任何执政者或君主对这种解决争议的办法加以拒绝，那就只有向上天诉请。使用强力的双方倘若在人间缺少公认的尊长或不允许将事情诉诸于人世间的裁判者，那么这就是一种战争状态强力，在此情况下，仅仅只能诉诸上天。在此情况下，受害的一方必须自己判断何时适合使用这样的申诉并呼请于上天。

我的结论如下所述：只要社会不断存在，任何人在加入社会时所交付社会的权力，就无法重新回到个人手中，而应一直留在社会中。若非如此，则不可能存在社会，也不可能存在国家，而这是同原来的协议相反的。同样的道理，假如立法权被社会交给由若干人组成的议会，不断由他们及其后继者继续行使，并为议会规定产生后继者的职权与范围，那么，只要政府继续存在，立法权就无法再次回到人民那里。因为既然人民已经赋予立法机关长期存在的权力，那他们就要放弃自己的政治权力，而把它交给立法机关，并且不可再予收回。不过，倘若他们曾规定立法机关的期限，让这种最高权力仅仅只是暂时掌握在议会或任何个人手中，或者，假如掌权者因为滥用职权而丧失权力，那么，在丧失权力或规定的期限已满时，该权力就再次归属社会，人民也就有权行使最高权力，并继续由自己行使立法权，或者创立一个新的政府形式，或把立法权在旧的政府形式之下交付给自己认为合适的新人。